高水平对外开放格局下区域合作的理论与实践

"高水平对外开放理论与实践研究"丛书

主编 赵蓓文
副主编 胡晓鹏

○"高水平对外开放格局下区域合作的理论与实践"课题组 著

上海社会科学院出版社
SHANGHAI ACADEMY OF SOCIAL SCIENCES PRESS

"高水平对外开放理论与实践研究"丛书编委会名录

主 编
赵蓓文

副主编
胡晓鹏

顾 问
张幼文 徐明棋

编委（以姓氏笔画为序）
王 莹 孙立行 苏 宁 沈玉良
高洪民 黄烨菁 彭 羽

目 录

导论 高水平对外开放格局下全球区域经济发展的特点与趋势 ……… 1
  一、全球经济将长期陷入低迷 ………………………………………… 1
  二、全球经济前景分析 ………………………………………………… 4

**第一章 高水平对外开放格局下"一带一路"建设的重要意义与
        机遇** ………………………………………………………………… 6
  一、"一带一路"是稳住我国外贸基本盘的坚实保障 ………………… 7
  二、"一带一路"是建设开放型世界经济的重要途径 ………………… 11
  三、"一带一路"为世界经济增长和复苏注入强劲动力 ……………… 14
  四、"一带一路"共建国家正在形成新的产业链 ……………………… 17
  五、"一带一路"向世界提供公共产品 ………………………………… 20

**第二章 高水平对外开放格局下"一带一路"建设面临的挑战与合作
        建议** ……………………………………………………………… 24
  一、高水平对外开放格局下共建"一带一路"高质量发展面临的
     新形势 ……………………………………………………………… 24
  二、高水平对外开放格局下共建"一带一路"高质量发展面临的主要
     挑战 ………………………………………………………………… 30
  三、高水平对外开放格局下推动共建"一带一路"高质量发展的主要
     建议 ………………………………………………………………… 34

第三章 高水平对外开放格局下中日韩区域合作态势 ………………… 39
  一、中日韩合作的区域格局及构成要素 ……………………………… 39
  二、中日韩区域合作的进展与局限 …………………………………… 41

三、中日韩合作趋势分析 ………………………………………… 49

第四章　高水平对外开放格局下的东南亚区域经济发展 ………… 51
　　一、高水平对外开放格局下东南亚区域经济受到的影响………… 51
　　二、高水平对外开放格局下东南亚区域应对经济冲击的措施…… 55
　　三、高水平对外开放格局下东南亚区域经济合作………………… 59
　　四、高水平对外开放格局下的中国与东南亚区域经济合作……… 63

第五章　高水平对外开放格局下的南亚区域经济发展 …………… 70
　　一、高水平对外开放格局下南亚区域经济受到的影响…………… 70
　　二、高水平对外开放格局下南亚区域应对经济冲击的措施……… 74
　　三、高水平对外开放格局下南亚区域经济合作…………………… 78
　　四、高水平对外开放格局下的中国与南亚区域经济合作………… 81

**第六章　高水平对外开放格局下西亚、北非区域经济发展态势与
　　　　　走向** …………………………………………………………… 88
　　一、区域范围与经济发展的总体特征 …………………………… 88
　　二、西亚、北非地区的经济发展态势与面临的挑战 …………… 93
　　三、西亚、北非国家经济发展处于新阶段 ……………………… 96
　　四、中国与西亚、北非的经济合作前景 ………………………… 99

第七章　高水平对外开放格局下欧盟区域合作的新趋势 ………… 102
　　一、欧盟区域合作的新进展 ……………………………………… 102
　　二、高水平对外开放格局下欧盟发展面临的挑战 ……………… 109
　　三、高水平对外开放格局下中国与欧盟合作趋势分析 ………… 120

第八章　高水平对外开放格局下俄罗斯的区域合作 ……………… 123
　　一、高水平对外开放格局下俄罗斯经济受到的冲击和影响 …… 123
　　二、俄罗斯区域合作的进展与挑战 ……………………………… 131
　　三、高水平对外开放格局下中国与俄罗斯合作的新进展 ……… 136

第九章 高水平对外开放格局下非洲经贸合作新动态 ············ 140
  一、高水平对外开放格局前非洲经贸合作概况 ············ 140
  二、高水平对外开放格局下非洲经贸合作趋势 ············ 147
  三、中国与非洲经贸合作新动态 ············ 152
  四、高水平对外开放格局下中国与非洲经贸合作新方向 ············ 158

第十章 高水平对外开放格局下大洋洲区域合作的发展 ············ 164
  一、公共卫生问题对大洋洲经济的影响 ············ 164
  二、大洋洲区域合作的新变化 ············ 171
  三、公共卫生问题影响下中国与大洋洲区域合作面临的挑战 175

参考文献 ············ 185
后记 ············ 187

导　论
高水平对外开放格局下全球区域经济发展的特点与趋势

2020年初进入新发展格局时期,世界经济和区域发展受到严重的冲击。可以说,新发展格局带来的冲击在很大程度上改变着全球化的发展逻辑,影响着全球化的进程,这种态势导致两方面的后果:一方面,全球化已经进入"三高一低"(高成本、高利率、高风险、低成长)的状态[1],并将持续相当长的时间;另一方面,经济的发展"区块化"特征日益明显,从而给区域经济发展带来新的发展环境和空间。此外,中美贸易摩擦和在高科技领域加大对华的"封锁与脱钩"以及严重的国际地缘冲突对全球产业链、供应链造成了极大的扰动,进而导致供需两端均出现显著萎缩,全球经济陷入低迷。在这种情况下,高水平对外开放格局下区域经济发展格局将出现深刻的变化。因此,长期而言,全球经济滞胀和区域发展的分化将是世界经济发展的两大基本特征。[2]

一、全球经济将长期陷入低迷

新发展格局对全球经济形成巨大的冲击,不仅导致投资与贸易萎缩,也严重挫伤民众信心。在这一态势下,全球经济陷入长期低迷是大概率事件。这主要体现在以下方面。

1. 全球化进程受挫

新发展格局的冲击以及中美贸易摩擦,特别是美国试图通过"民主科技价值联盟"[3]方式拉拢盟国以严格限制高科技产品的对华出口,严重干扰了

---

[1] 隆国强:《世界经济呈现"三高一低",必须妥善应对外部新挑战》,新浪财经,参见 http://finance.sina.com.cn/meeting/2022-07-16/doc-imizmscv1857547.shtml?cref=cj, 2022年7月16日。

[2] 大公国际:《新发展格局下全球经济格局变化及对中国的影响》,新浪网,参见 http://finance.sina.cn/bond/zsyw/2023-02-13/zl-imyfpmyv4927010.d.html, 2023年2月13日。

[3] 伊兰·戈登堡(Ilan Goldenberg)、马丁·拉塞尔(Martijn Rasser):"Build a Democracy Alliance of Science and Technology",参见美国外交学者网站,the diplomat.com, 2021年5月12日。

全球供应链、产业链,全球化的进程也因此显著受挫。相比之下,区域多边合作机制发展较稳定,在很大程度上进一步替代全球化,成为世界经济发展的新形态。此外,在此次公共卫生问题带来的冲击下,全球产业链、供应链遭受严重冲击,造成供需之间的巨大缺口①,进而导致世界经济的巨幅震荡,也对全球跨国企业既有的供应体系稳定造成巨大负面影响。在这种情况下,各国(地区)政府和跨国企业均意识到产业链安全性和供应链稳定性的重要性,因而将此提升到产业布局的最优先级,由此使得全球的产业链布局呈现出显著的"短链""散链"和"安全链"的发展取向②,也进一步加速了经济合作的区域化建构与发展。从宏观经济角度看,这种变化意味着总供给曲线受外部因素的影响而开始左移,显示全球化进程受挫情况下,产业全球布局带来的产能持续扩张以及因此形成的及时高效供给状态被人为遏制。此外,相比而言,区域化的发展无法完全覆盖全球化的市场经营主体,这也使得总供给曲线的斜率增大,全球供需结构逐步由长期存在的需求缺口向供需结构失衡转化,全球经济发展的不确定性和不稳定性加剧。不过,从另一方面看,在高水平对外开放格局的影响下,相应的防疫措施极大地促进了部分新兴技术和服务场景的推广,包括线上娱乐、远程服务、在线教育、大数据追踪、虚拟体验等技术③将在疫后得到长期的保留和延伸,从而给全球经济带来新的增长动能。

2. 人口结构恶化

尽管公共卫生问题的发展趋势逐渐向好,但长期而言,公共卫生问题已经在很大程度上改变了劳动人口的供给数量和年龄结构。新发展格局对人类健康和经济社会发展的冲击不仅会提高全球人口死亡率,也会降低人口生育率,从而在很大程度上对劳动力供给产生冲击。联合国公布的《世界人口前景》报告显示,从1950年至2020年,全世界的总和生育率由4.97下降至2.47,其中2020年至2021年期间,人口总和生育率下降显著,其中2020年降至1以下,为1950年以来首次。美国卫生与公众服务部部长贝塞拉表示,"新冠长期症状"会影响个人工作、上学、参与社区生活与日常活动的能力。哈佛大学经济学教授戴维·卡特勒的研究也表明,12%至17%的新冠

---

① 闫磊:《全球供应链紧张加剧冲击多产业》,《经济参考报》2022年3月5日(A5)。
② 倪红福:《全球产业链呈现三个新态势》,《经济日报》2021年4月7日(A8)。
③ 王锐:《抗疫带来科技发展新机遇》,《人民日报》2020年3月9日(A19)。

患者在发病12周后仍有3种或3种以上的症状,而就那些出现明显损伤的患者而言,其劳动能力下降了70%。①日本厚生劳动省发布的数据显示,2022年日本新生儿数量首次跌破80万人,仅为79.97万人,较上年减少4.3万人,创下1899年有统计以来的新低;与此同时,日本总死亡人数也突破纪录,达到158.2万人,较上年增长近9%,这突显出人口老龄化和新发展格局的严重影响。②此外,公共卫生问题所导致的经济停滞带来的收入不稳定和大规模裁员潮③,将大幅影响家庭生育意愿,未来的全球人口变化趋势将更加复杂,人力资本积累将受到显著影响。从要素流动情况看,人力资本积累下降不仅在一定程度上会造成产业布局被动或人为进行调整,以及生产效率与供应链效力明显降低,而且随着地缘冲突加剧,原物料价格巨幅波动,将进一步导致企业利润的下降以及需求的萎缩,全球经济大概率将陷入低迷。

3. 全球失衡加剧

低增长、高通胀环境叠加公共卫生问题带来的冲击和大规模救助政策后遗症,政府和企业深陷债务危机,金融机构呆坏账率上升④;再加上长期宽松的货币政策以及美国暴力加息造成全球范围的通胀加剧⑤,各经济体货币政策的运用空间收窄。与此同时,为降低通胀水平,各经济体纷纷调涨基准利率,这种情况在很大程度上导致全球金融资产估值水平和资产价格的缩水。⑥由于各经济体在国际金融市场和国际货币中的地位不同,因而转嫁金融风险和应对危机的能力差异极大。发达经济体可以借助优势货币地位降低冲击,而新兴经济体之间应对危机能力的差异较大,在这种情况下,区域之间和区域内部发展的不平衡性更加凸显。公共卫生问题叠加金融紧缩的冲击,导致新兴市场国家面临更加严峻的挑战,债务危机与货币贬值不仅使得相关经济体的资产价格严重缩水,更加速资本的撤离,使得相关经济体的经济发展丧失动能,通胀和货币贬值使其资产的实际价格相较于发达国家下

---

① 李志伟:《国际观察:数百万人失业!"新冠长期症状"冲击美国劳动力市场》,人民网,http://world.people.com.cn/n1/2022/0921/c1002-32531173.html,2022年9月21日。
② 《跌破80万!日本出生人口创新低》,《北京商报》2023年3月2日(A8)。
③ 陈文玲:《关于2023年国际经济形势的几个判断》,《南京社会科学》2023年第1期,第43页。
④ 刘元春:《高成本时代已经来临,反映在高通胀和低增长并存的状态》,整理自刘元春于2022年12月24日在中国人民大学世界经济论坛上的发言,未经本人审定,新浪财经,参见 https://cj.sina.com.cn/articles/view/2949926360/afd44dd801901bu2x。
⑤ 仇莉娜:《美国激进加息伤及世界经济》,《经济日报》2022年12月27日(A9)。
⑥ 姚枝仲:《从动荡中涌起的全球通胀潮》,《光明日报》2022年12月28日(A12)。

降更多，发达经济体的资本从新兴市场国家回撤也进一步削弱了这些经济体克服危机的潜力，不同区域经济发展的差异加大，全球失衡进一步加剧。

4. 地缘冲突影响

除公共卫生问题的出现外，地缘政治格局与经济发展造成的重大冲击也在很大程度上影响着全球经济政治格局，全球经济的不确定性继续增强。[①]受地缘冲突影响，全球大宗商品和原物料供应与价格呈现巨幅波动态势。根据统计，自俄乌冲突发生以来，石油、天然气、粮食价格出现明显的震荡；因此，在地缘冲突影响下，欧洲国家及部分新兴国家的经济进一步低迷，进而给全球经济带来诸多负面冲击。而从另一方面看，地缘冲突带来的能源与粮食供给危机极大地提升了发达经济体发展新能源、改善能源供给结构的动能，与绿色能源相关的产业呈现出快速发展的态势。[②]但由于新兴产业发展的新态势也将极大改变既有的经济发展模式，基于不同经济体发展基础的差异，产业发展形态的偏好也将在很大程度上进一步加剧区域发展的不均衡。

上述这些情况表明，在高水平对外开放格局以及地缘政治经济乃至军事对抗加剧的情势下，全球经济的不平衡性进一步加剧，在这种情况下，世界经济也将大概率陷入低迷。

二、全球经济前景分析

国际货币基金组织（IMF）于 2023 年 1 月 30 日更新了《世界经济展望》报告，上调了对 2022 年、2023 年全球经济增长的预期，预计 2022 年为 3.4%，2023 年降为 2.9%，2024 年将升至 3.1%。报告列举了经济增长的积极现象：2022 年下半年劳动力市场表现较为强劲，家庭消费和商业投资相对稳健，欧洲经济对能源危机的适应情况也好于预期，全球通胀形势也有所改善。但报告也指出，多重因素仍对世界经济走强起到阻碍作用：由于通胀居高不下，货币政策可能收紧，这将导致经济活动放缓；乌克兰危机升级可能破坏能源或粮食市场稳定，进一步冲击全球经济；此外，如果金融市场

[①] 东艳：《全球经济不确定性继续增强》，《经济日报》2023 年 1 月 5 日（A4）。
[②] 高雅：《报告：俄乌冲突如何影响全球粮食、能源和供应链》，第一财经，参见 https://www.yicai.com/news/101586614.html，2022 年 11 月 7 日。

突然出现重新定价,则可能导致金融环境收紧,对新兴市场和发展中经济体尤其不利。①整体而言,2023年全球主要经济体的衰退风险仍会有所增加(如美国硅谷银行突然倒闭可能引发的金融风险等②),全球经济将逐步降温并进入"浅衰退"区间。相比较而言,日本、欧元区和英国的衰退风险更高,而与中国经济关联性更高的东盟经济面临的衰退风险相对较小。

总体而言,当前世界经济发展面临的最大风险就是全球经济复苏动力不足。影响全球经济增长与稳定的因素仍处于持续变化之中,且负面因素在短期内难以消除,这主要体现在以下方面:一是**地缘政治和公共卫生问题等外生性冲击始终存在**。尽管公共卫生问题在全球范围内已经大体结束,但后遗症在短期内却难以消除,这主要体现为对劳动力市场的影响长期存在和新发展阶段世界范围内的超宽松财政与货币政策在短期内难以完全退出。③因此,这些外生性的不稳定因素依旧会在较长的周期中推升全球通胀和抑制全球产出。二是**全球经济将长期受通胀影响**。④ 从目前情况看,除少数能源与粮食安全边际较高的制造业国家、部分长期陷入通缩的国家以及一些大宗商品供给国外,大多数经济体均面临通胀压力且周期较长。尽管2023年美国通胀将大概率持续回落,但长期通胀很难在年内回到2%的政策目标之下。在这种情况下,多数国家不得不采取紧缩性政策以抑制需求,从而为通胀降温,导致全球的流动性收紧,美欧将陷入经济低迷,新兴经济体和发展中经济体的经济增长会面临较大压力。三是**地缘政治与逆全球化的影响加剧**。随着中美贸易摩擦和美国在高科技领域对华限制的持续,地缘政治对全球经济的负面影响进一步显现,再加上逆全球化思潮与政策的蔓延,全球产业链碎片化的趋势增强,贸易摩擦与生产成本的增加将加剧全球通胀压力,从而使得世界经济进入"浅衰"周期。

综上所述,全球经济发展面临较大的下行风险,2023年全球经济增速回落到2%的区间,受经济复苏动能不足和通胀持续的影响,潜在的滞胀风险将进一步上升,而中国经济将成为世界经济最主要稳定器和动力源。⑤

---

① 《IMF-2023年世界经济展望报告》,搜狐网,参见 https://www.sohu.com/a/643018337_121649707,2023年2月22日。
② 何媛、侯强:《硅谷银行破产凸显美国货币及科技政策双重失误》,《半月谈》,参见 http://www.banyuetan.org/gj/detail/20230315/1000200033136201678865944428144780_1.html,2023年3月15日。
③ 温彬:《2023:全球经济或面临"浅衰退"》,《金融时报》2023年2月20日(A8)。
④ 连平、丁宇佳:《2023年全球通胀将何去何从》,《上海证券报》2023年1月5日(A7)。
⑤ 张洽棠:《全面辩证看待中国与世界经济——来自"2023年世界经济怎么看"专家座谈会报道》,中国发展网,参见 http://www.cfgw.net.cn/xb/content/2023-02/15/content_25035233.html,2023年2月15日。

第一章
高水平对外开放格局下"一带一路"建设的重要意义与机遇

2013年,习近平主席在出访哈萨克斯坦和印度尼西亚时先后提出共建"丝绸之路经济带"和"21世纪海上丝绸之路"的重大倡议,旨在传承丝绸之路精神,携手打造开放合作平台,为各国共同发展和繁荣提供新动力。"一带一路"倡议实施以来,在以习近平同志为核心的党中央的坚强领导下,我国统筹谋划推动高质量发展、构建高水平对外开放格局和共建"一带一路",坚持共商共建共享原则,把基础设施"硬联通"作为重要方向,把规则标准"软联通"作为重要支撑,把同共建国家人民"心联通"作为重要基础,推动共建"一带一路"高质量发展,取得实打实、沉甸甸的成果。

共建"一带一路"是习近平总书记统筹国内国际两个大局,着眼人类发展未来所提出的重大合作理念。习近平总书记强调,"一带一路"倡议源于中国,但机会和成果属于世界。2023年是"一带一路"倡议提出十周年,"一带一路"建设硕果累累。共建"一带一路"成为深受欢迎的国际公共产品和国际合作平台,涵盖世界上2/3的国家和1/3的国际组织。截至2023年1月底,我国已与151个国家、32个国际组织签署200余份共建"一带一路"合作文件,形成3 000多个合作项目,投资规模近1万亿美元,带动全球国际合作"范式"效应显著。同时,亚洲基础设施投资银行、丝路基金等多边开发机构和国际合作平台的设立,也推动着全球治理体系朝着更加公正合理的方向发展。

共建"一带一路"是各国共同发展的大舞台。2021年9月,习近平主席在第76届联合国大会上提出全球发展倡议,呼吁加快落实联合国2030年可持续发展议程,共同构建全球发展命运共同体。2021年11月,习近平总书记在第三次"一带一路"建设座谈会上强调,要完整、准确、全面贯彻新发展理念,以高标准、可持续、惠民生为目标,巩固互联互通合作基础,拓展国际合作新空间,扎牢风险防控网络,努力实现更高合作水平、更高投入效益、更高供给质量、更高发展韧性,推动共建"一带一路"高质量发展不断取得新成效。倡议和讲话为新形势下推进共建"一带一路"走出新发展阶段带来的阴霾、实现高质量共同发展提供了根本原则,成为世界经济建设的稳定力量。

进入高水平对外开放阶段以来,百年变局加速演变,风险挑战有增无减,逆全球化思潮暗流涌动,贸易保护主义、单边主义抬头,零和博弈思维和单纯追求自身狭隘相对收益的观念在某些国家和地区大行其道。在合作与对抗、多边与单边、开放与封闭的较量中,中国发挥着重要引领作用。2020年6月,习近平主席在"一带一路"国际合作高级别视频会议上提出,把"一带一路"打造成团结应对挑战的合作之路、维护人民健康安全的健康之路、促进经济社会恢复的复苏之路、释放发展潜力的增长之路。党的二十大报告在总结新时代成就和展望未来时,两次提及"一带一路",特别强调,推动共建"一带一路"高质量发展,就是从要素投入型向创新驱动型转变。具体要求就是坚持开放、绿色、廉洁理念,不搞封闭排他的小圈子,把绿色作为底色,推动绿色基础设施建设,进行绿色投资,发展绿色金融,保护好我们的生态家园。坚持一切合作都在阳光下运作,共同以零容忍态度打击腐败,努力实现高标准惠民生可持续目标。引入各方普遍支持的规则标准,推动企业项目建设运行管理,采取采购、招投标等环节,按照普遍接受的国际规则、标准、形式进行,同时尊重各国法律法规。构建全球互联互通伙伴关系,走出一条互利共赢的康庄大道。

一、"一带一路"是稳住我国外贸基本盘的坚实保障

经贸合作是"一带一路"建设的重要内容,贸易畅通是共建"一带一路"的着力点,是推动各国经济持续发展的重要力量。近十年来,中国积极与"一带一路"共建国家合作,消除贸易壁垒,积极同共建国家和地区共同商建自由贸易区,开通"中欧班列",加强贸易合作,我国与"一带一路"共建国家之间的贸易自由化和便利化水平稳步提升,贸易方式不断创新,贸易畅通迈上新台阶。在当前国际经济形势严峻复杂的情况下,加强与"一带一路"共建国家的务实合作,促进相互贸易和投资,对于促进各国经济稳定发展、稳住外贸外资基本盘具有重要意义,具体表现在以下几个方面。

1. 我国与"一带一路"共建国家的贸易规模不断创新高

根据中国商务部的统计,2022年,中国与"一带一路"共建国家的贸易

总额达 20 721.75 亿美元。这是在 2021 年超高基数之上实现的新突破。中国连续 6 年保持货物贸易第一大国地位。同时，结构持续优化，民营企业进出口占比提高，其中出口占比提高了 3.2 个百分点，达到 60.8%。多双边经贸合作取得积极进展，对《区域全面经济伙伴关系协定》(Regional Comprehensive Economic Partnership,以下简称 RCEP)贸易伙伴的出口同比增长 17.5%,高于整体增速 7 个百分点。值得一提的是，以电动汽车、光伏产品、锂电池的出口为代表，我国高技术、高附加值、引领绿色转型的产品成为出口新增长点。2022 年，电动汽车出口增长 131.8%,光伏产品增长 67.8%,锂电池增长 86.7%。同时，跨境电商、市场采购贸易方式等外贸新业态也在蓬勃发展，进出口规模超过 3 万亿元，占外贸的比重超过 7%。与此同时，我国与"一带一路"共建国家的双向投资也迈上新台阶，涵盖多个行业。2022 年，我国企业在"一带一路"共建国家非金融类直接投资 209.7 亿美元，同比增长 3.3%,占同期总额的 17.9%；沿线国家对华实际投资 891.5 亿元，同比增长 17.2%。此外,2022 年，我国在"一带一路"共建国家承包工程新签合同额 8 718.4 亿元，完成营业额 5 713.1 亿元，占承包工程总额的比重分别为 51.2%和 54.8%。中老铁路、匈塞铁路等重点项目的建设运营稳步推进，一批"小而美"的农业、医疗、减贫等民生项目相继落地。境外经贸合作区提质升级，截至 2022 年底，我国企业在共建国家建设的合作区已累计投资 3 979 亿元，为当地创造了 42.1 万个就业岗位。尤其是在俄乌冲突爆发后,"一带一路"贸易克服不利影响，继续保持较高增速，在中国对外贸易中的占比也不断提升，已达 32.8%。目前，我国已成为 25 个共建国家最大的贸易伙伴。辐射"一带一路"的自由贸易区网络加快建设，我国与 13 个共建国家签署了 7 个自贸协定，与欧盟、新加坡等 31 个经济体签署了"经认证的经营者"(AEO)互认协议。

2. 我国与"一带一路"共建国家的贸易增速超过对外贸易增长速度

根据中国海关的数据,2022 年，中国与"一带一路"共建国家的贸易总额达 20 721.75 亿美元，同比增长 15.4%,较中国对外贸易增速高 11 个百分点。其中，中国对"一带一路"共建国家出口 11 808.8 亿美元，同比增长 15.7%；中国自"一带一路"共建国家进口 8 912.95 亿美元，同比增长 15%。从"一带一路"贸易增长速度看，自 2016 年以来，除 2020 年受公共卫生问题带来的影响,"一带一路"共建国家贸易增速低于中国对外贸易整体增速外，其余年份"一带一路"共建贸易增速都高于中国对外贸易整体增速。

3. 我国与"一带一路"共建国家的贸易在对外贸易中的占比持续提升

从2022年对外贸易总体情况看,"一带一路"贸易在中国对外贸易中的占比持续提升,在对外贸易总规模中,"一带一路"贸易占比首次超过30%,达到32.8%,较2021年提升3.1个百分点。总体看,2013年"一带一路"倡议提出以后,中国与"一带一路"共建国家的贸易规模不断增长,"一带一路"贸易在中国对外贸易中的份额也逐渐提升,从2014年的25%左右提升到2019年的29.3%,此后的两年在29%左右缓慢提升,到2022年,"一带一路"贸易在对外贸易中的占比一举突破32%,突显了"一带一路"贸易在中国对外贸易中的重要地位。

在供应链合作方面,2013—2021年,中间产品占中国对"一带一路"共建国家出口比重由2013年的49.8%升至2021年的56.2%。2021年,中国对"一带一路"共建国家出口机电产品、劳动密集型产品分别为3.55万亿元、1.25万亿元,同比分别增长18.8%、15.2%,合计占当年中国对"一带一路"共建国家出口总值的72.9%。同期,出口医药材及药品1 181.3亿元,增长168.6%。中国自"一带一路"共建国家进口原油、农产品、金属矿砂和天然气分别为1.18万亿元、3 565.5亿元、2 127.7亿元和1 854.5亿元,同比分别增长44%、26.1%、24.9%和38.9%。

在服务贸易方面,2015—2021年,中国与"一带一路"共建国家服务贸易总额累计达6 700亿美元,年均增长5.8%,占同期服贸比重从2015年的12%升至2021年的14.7%。2021年,中国与"一带一路"共建国家完成服贸进出口总额超过1 000亿美元,服务外包业务快速增长,中国承接"一带一路"共建国家离岸服务外包执行额243.4亿美元,同比增长23.2%。

4. "数字发展"和"绿色发展"成为拓展"一带一路"经贸合作的新亮点和新引擎

自"一带一路"倡议提出以来,特别是习近平总书记提出建设绿色丝绸之路5年来,共建"一带一路"绿色发展取得积极进展,理念引领不断增强,交流机制不断完善,务实合作不断深化,我国成为全球生态文明建设的重要参与者、贡献者、引领者。2022年,国家发展改革委等四部门联合印发《关于推进共建"一带一路"绿色发展的意见》(以下简称《意见》)。《意见》围绕推进绿色发展重点领域合作、推进境外项目绿色发展、完善绿色发展支撑保障体系3个板块,提出15项具体任务,内容覆盖绿色基础设施互联互通、绿色能源、绿色交通、绿色产业、绿色贸易、绿色金融、绿色科技、绿色标准、应对气候变化等重点领域。《意见》提出,积极参与国际绿色标准制定,加强与共建"一带一路"国家绿色标准对接。推动各方全面履行《联合国气候变化框架公约》及其《巴黎协定》,积极寻求与共建"一带一路"国家应对气候变化"最大公约数",推动建立公平合理、合作共赢的全球气候治理体系。总而言之,《意见》作为绿色丝绸之路建设的顶层设计,对于践行绿色发展理念,推进生态文明建设,积极应对气候变化,维护全球生态安全,推进共建"一带一路"高质量发展,构建人与自然生命共同体具有重要意义。

2021年,中国申请加入《数字经济伙伴关系协定》,参与制定高标准数字经贸规则,援非"万村通"乌干达项目实现了900个村落卫星数字电视信号接入。截至2021年末,我国已与16个国家签署"数字丝绸之路"合作谅解备忘录,与22个国家建立"丝路电商"双边合作机制,共同开展政策沟通、规划对接、产业促进、地方合作、能力建设等多层次、多领域的合作,着力培育贸易投资新增长点。此外,中国已和84个共建国家建立科技合作关系,支持联合研究项目1118项,累计投入29.9亿元,在农业、新能源、卫生健康等领域启动建设53家联合实验室,"创新丝绸之路"建设充满朝气。中国还与31个合作伙伴发起"一带一路"绿色发展伙伴关系倡议,承诺不再新建境外煤电项目,并率先宣布出资15亿元设立昆明生物多样性基金,"绿色丝绸之路"建设亮点频现。

在全球经贸往来受公共卫生问题影响的情况下,我国与"一带一路"共建国家的贸易保持稳定增长对于推动我国市场多元化和稳定外贸基本盘有重要意义。第一,有利于促进经贸往来,做大沿线贸易"蛋糕",拓展我国外贸新空间,助力我国外贸结构多元化;第二,拉动商品与服务出口,促进共建国家各类资源要素流动与配置,激发各类市场主体的活力,带动基建、设备需求;第三,有助于稳定提升外贸质量,随着国内企业"走出去""引进来",有利于推动企业在产品质量、品牌服务与技术方面的创新,促进我国外贸整体提质增效。与此同时,中国与"一带一路"共建国家的经贸发展也为全球贸易复苏做出重要贡献。随着新格局发展向好,中国不断扩大开放,再加上一系列政策利好,我国与"一带一路"共建国家的经贸合作前景可期。

二、"一带一路"是建设开放型世界经济的重要途径

受平民主义、单边主义和保护主义驱动,保护主义和逆全球化思潮不断涌现。根据全球贸易预警发布的数据,2008年国际金融危机以来,世界各国累计推出贸易干预措施8.3万余项,其中贸易保护主义措施6.2万余项,占贸易干预措施总数的比例约为74.6%;发达国家累计推出贸易保护主义措施3.6万余项,占同期全球贸易保护主义措施总数的比例为58.5%。少数大国热衷于推行"筑墙设垒""脱钩断链"政策,在国际上大搞单边制裁、极限施压,使得开放型世界经济遭受重大挑战,严重挫伤全球经济增长动力和可持续发展进程。

这些日益盛行的保护主义行为,不仅严重破坏公平开放的国际环境、阻碍全球发展进程,也使发达经济体自身利益受到了损害。近年来,受保护主义影响,全球贸易投资增长乏力,全球发展动力也明显不足。2022年10月,世界贸易组织(WTO)预计2022年国际货物贸易量增长3.5%,较2021年下降6.2个百分点;同月,联合国贸发会议(UNCTAD)报告预计,2022年全球外商直接投资规模将出现下降,最多与上年持平。2023年1月,世界银行《全球经济展望》报告将2023年全球经济增长预期下调至1.7%,远低于2022年6月预计的3.0%。其中,预计新兴市场和发展中经济体经济将增长3.4%,发达经济体经济增长0.5%。作为主要发达经济体,美国经济增长预期为0.5%,欧元区为零增长。在此背景下,一些发达国家极力逃避国际发展责任并阻碍国际发展合作,导致全球共同发展和落实2030年可持续发展议程面临巨大挑战。

开放发展是世界经济实现的路径。开放是发展进步的必由之路,也是促进疫后经济复苏的关键。中国坚持对外开放的基本国策,坚定奉行互利共赢的开放战略,坚持经济全球化正确方向,增强国内国际两个市场、两种资源的联动效应,不断以中国新发展为世界提供新机遇,推动建设开放型世界经济。"一带一路"将中国对外开放发展与世界联动发展相融合,通过寻找各方利益契合点和发展最大公约数,为促进全球互联互通做增量。联合国2030年可持续发展议程是指导全球发展合作的纲领性文件,与共建"一带一路"理念高度契合。一方面,共建"一带一路"把发展议程放在国际合作的更重要位置,推动多边发展合作协同增效。另一方面,中国的国际发展合

作将继续向"一带一路"共建国家倾斜,为"一带一路"建设提供更强动力、更大空间、更优路径。

党的十八大以来,中国实行更加积极主动的开放战略,构建面向全球的高标准自由贸易区网络,加快推进自由贸易试验区、海南自由贸易港建设,共建"一带一路"成为深受欢迎的国际公共产品和国际合作平台。随着一系列高水平对外开放政策举措落地落实,中国经济社会发展保持良好势头,成为引领全球发展的重要动力。尽管全球范围内逆全球化思潮抬头,单边主义、保护主义明显上升,但中国的开放水平持续提升。根据中国社会科学院世界经济与政治研究所和虹桥国际经济论坛研究中心共同发布的《世界开放报告2022》,2020年世界开放指数为0.7491,比2019年下降0.02%,比2015年下降1.5%;但中国的开放指数从2012年的0.7107提升至2020年的0.7507,提高了5.6%,成为全球共同开放的重要推动力量。同时,中国还探索了一批突破性、引领性改革和高水平开放举措。截至2022年,中国共设立21个自贸试验区;《市场准入负面清单(2022年版)》列有禁止准入事项6项和许可准入事项111项,与2016年《市场准入负面清单草案(试点版)》相比缩减比例高达64%。中国还实现了自贸试验区负面清单制造业条目清零,并在海南自贸港推出全国第一张跨境服务贸易负面清单。如今,中国已成为140多个国家和地区的主要贸易伙伴,货物贸易总额居世界第一,吸引外资和对外投资居世界前列,并形成了更大范围、更宽领域、更深层次的对外开放格局。2022年,中国对外贸易规模再创历史新高,连续6年保持世界第一货物贸易国地位。海关总署数据显示,2022年中国货物贸易总额首次突破40万亿元关口,在2021年高基数基础上继续增长7.7%。同时,中国吸收外资和对外投资合作继续保持良好增长势头。中国商务部数据显示,2022年1—11月,中国实际使用外资金额1.156万亿元,按可比口径较上年同期增长9.9%;折合1780.8亿美元,较上年同期增长12.2%。同时,中国对外非金融类直接投资6878.6亿元,较上年同期增长7.4%;折合1026.6亿美元,较上年同期增长3.6%。

中国倡议创建的亚投行始终坚持开放包容、合作共享,积极拓展伙伴关系,深入参与全球发展议程。目前,亚投行已由57个创始成员发展到来自全球六大洲的106个成员,成为全球第二大国际多边开发机构。截至2022年底,亚投行共批准202个项目,融资总额近389亿美元,撬动总投资超1000亿美元,惠及全球33个国家,有力推动了相关国家能源、交通、水务、通信、教育、公共卫生等领域的基础设施建设与经济复苏。

中国还创办了全球首个以进口为主题的国家级博览会，为同世界分享中国市场机遇、推动全球共同发展提供了新机遇。2018年以来，五届中国国际进口博览会累计意向成交额近3 500亿美元，约2 000个首发首展商品亮相，让中国大市场成为世界大机遇，释放了中国全面扩大开放、加强国际合作的积极信号。

2020年至2023年期间，中国与相关国家签署RCEP并开始生效。RCEP覆盖人口约22.7亿，GDP约占全球的33%、出口额占全球的30%。作为当前世界上参与人口最多、成员结构最多元、经贸规模最大、最具发展潜力的自由贸易协定，RCEP的生效为区域合作的深化发展创造了崭新机遇，为世界经济的开放融通注入了强劲动力，为中国经济的持续繁荣提供了强大引擎。RCEP的生效实施标志着世界上最大的自由贸易区正式扬帆起航，将推动区域一体化向更高水平迈进。

在继RCEP谈成后，《中欧投资协定》如期谈成，给陷入困境的世界经济带来新的动力，表明中欧两大经济体仍在坚持自由贸易方向，寻找相互开放带来的增长新动能。《中欧投资协定》对标国际高水平经贸规则，着眼于制度型开放，是一项全面、平衡和高水平的协定。该协定不仅能够为中国和欧盟这两个互为重要贸易伙伴的经济体带来广阔的市场投资机会，提升双边经贸合作水平，实现互利共赢，更为重要的是，还为今后5年至10年的中欧经贸关系发展规划好了时间表和路线图，推动中欧经贸合作迈上新台阶。不仅如此，中欧如期完成投资协定谈判释放出重要的积极信号，为全球经济复苏和维护开放的国际贸易投资环境树立了榜样与信心，发挥了重要的示范效应。

2021年9月，中国明确提出加入《全面与进步跨太平洋伙伴关系协定》（以下简称"CPTPP"）。加入CPTPP对促进亚太区域的商品、服务及技术、人才、资金、数据等要素自由流动和经济共同发展具有重要意义。尤为重要的是，CPTPP开放标准高、覆盖范围广、边境后议题多，充分体现了"自由、公平、包容"的开放原则。在贸易投资规则上体现出高度的自由化、便利化，在国内规制上体现出高度的市场化、法治化和国际化的公平竞争环境，在开放标准上体现出对发展中经济体的包容性，在组织成员发展上体现出多边开放原则，因此是具有世界影响力、能够引领未来国际经贸规则创新变革趋势的高标准自由贸易协定。这是在经济全球化遭遇逆流、地缘政治加速演进、国际规则加速重构的国际环境下做出的战略安排,是我国对接高标准国际经贸规则推动制度型开放的重要里程碑,它向世界表明了我国对外开放的决心和信心,表明了我国推动经济全球化深入发展、构建开放型世界经济和构建人类命运共同体的愿景。

此外,面对人为"筑墙""脱钩"等违背经济规律和市场规则的行为,共建"一带一路"推动贸易和投资自由化便利化,深化区域经济一体化,巩固供应链、产业链、数据链、人才链,构建开放型世界经济。

中国对外开放的实践表明,只有高水平的对外开放才能实现高质量发展,才能有效应对日益紧迫的全球发展难题;只有推动建设开放型世界经济,才能更好地惠及各国人民。在当前复杂的国内外环境下,一个高水平开放的中国不仅将不断推动自身经济转型升级与高质量发展,也将继续成为全球共同发展的重要推动者。开放是发展进步的必由之路,也是促进疫后经济复苏的关键。

展望未来,中国将坚持高水平对外开放,加快构建以国内大循环为主体、国内国际双循环相互促进的新发展格局。随着新发展格局的持续优化和一系列高水平对外开放政策的逐步出台落实,中国将以更高质量的发展为全球发展注入更多动能。

三、"一带一路"为世界经济增长和复苏注入强劲动力

突如其来的公共卫生问题蔓延全球,全球公共卫生面临严重威胁,世界经济陷入深度衰退,人类经历了史上罕见的多重危机。人类正在遭受第二次世界大战结束以来最为严重的经济衰退,各大经济板块在历史上首次同时遭受重创,由于自身发展的脆弱性和应对新发展阶段带来的冲击,不少共建"一带一路"发展中国家受创程度更为严重,南北发展差距面临扩大甚至固化风险。据联合国多个机构公布的数据,公共卫生问题迄今导致全球损失2.5亿个全职工作岗位,至少1.2亿人陷入极端贫困(全球20年来首次如此大幅增长),520万儿童因为失去至亲沦为"新冠孤儿",至少1.55亿人陷入严重粮食不安全境地,人类发展指数30年来首次出现下降。

作为世界上最大的发展中国家和负责任大国,中国倡导共建"一带一路",以多边主义为根基,从平等的国家关系出发,秉持共商共建共享原则,追求互利共赢,为新型经济全球化铺路。特别是在高水平对外开放格局面

临诸多行业停摆、国际合作遇阻的形势下,"一带一路"建设为促进全球经济复苏、盘活地区经济循环提供了重要的平台和渠道,为构建开放、包容、普惠、平衡、共赢的新型全球化注入了更多确定性和发展动能。

中国经济的强劲韧性和巨大潜力为世界经济复苏注入了稳定性和确定性。我国拥有世界最完整的产业体系,制造业规模占全球30%,是全球制造业的重要枢纽。在全球通胀仍处高位之时,中国产品对稳定国际市场价格起到重要作用。中国超大规模的国内市场,也为世界提供了稳定需求,进口总额从2020年的14.3万亿元到2021年的17.4万亿元,再到2022年的18.1万亿元。中国货物进出口总额持续增加,出口国际市场份额连续14年居全球首位,为维护全球产业链、供应链稳定发挥了关键作用。当前,中国因时因势优化新发展阶段的境况,极大激发了世界对中国经济增长及其正面外溢效应的预期。有国际媒体报道说,全球投资者正以近乎创纪录的速度涌入新兴市场国家,其中大部分用于投资中国资产,为2023年强劲开局。

虽然"一带一路"倡议的发展势头在一定程度上受到公共卫生问题的影响,但仍将为共建国家疫后经济发展提供强劲动力,并推动疫后全球经济复苏。在美国一味强调经济民族主义,对其他国家进行经济打压,以及疫后国际政治经济秩序需要新的发展道路和资源背景下,"一带一路"倡议的重要性进一步凸显。共建"一带一路"稳步向前,为世界经济复苏注入新动力。2022年,中欧班列全年开行1.6万列、发送货物160万标箱,同比分别增长9%、10%。西部陆海新通道班列2022年发送货物75.6万标箱,同比增长18.5%。中老铁路累计发送旅客突破了900万人次,柬埔寨第一条高速公路金港高速向公众开放3个月来通车已超100万辆,东南亚首条高速铁路雅万高铁成功试运行。2022年,有5个国家和中国新签署共建"一带一路"合作文件。2023年1月,中方还和菲律宾续签了"一带一路"合作谅解备忘录。这充分表明,共建"一带一路"符合世界发展需求,顺应国际社会期待,始终保持着强大韧性和旺盛活力。

在统筹高水平对外开放格局和经济社会发展中不断找准合适的平衡点,是这三年来我国应对新发展格局大考的实践经验。在三年新发展阶段,面对公共卫生问题的冲击和多重压力,中国经济稳住了大盘、顶住了压力。回顾过去三年,2020年、2021年、2022年我国经济总量连续突破100万亿元、110万亿元、120万亿元,保持4.5%的年均增长,明显高于世界平均水平。与此同时,粮食产量连年站稳1.3万亿斤台阶,城镇新增就业始终保持

1 100万人以上,2022年居民消费价格指数在世界通胀高企背景下仅上涨2%……

公共卫生问题出现以来,世界经济艰难前行,但中国始终是其增长的主要力量:2020年成为全球率先实现经济正增长的主要经济体,2021年占世界经济比重升至18.5%,2022年经济增速快于多数主要经济体。新的一年,世界经济形势仍难言乐观。根据联合国报告,2023年世界经济增长从2022年的约3%降至1.9%,许多国家面临经济衰退风险;世界银行之前将2023年全球经济增长预期大幅下调至1.7%,为近30年来第三低水平。在黯淡前景下,中国经济再次被寄予厚望。"极其重要!"国际货币基金组织(IMF)总裁格奥尔基耶娃这样形容中国经济恢复前景的世界意义,称这将是影响"2023年全球增长的最重要因素"。

2023年1月8日,中国新型冠状病毒感染回归乙类管理,新发展格局进入新阶段。中国的经济发展潜力正在进一步释放,也将给经济恢复带来重大积极影响。有国际媒体报道指出,世界第二大经济体正全力以赴重振经济,"在中国,所有可以启动的开关都拨向经济增长一侧,经济增长动力十足"。当前,全球经济的增长前景依然不乐观,但中国经济是提振全球预期的积极因素。鉴于中国的经济规模及其在全球产业链中的重要地位,中国经济持续恢复必将为世界经济复苏提供有力支撑。2023年1月,IMF发布《世界经济展望报告》更新内容,将2023年全球经济增长预期由2022年10月的2.7%上调至2.9%,同时大幅上调2023年中国经济增长预期至5.2%,认为中国优化调整防控政策等因素将改善中国和全球经济增长前景。IMF认为,中国经济在2023年预计将增长5.2%,高出此前预测值0.8个百分点,2024年有望继续增长4.5%。除此之外,国际组织、投资机构相继对2023年世界经济形势做出最新展望。在美国、欧元区等发达经济体经济增长预期普遍放缓的背景下,中国经济发展前景成为各家报告中的一大亮点。联合国报告预测2023年中国经济增长将加速,高盛集团将中国经济增速预期从4.5%上调至5.5%,摩根士丹利从5%上调至5.7%,摩根大通、汇丰银行、英国巴克莱银行、瑞银集团、德意志银行、法国外贸银行、野村证券等也都上调了2023年中国经济增速预期。

在高水平对外开放阶段,国际社会的携手努力更加凸显了"一带一路"国际合作的重要性和必要性。在新发展格局下,"一带一路"为世界经济增长和复苏注入强劲动力,绿色复苏将成为疫后经济发展的重要推动力,绿色

"一带一路"建设将为各国共享有韧性的、包容的、可持续的发展机制,为各国落实联合国 2030 年可持续发展议程做出更加积极的贡献。中国是世界第二大经济体,经济运行总体回升对世界至关重要。中国努力实现经济发展主要预期目标,以新气象新作为推动高质量发展取得新成效,必将为促进世界经济复苏发展做出重要贡献。

四、"一带一路"共建国家正在形成新的产业链

改革开放以来,中国经济对外开放主要是加入由西方发达国家跨国公司所主导的全球价值链,进行加工制造和出口,在此过程中,中国经济得以飞速发展,取得巨大成功。当今,伴随着世界发展潮流和趋势的变化、中国成为世界第二大经济体以及新发展格局的形成,"一带一路"建设不仅强调构建具有更多自主性的全球价值链,给中国经济高质量发展创造新动能,而且要致力于带动"一带一路"共建国家共同发展。

中国拥有 14 亿多人口,人均国内生产总值超过 1.2 万美元,中等收入群体超过 4 亿人,是世界上最有潜力的超大规模市场,这给中国经济发展带来显著的规模经济优势、创新发展优势和抗冲击能力优势。中国拥有世界上规模最大、门类最齐全的制造业体系,220 多种工业产品产量位居世界前列,在全球产业分工体系和供应链体系中占据举足轻重的地位,拥有支撑构建新发展格局的强大供给能力。中国实行更加积极主动的开放战略,构建面向全球的高标准自由贸易区网络,携手各方高质量共建"一带一路",形成了更大范围、更宽领域、更深层次的对外开放格局。中国连续 6 年保持世界第一货物贸易国地位,吸收外资规模屡创新高,这都为经济稳定发展提供了坚实的基础。

"十三五"以来,中国进一步形成了产业门类全、技术水平高的工业体系,工业竞争力指数在 136 个国家中排名第 7 位。下一步,要推动共建"一带一路"高质量发展,构筑互利共赢的产业链、供应链合作体系,深化国际产能合作,扩大双向贸易和投资。此外,我国是最大的全球中间品进口国,中间品进口对于完善产业链体系、产品体系,巩固我国制造业大国地位具有不可或缺的作用。同时也标志着我国对世界供应链体系的贡献度、影响力不断提高,已经成为全球分工网络的关键枢纽。推进"一带一路"有利于国内大市场联通国际大市场,增进与全球供应链体系的融合度。

公共卫生问题负面效应蔓延使世界各国面临卫生健康与经济增长的双重考验，也进一步加速了全球和区域价值链的重构。作为全球价值链中不可或缺的一环，中国面临着重大的机遇与挑战。在高水平对外开放阶段，中国不仅有效地遏制住了国内面临的负面效应、恢复了经济秩序，而且推动"一带一路"建设逆势前行，为世界应对新发展阶段和稳定经济做出了重大贡献。面对复杂严峻的国际形势，中国须顺应全球化发展趋势，进一步推动高质量共建"一带一路"，促进中国产业向全球价值链中高端攀升。

"一带一路"在新发展格局显现、全球经济衰退等"连环大考"中展现出了强大韧性与活力，在生产要素流动受阻的情况下，在一定程度上为维护区域乃至国际产业供应链、价值链发挥了不可或缺的作用。在新发展阶段期间，包括瓜达尔港在内的70个走廊项目建设运营正常开展，成为统筹防疫与生产的标杆。2020年，我国与共建国家的贸易进出口额达1.4万亿美元，同比增长0.7%；对共建国家非金融类直接投资177.9亿美元，同比增长18.3%。

中国向"一带一路"共建国家出口援助了大量医疗物资。就疫苗国际合作方面而言，在疫苗国际分配极不平衡的背景下，中国政府将疫苗作为全球公共产品提供给"一带一路"共建国家，在一定程度上缓解了共建国家疫苗短缺的问题，充分体现大国担当。有数据显示，东盟、欧盟、南亚、拉丁美洲在多国借助"一带一路"正处在新发展阶段期间，这一时机加强了与中方的经济关联。欧盟统计局数据显示，中国在2020年首次超过美国，成为欧盟对外第一大货物贸易伙伴。东盟历史性地成为中国第一大贸易伙伴，形成了中国与东盟互为第一大贸易伙伴的良好格局，有力推动亚洲区域经济一体化进程。

随着"一带一路"高质量推进，中国与"一带一路"共建国家也会凝聚出一股新的共生力量，形成相对稳定的产业链、供应链关系，这种交错共生的关系体现在三方面。

一是产业链、供应链高质量发展的共同诉求。共建国家大多为劳动密集型国家，劳动力和资源禀赋优势明显。而中国制造业的优势领域集中在中低端和中高端领域，如电子信息、机械设备等领域。为了进一步提升附加值，中国需要将部分产能转移到其他发展中国家。各国通过产能合作满足高质量发展的现实需求。

二是区域产业链贸易程度加大加深。近年来，产业链的区域化属性增强,全球化属性减弱。当前国际经济形势的变化又改变了全球化追求成本最低的原则,大家为了产业安全可控,将一部分重要的关键产业撤回国内或缩回到地理邻近的区域生产,区域内的贸易量将进一步提升。

三是共同应对发达经济体创新竞争的客观需求。2013—2020年,中国对"一带一路"共建国家的投资合作稳步推进。但是各国并没有形成以技术作为驱动力的区域产业链,都面临着发达国家关键核心技术"卡脖子"风险、过度依赖发达国家需求市场和在贸易规则上缺失制度性话语权的问题。

公共卫生问题导致各国对产业链、供应链安全的重视程度上升,更加强调产业自主发展和产业链的自主可控,越来越多的国家将产业回迁至国内或在本区域进行重组,促进全球产业链和供应链向本土化和区域化调整重构,新发展格局将加剧这一趋势演变。尽管全球产业链呈现出一定的脆弱性,但随着生产分工专业化、精细化,分工类别与环节呈几何式增长,以产业分工为核心的国际价值链呈现出延长态势。在上述背景下,包括RCEP等在内的区域经贸协定落地,为"一带一路"共建国家产业链融合提供了新的机遇,促进了中国与共建国家的深度交融,使利益交汇点不断增多。当前国际区域经济一体化的发展势头有助于"一带一路"共建国家承接扩散产业链,丰富了"一带一路"互利共赢内涵。在当前保护主义和单边主义在全球日渐盛行的趋势下,发展中国家接收承包发达国家产业、技术外溢的难度不断提升。从技术层面而言,区域经济一体化有助于区域内国家降低进出口关税,降低投资壁垒,包括中国在内的"一带一路"共建国家中的发展中国家在承接区域内发达国家外溢的中端制造研发业后,有望加快推进本土高技术研发,推行绿色经济和数字经济的全面应用与落地。

区域经济一体化可在一定程度上与"一带一路"项目形成合力,为我国新兴高新技术提供更广阔的应用平台。从供应层面看,产业链的转移是经济规律的内在需要,近年来部分劳动密集型和资本密集型产业离开中国,向南亚、东南亚转移,包括成衣等产业逐渐从中国转移到东南亚等地,而中国正成为人工智能、新能源汽车等产业的承接地;从服务贸易往来层面看,我国数字经济应用经验、5G基础设施建设技术、人工智能应用基础等高新技术优势可更加顺畅地在"一带一路"共建国家落地,同时我国国内广大消费市场亦可在需求端为区域内"一带一路"共建国家产业链提供生产动力。

中国构建双循环高水平对外开放格局将赋能"一带一路"产业链。以国内大循环为主体、国内国际双循环相互促进,符合经济发展规律,也有利于

"一带一路"产经项目提升韧性,促进我国各个地区经济协调发展,产业分布合理布局,为创建企业主导的全球价值链和提升外部价值链提供了空间基础。随着中国内部消费市场需求不断扩大,中国经济韧性将更上一层楼,为"一带一路"共建国家提供更多发展机遇,也将在宏观层面上稳定全球经济发展态势。

面对高水平对外开放格局和逆全球化趋势的复杂演变,中国将始终坚定弘扬人类命运共同体理念,积极推动"一带一路"多边合作,为构建更加合理的全球及区域价值链贡献力量。短期来看,中国应着力恢复和发展国内经济,在合理评估现有"一带一路"合作项目风险的基础上逐步开展后续的"一带一路"投资,以实现内部经济发展与外部合作发展间的平衡。

五、"一带一路"向世界提供公共产品

党的二十大报告在总结新时代十年伟大变革及其所取得的巨大成就时明确指出,共建"一带一路"成为深受欢迎的国际公共产品和国际合作平台。报告对我国迈上全面建设社会主义现代化国家新征程、向第二个一百年奋斗目标进军的各项战略任务和重点工作进行了部署,提出要继续"推动共建'一带一路'高质量发展"。以共商、共建、共享为原则推动"一带一路"共建是中国共产党对外开放理论和实践的重大创新,在世界百年未有之大变局加速演进的背景下,"一带一路"为世界提供了以互联、互通推进新型全球化的确定性,为中国提供了以高水平对外开放来实现高质量发展的确定性,共建"一带一路"已成为深受欢迎的国际公共产品和国际合作平台。

"一带一路"倡议提出以来,在以习近平同志为核心的党中央坚强领导下,我国统筹谋划推动高质量发展、构建新发展格局,坚持共商、共建、共享原则,推动共建"一带一路"取得实打实、沉甸甸的成果。一是深化政策沟通。政策沟通是共建"一带一路"的行动先导与重要保障。倡议提出以来,我国与有关国家和国际组织充分沟通协调,形成了共建"一带一路"的广泛国际合作共识。二是加强设施联通。基础设施是互联互通的基石,是"一带一路"建设的优先领域。在各方的共同努力下,"六廊六路多国多港"的互联互通架构已基本形成,一大批互利共赢项目成功落地,互通互联水平不断提升。三是促进贸易畅通。贸易畅通是共建"一带一路"的着力点,是推动各国经济持续发展的重要力量。在全球贸易增速总体放慢的背景下,我国与

"一带一路"共建国家之间的贸易自由化和便利化水平稳步提升,经贸投资合作不断拓展,贸易方式不断创新,贸易畅通迈上新台阶。四是扩大资金融通。资金融通是共建"一带一路"的重要支撑和保障。我国积极与"一带一路"共建国家开展金融合作,推动建立多层次的金融服务体系,为"一带一路"建设提供多元化的金融支持和服务。五是促进民心相通。民心相通是共建"一带一路"的根基和关键。近年来,越来越多的国家积极参与"一带一路"建设是民心相通的具体体现。除了自身建设所取得的成就,"一带一路"建设亦对现行全球治理体系构成了补充和完善。

共建"一带一路"是中国为世界提供的重要公共产品。其一,"一带一路"建设以"丝路精神"为指导,以共同发展为目标,为发展中国家参与国际经济合作提供了机遇。其二,"一带一路"共建国家中多数属于发展中国家,解决其基础设施与互联互通瓶颈是实现共同发展的必要条件。互联互通为发展中国家实现经济起飞、参与国际分工奠定了基础。其三,多元化合作机制既为不同类型的共建国家开展合作提供了便利,也为"一带一路"与现行全球治理体系的对接创造了条件。其四,作为推动构建人类命运共同体的重要实践平台,"一带一路"为解决全球治理赤字开辟了新路径。

"一带一路"建设以"硬联通"与"软联通"相结合实现可持续目标。可持续是共建"一带一路"高质量发展的重要目标。实现可持续目标是一个系统工程,其中规则与机制化建设是重点内容,要根据合作的需要制定规则、推动机制化建设。基础设施的"硬联通"是互联互通的基石,面向未来,共建国家和地区将建设形成以现代数字技术为基础的铁路、公路、航运、航空、管道、信息等硬件互联互通的新型基础设施体系。帮助共建各国融入全球供应链、产业链和价值链,有助于共享贸易和机遇。互联互通是资源整合和市场经济的客观需要,基础设施互联能够降低资源整合的交易成本,为贸易畅通、资金融通、民心相通和政策沟通提供了基本的物质保障,也为进一步高质量地共建"一带一路"提供了现实可能。规则标准的"软联通"是建设基础设施的体制和机制保障,为高质量共建"一带一路"提供了地理规划、贸易标准、金融与税收、海关合作、社会保障、投资纠纷处置和审计监管等相关层面的规则标准。实现"软联通"就是要通过推进实现"多方认可的企业、商品、职业等领域的行政认证制度",简化商品、资金、技术和人员的流通手续,节约不必要的交易成本,便利生产要素自由流动,为相关国家的经济发展提供支持。面向未来,既要加强基础设施"硬联通",还要强化制度规则"软联通",推动共建"一带一路"高质量发展。

"一带一路"建设以构建健康丝绸之路、推动"小而美"项目建设实现惠民生目标。"一带一路"建设第一阶段的重点是以基础设施为主的互联互通项目。这类项目具有投资规模大、回收周期长的特征。中国推出了健康丝绸之路以及"小而美"项目,这将给普通民众带来直接的收益。未来还要不断深化经济走廊建设,为促进区域发展、提升民生福祉做出更多贡献。共建"一带一路"以来,一大批"小而美"项目通民心、达民意、汇民情,扎扎实实地解决了当地民众关心、焦心的难题,帮助共建国家民众增加了收入,改善了生活。例如,中国援助桑给巴尔血吸虫病防治技术合作项目,实施三年以来,项目示范区的人群发病率从 8.92% 下降至 0.64%,还为桑给巴尔地区培训建设出一支专业的血吸虫病防治队伍,取得很大的成功,得到了世卫组织的高度评价。又如,广东恒兴集团在埃及的渔业产业园项目,涵盖了种苗繁育、饲料生产、池塘与工厂化养殖、深水网箱养殖、水产品加工、中心实验室、养殖实验室、制冰厂、泡沫箱厂、污水处理厂等各领域和环节,将埃及昔日荒芜的海滩变成了虾塘如莲叶、水渠似筋脉的产业园,埃及水产养殖产业在中国企业的帮助下实现了跨越式发展。农业、减贫、卫生、健康等领域"小而美"的民生项目,让共建"一带一路"成果更好地惠及民众,促进"心联通",实现深化合作、互学互鉴、共同发展。总之,"一带一路"建设聚焦共建国家民众急、难、愁、盼的领域项目。在医疗援助、救灾、援助和减贫、教育文化、科技、人员往来等方面,打造出许多具有示范效应的工程,实现了更契民意的"心联通"。

"一带一路"建设以构建绿色丝绸之路、数字丝绸之路实现高标准目标。绿色丝绸之路建设和数字丝绸之路建设是共建"一带一路"高质量发展的重要内容,也是统筹国内国际两个大局、展现大国责任担当、推动构建人类命运共同体的有力实践,体现了高标准要求,契合了世界经济发展的绿色化和数字化趋势。"数字丝绸之路"在中国创建新贸易生态系统、深化与发展中国家的贸易关系的过程中扮演重要角色。它包含大量技术项目,比如建设5G 基站、铺设光纤电缆、建设和装备数据中心等。"数字丝绸之路"建设取得显著成就。截至目前,中国已与 17 个国家签署"数字丝绸之路"合作谅解备忘录,与 23 个国家建立"丝路电商"双边合作机制,与周边国家累计建设34 条跨境陆缆和多条国际海缆,中国与"一带一路"共建国家和地区的数字经济合作正在不断深化。当前,中国数字经济规模位居世界第二,具备良好的产业基础和巨大的市场空间。而大部分"一带一路"共建国家或地区仍处于数字经济发展初期。建设"数字丝绸之路"为共建各国数字经济发展创造了更广阔的合作新空间，不仅已成为"一带一路"高质量发展的重要引擎，也为共建国家和地区带去数字技术发展的切实红利。高水平对外开放阶段后，"数字丝绸之路"还将有效帮助共建各国加速经济复苏。

面对新发展格局和逆全球化趋势的蔓延，中国持续推动"一带一路"高质量发展，维护和践行真正的多边主义，为帮助其他国家面对新发展阶段和稳定世界经济做出了重要贡献。共建"一带一路"富含深远的时代价值和世界意义。"一带一路"倡议是全球治理的中国方案，是中国为世界提供的国际公共产品，打造了一个崭新的国际经济合作新平台。它突破了传统的"中心—外围"格局，促进共建国家和地区间的产业融合和工业化进程，构建了互利共赢的产业链和价值链体系。"一带一路"建设秉持共商、共建、共享的原则，坚持开放、绿色、廉洁理念，努力实现高标准、可持续、惠民生目标，着力推进政策沟通、设施联通、贸易畅通、资金融通、民心相通，既为中国人民谋幸福、为中华民族谋复兴，也为人类谋进步、为世界谋大同。在高水平对外开放格局下，共建"一带一路"探索了促进共同发展的新路子，实现了共建国家互利共赢，为全球经济增长提供了新的驱动力。

第二章
高水平对外开放格局下"一带一路"建设面临的挑战与合作建议

新发展格局是人类有史以来遭遇的最为严重的全球突发公共卫生事件之一,对"一带一路"建设产生了深远影响,不仅使共建国家和地区面临的形势十分严峻,加剧了公共卫生治理赤字,而且强烈冲击了"一带一路"合作的国际环境,增添了许多不确定性风险。新发展阶段效应的蔓延强烈冲击了"一带一路"的合作进程。面对新发展阶段带来的冲击,世界各国采取了一系列应对措施,但也严重限制了国际人员流动和经贸活动,导致一些共建国家的部分产业链与供应链断裂、项目建设受阻、金融市场剧烈动荡、经济陷入衰退甚至可能面临债务危机。

2022年,全球正在遭受第二次世界大战以来最严重的经济衰退,各大经济板块在历史上首次同时遭受重创。联合国发布的《2022年世界经济形势与展望》报告显示,由于在新发展阶段,劳动力市场挑战不断,供应链问题得不到解决,加上通胀压力增加,全球经济复苏正面临巨大的阻力。报告预测,继2021年全球经济增长5.5%后,2022年全球产值将仅增长4.0%,2023年将增长3.5%。

百年变局与新格局相互叠加,共建"一带一路"的机遇与挑战并存。面对日趋复杂的国内外环境,2022年共建"一带一路"将在中国政府"稳"的主基调下,按照习近平总书记在第三次"一带一路"建设座谈会上提出的要求,继续推进高质量共建"一带一路",不断于变局中开新局,在危机中育新机,将"一带一路"打造成造福世界的"发展带"、惠及各国人民的"幸福路"。

一、高水平对外开放格局下共建"一带一路"高质量发展面临的新形势

当今世界正经历百年未有之大变局,是习近平总书记做出的一个重大战略判断。"十四五"时期区别于以往五年规划期的最大不同,就是我国外

部环境所面临的这一"百年未有之大变局"。准确把握这一大变局的丰富内涵和发展趋势,是稳妥应对变局、抓住战略机遇的前提和基础。具体来看,新一轮科技革命和产业变革是大变局的重要推动力量,国际力量对比深刻调整,尤其是"东升西降"是大变局发展的主要方向,新发展阶段效应蔓延是加剧大变局演进的催化剂,世界进入动荡变革期是大变局的基本特征。当前经济全球化遭遇逆流,保护主义、单边主义上升,国际贸易投资持续低迷,全球产业链、供应链、价值链受到非经济因素严重冲击。世界多极化也遭遇阻挠,以美国为代表的一些发达国家不愿失去国际体系的主导权、控制权,频频通过其垄断的金融、科技权力来遏制发展中国家,调整国际经贸规则以保护自身利益。国际经济政治格局变幻不定,全球性治理议题日趋复杂,全球性危机此起彼伏,不断挑战人类社会。

1. 经济全球化受阻,国际经济环境更趋复杂

全球化是基于联合国规则、公平竞争、互利互惠的市场原则,推动各类生产要素在全球范围内高效优化配置,让发达国家的资本、高科技、人才等优势获得了广阔市场和丰厚利润,也让发展中国家通过引进资金、技术和管理经验,推动本国经济增长、民生改善和基础设施建设,反过来又为发达国家提供了更多物美价廉的商品、服务和更大的市场空间,让各国成为你中有我、我中有你的利益和命运共同体,实现了合作共赢、共同发展。事实证明,全球化是世界经济发展的历史必然,是各国实现发展繁荣的必然选择。

经济全球化解决了发展动力问题,但并不能自动解决发展成果分配问题。有的国家坚持资本至上,任由资本和高科技等利益集团垄断全球化带来的发展成果,国内绝大多数民众却未能从中获得实惠,造成富者愈富、贫者愈贫,最富有的1%人口拥有超过其余99%人口的财富,导致社会撕裂、政治极化,民粹主义、保护主义等逆全球化思潮抬头。有的国家固守你输我赢的冷战思维,将经济合作政治化、武器化、阵营化,人为破坏了全球产业链、供应链、资金链安全,严重影响各国人民的生产、生活、生存。当经济全球化的上述负面影响没有受到良好的抵补或者管理,且受负面影响的国家或群体在国际经济政策中起到主导作用时,他们就可能用增加壁垒的方式来消除或者降低全球化的负面影响,全球化就可能出现倒退。

基于此,全球化进程受到了第二次世界大战以来的最大冲击。事实上,全球化遭遇的危机在新发展阶段之前就已显露,新发展阶段效应的蔓延成

为百年未有之大变局的催化剂,加剧了国际格局和国际关系的大裂变。长期以来,根深蒂固的全球性问题、当前变幻莫测的国际形势、"逆全球化"由暗流涌动到大幅肆虐等,都为当前全球化进程带来了前所未有的阻力与障碍。新发展格局使本就孱弱的全球经济雪上加霜,美国、法国等国家出现有统计数据以来最严重的季度性经济衰退,世界陷入第二次世界大战以来最严重的经济衰退。新发展格局及其造成的经济衰退强化了部分国家的内顾倾向,导致平民主义、民族主义抬头,意识形态领域斗争更趋激烈,"黑天鹅""灰犀牛"事件发生的概率大大增加。

单边主义、保护主义势力在全球兴起,经济全球化遭遇逆流,严重扰乱多边贸易体系正常运转,WTO面临前所未有的挑战。新发展阶段效应的蔓延进一步对全球贸易秩序带来严重冲击,其引发的产业链受阻、供应链中断已经并可能持续对全球各国,特别是发展中经济体造成负面影响。

美国特朗普政府实施美国优先政策,发动贸易战,不断"退群",在单边主义、保护主义的道路上越走越远,同时推动了西方国家平民主义、贸易保护主义与经济民族主义势力的发展,经济全球化面临严峻挑战。2020年新发展阶段时期,美国特朗普政府借口保护全球供应链的安全,对中国强加"新冷战",破坏经济全球化期间所形成的全球供应链,推动全球供应链的重组。贸易问题被政治化、意识形态化,甚至安全化。在促进全球供应链的重组方面,美国积极推动全球供应链的"去中国化",带头推动所谓的"经济繁荣伙伴"倡议,力邀日本、越南和个别拉丁美洲国家及中国台湾地区加入该倡议,试图以价值观为基础,建立一个所谓民主家间的供应链。日本等国则出台奖励措施,促使一部分企业搬迁回日本或迁移到越南等地。德国政府也提醒德国企业不要把投资放在中国这一个"篮子"里。在高科技领域,美国政府提出所谓"清洁网络"倡议,企图将华为等中国高科技公司以及中国互联网公司应用程序等排除出美国主导的国际互联网。美国采取软硬兼施的手段强迫很多国家必须在中美之间"选边站",让这些国家参加其"去中国化"的国际供应链和"清洁网络"计划,赤裸裸地干涉这些国家的内政,同时影响它们的经济开放政策。在此期间,单边主义和贸易保护主义之风在部分国家盛行,多边贸易体系备受打击。美国在特朗普政府时期,阻挠启动上诉机构成员遴选程序,导致WTO上诉机构陷入瘫痪,对新任总干事任命人员的固执己见也曾一度致使总干事不能按计划时间上任,严重影响到WTO日常办事机构的有效运转。美国以国家安全例外和贸易救济为由,滥用单边措施,给其他 WTO 成员的利益带来极大损害,破坏了以规则为基础、自由开放的国际贸易秩序。多边贸易体系权威面临严峻挑战,WTO 秘书处机构无法维持正常运转,世贸组织面临前所未有的生存危机。

除此之外,俄乌冲突持续演化严重冲击了本已脆弱的世界经济,逆全球化趋势有增无减,加剧了世界经济增长不均衡,贸易投资大幅萎缩,大宗商品和金融市场动荡,人文交流受限,发展动力下降。IMF 的《世界经济展望报告》已经连续下调 2022 年和 2023 年全球经济增长预期。除此之外,新发展阶段对经济全球化带来了重要的影响。第一,很多国家的政策会转向强调内向性、内向发展、自主发展和有保障的发展等。第二,企业全球化战略开始调整。例如,缩短国际供应链环节、向国内退缩、缩小环节链距等。第三,新发展格局加快全球化结构调整,而且调整的广度和深度非常大。总而言之,受俄乌冲突和新发展格局双重影响,全球价值链受到重大冲击,全球产业链、供应链循环受阻,促使世界各国对全球化蕴含的结构性矛盾更加重视关注,美国加大在全球范围内推动对中国经济"脱钩"和"断链"等,全球化呈现出碎片化、区域化、结构化趋势,全球产业链的"全球性"减弱及"区域性"显著增强,全球供应链成本增大和价值链收缩,将成为中长期的普遍现象。对于广大的共建"一带一路"发展中国家而言,新发展格局拖累全球经济增长,俄乌冲突导致大宗商品价格显著上涨,美联储激进加息致使全球流动性持续收紧,并从需求端、生产链、供应链、资金链等环节冲击共建国家本已脆弱的经济,部分国家面临较强的资本外流风险。

2. 地缘政治冲突加剧世界格局演变,全球治理困境更加凸显

2022 年初爆发的俄乌冲突对现有国际秩序和地缘政治带来了重大挑战。俄乌冲突发生后,不少国家都被卷入"选边站队"之争,一些拒绝谴责俄罗斯的国家与以美国为首的北约国家之间的裂痕有所加大。同时,西方国家对俄罗斯实施的制裁加大了各国对本国经济金融安全的关注,可能使得各国重新考虑本国储备货币结构,并导致能源贸易格局的变化、供应链的重塑和支付网络的割裂。因此,即便俄乌冲突在短期内结束,其影响依然深远,甚至有可能会从根本上改变未来全球经济和地缘政治秩序。如果俄乌冲突久拖不决,则其导致的国际秩序调整将更为剧烈,全球经济不确定性大幅增加。在此情境下,俄罗斯的全球政治影响力将受到巨大冲击,美国也被证明无力有效地领导西方世界,这或将导致第二次世界大战后的国际秩序

崩溃,不排除会出现军备竞赛、核扩散等局面。同时,冲突影响长期化有可能导致更多国家"选边站队",形成"新冷战"局面。在此背景下,全球经济运行不确定性将大幅增加。

俄罗斯与乌克兰是"一带一路"的重要节点,两国冲突必然会对"一带一路"产生直接冲击,短期主要体现在影响"丝绸之路经济带"上的陆路及航空运输。但更为值得关注的是,俄乌冲突可能会在中长期内给"一带一路"共建国家的地缘政治、经贸格局带来多方面的冲击,加剧"一带一路"多边格局的复杂性。俄罗斯和乌克兰均处于中国和欧盟路上和空中交通的关键节点,在俄乌武装冲突持续进行以及俄罗斯对欧盟关闭领空的情况下,中欧之间的航空运输也受到一定影响。同时,战争的爆发也使得中资企业在乌克兰境内的在建项目面临停滞。中资企业在乌的新签承包工程合同额达66.4亿美元,位居同期中方在欧亚地区国家的首位。目前,中国上市公司与乌克兰相关企业的合作多集中在风电、光伏领域,以产品提供为主,部分是以EPC[即 Engineering(设计)、Procurement(采购)、Construction(施工)]总承包方式参与建设,冲突的爆发将直接影响相关项目的建设运营。从长期来看,俄乌冲突对地缘政治格局的冲击将成为未来"一带一路"倡议推进中的重大变数,其中,中欧、中俄、中亚之间的双边及多边合作格局将更加复杂化,从而影响未来中国与"一带一路"共建国家经贸、投资合作推进情况。

3. 新一轮科技革命和产业变革向纵深推进,各国抢占科技制高点

当今世界百年未有之大变局加速演进,国际环境错综复杂,世界经济陷入低迷期,全球产业链、供应链面临重塑,不稳定性、不确定性明显增加。新发展格局的影响广泛深远,逆全球化、单边主义、保护主义思潮暗流涌动。科技创新成为国际战略博弈的主要战场,围绕科技制高点的竞争空前激烈。

当前,新一轮科技革命和产业变革突飞猛进,科学研究范式正在发生深刻变革,学科交叉融合不断发展,科学技术和经济社会发展加速渗透融合。科技创新广度显著加大,宏观世界大至天体运行、星系演化、宇宙起源,微观世界小至基因编辑、粒子结构、量子调控,都是当今世界科技发展的最前沿。科技创新深度显著加深,深空探测成为科技竞争的制高点,深海、深地探测不断为人类认识自然拓展新的视野。科技创新速度显著加快,以信息技术、人工智能为代表的新兴科技快速发展,大大拓展了时间、空间和人们的认知

范围,人类正在进入一个"人机物"三元融合的万物智能互联时代。生物科学基础研究和应用研究快速发展。科技创新精度显著加强,对生物大分子和基因的研究进入精准调控阶段,从认识生命、改造生命走向合成生命、设计生命。

数字经济是继农业经济、工业经济之后的主要经济形态,是以数据资源为关键要素,以现代信息网络为主要载体,以信息通信技术融合应用、全要素数字化转型为重要推动力,促进公平与效率更加统一的新经济形态。数字经济发展速度之快、辐射范围之广、影响程度之深前所未有,正推动生产方式、生活方式和治理方式深刻变革,成为重组全球要素资源、重塑全球经济结构、改变全球竞争格局的关键力量。"十四五"时期,我国数字经济转向深化应用、规范发展、普惠共享的新阶段。当前,新一轮科技革命和产业变革深入发展,数字化转型已经成为大势所趋,受内外部多重因素影响,我国数字经济发展面临的形势正在发生深刻变化。数据对提高生产效率的乘数作用不断凸显出来,成为最具时代特征的生产要素。数据的爆发增长、海量集聚蕴藏了巨大的价值,为智能化发展带来了新的机遇。协同推进技术、模式、业态和制度创新,切实用好数据要素,将为经济社会数字化发展带来强劲动力。数字经济是数字时代国家综合实力的重要体现,是构建现代化经济体系的重要引擎。世界主要国家均高度重视发展数字经济,纷纷出台战略规划,采取各种举措打造竞争新优势,重塑数字时代的国际新格局。

新一代信息数字技术是当代最先进的生产力,引领着以数字化、智能化和网络化为核心特征的第四次工业革命。近年来,互联网、大数据、云计算、人工智能、区块链等技术加速创新,日益融入经济社会发展各领域和全过程,各国竞相制定数字经济发展战略,数字技术正在成为重组全球要素资源、重塑全球经济结构、改变全球竞争格局的关键力量。新发展格局对全球各国的经济社会运行造成严重冲击,大多数行业无法幸免,但数字经济在对抗、缓解新发展格局带来的冲击方面却发挥了独特作用,加速世界各国的数字化转型。在新发展格局下,数字经济将全面渗透社会生活的方方面面,社会各层面对新应用形态的接受程度普遍提高,越来越适应并习惯数字化、智能化、线上化的生产生活方式,更为广泛的应用场景和增长潜力是可以预期的。同时,主要国家对全球数字经济发展制高点的争夺日趋激烈。美国依托领先的技术创新,打造数字经济全球优势;欧盟以数字治理规则的探索和数字单一市场建设为双轮驱动,打造强大统一的数字经济生态;英国不断完善数字经济整体布局,以数字政府引领数字化转型。美国更是联合两洋盟友在数字基础设施、新能源等领域与中国抗衡竞争,试图在全球建立"去中国化"的数据标准,通过主导标准制定占据未来数字竞争的制高点。未来,有关数字规则主导权之争将会更加激烈。

中国日益增强的科技实力和创新能力,是高质量推进"一带一路"科技创新合作的前提。当前,中国科技正在从量的积累迈向质的飞跃,从点的突破转向系统能力提升,在科技强国建设之路上迈出坚实步伐。世界知识产权组织发布的全球创新指数报告显示,中国创新能力综合排名从 2012 年第 34 位提升到 2022 年第 11 位。"一带一路"科技创新合作持续推进,有力促进了民心相通、理念融通、要素畅通、设施联通,带动了中国与共建国家和地区发展战略对接、产能合作,为共建国家和地区的经济转型和产业结构调整注入新动能,为落实全球发展倡议做出重要贡献。

当前,世界百年未有之大变局加速演进,新一轮科技革命和产业变革深入发展,"一带一路"科技创新合作面临新的机遇和挑战。中国与"一带一路"共建国家应抓住历史机遇,通过科技创新共同探索全球性问题的解决方案。在此过程中,不论是创新、贸易投资、知识产权保护等问题,还是网络、外空、极地等新领域,在制定新规则时都要充分听取各国,尤其是新兴市场国家和发展中国家的意见,反映它们的利益和诉求,确保它们的发展空间。加强宏观科技政策协调,实现发展战略深度对接,在相互砥砺中加速新旧动能转换和经济结构转型升级。中国将持续深化"一带一路"科技创新合作,与"一带一路"共建国家一道,共同引导创新全球化朝着更加开放、包容、普惠、平衡、共赢方向发展,推动全球化释放更多正面效应,帮助广大发展中国家加快数字经济发展和绿色转型,共享科技进步红利。

二、高水平对外开放格局下共建"一带一路"高质量发展面临的主要挑战

面对复杂严峻的国内外发展环境,共建"一带一路"高质量发展的重要性更加凸显,面临的风险与挑战更加值得关注和重视。过去 10 年的建设实践表明,"一带一路"建设过程中也存在一些短板和不足。同时,地缘政治冲突加剧、美国策动"印太战略"、一些国家经济衰退及政策调整等对未来"一带一路"稳定迈向高质量发展提出了更高要求和更严峻的挑战。

1. 地缘政治风险和安全风险加大

政治风险是东道国的政治环境或东道国与其他国家之间政治关系发生改变而给外国投资企业的经济利益带来的不确定性风险。"一带一路"所面临的政治风险是多方面的，"一带一路"途经的东南亚、中亚等地区是大国博弈的敏感地带，随着中美博弈加剧，地缘政治风险加大。

相比发达国家，"一带一路"共建国家大多属于发展中国家，背负着很重的历史包袱，经济发展水平不高，社会治理体系不健全、人员素质相对低下，存在着传染病、恐怖主义、抢劫、暴力犯罪等诸多问题，在发展环境上要比发达国家恶劣得多。欧亚大陆是矛盾冲突多发区，领土、领海纠纷多，国家间的历史恩怨多，如印度与巴基斯坦、伊朗与沙特阿拉伯等。这些矛盾在一定程度上会对"一带一路"项目的落地带来困难。

中亚地区处于欧亚大陆的中心位置，也是"一带一路"的中心区域和丝绸之路经济带的必经之地，自然资源丰富，地缘战略地位突出，成为大国地缘政治竞合的重要地区。2020年2月，美国公布了《美国中亚战略2019—2025：促进主权和经济繁荣》，俄乌冲突以来，美加大了对中亚的渗透力度，而俄罗斯也从未放弃对中亚地区的传统影响力。未来"一带一路"在中亚地区推进的政治风险十分突出。

东南亚地区与我国山水相连，是"一带一路"的重心所在，近10年来，在共建"一带一路"框架下，中国与东南亚经贸合作取得重大成效。中国已连续13年成为东盟的第一大贸易伙伴，东盟于2020年起连续两年成为中国的第一大贸易伙伴。随着中美博弈加剧，美试图将东盟作为围堵中国的突破口，加大了对东盟的投入力度。2022年2月，美国白宫官网公布的印太战略文件中明确表示，东盟是区域框架的核心，美国将深化与东盟的长期合作。2022年5月，"印太经济框架"启动，东盟—美国特别峰会发表关于升级双边关系的声明，同时，美国推出东盟B3W计划等，利用湄公河—美国伙伴关系等区域倡议扩大美国在该地区的影响力，借俄乌冲突推动北约东扩乃至亚洲化，"一带一路"建设在东盟乃至整个周边的环境将更为复杂，也将面临更多的不确定性。

此外，一些支点国家也存在地缘政治加大风险。例如，美国不断加大推进与缅甸的政治、经济以及安全等方面的合作，中缅关系虽然继续保持平稳发展的势头，但两国的大项目合作基本停滞不前。巴基斯坦近年来国内政局混乱、地方分离主义盛行、恐怖主义势力猖獗,部分地区的政府统治薄弱,美国不断加大对巴基斯坦的渗透和控制,中巴经济走廊建设的地缘政治风险上升。在俄乌冲突持续演化背景下,2022年8月,继立陶宛之后,爱沙尼亚与拉脱维亚正式宣布退出由中国所主导的"17+1"合作机制,加速向美靠拢,"一带一路"框架下中国与中东欧合作变数增多。

"一带一路"范围广、涉及国家多,这些国家和地区是多种文明交汇的关键之地,相关国家和地区的政治体制、发展水平各异,社会制度、历史传统、宗教信仰、民族关系等各不相同,热点问题、领土和岛屿主权争端频发,安全风险长期存在;同时,许多国家处于社会转型期,国内政局动荡不安,社会矛盾相互交织,政权更替可能使政府政策持续性受到影响,使"一带一路"的持续有效推进受到影响。此外,民族分裂主义、国际恐怖主义、宗教极端主义等非传统安全问题困扰也将长期存在,直接影响"一带一路"建设的深入推进。

2. 债务危机风险持续存在

近年来,中国积极推进"一带一路"投融资机制建设,初步形成了以政策性、开发性和商业性贷款为主,投资基金、证券发行为辅的多种融资方式并举,政府、私营部门和国际性金融机构共同参与的投融资体系。全球经济增长动能明显不足,新发展格局使全球几乎所有国家均受到了不同程度的冲击与影响,同时,俄乌冲突和大国博弈叠加共振,各类风险交织聚集,美欧主要国家通胀高企,开始实施激进的加息政策,致使全球融资条件趋紧,全球经济增长走弱。"一带一路"共建国家大多为发展中国家,本身存在经济发展动能不足问题,经济外部性特征明显,因此,全球经济增长走弱和某些国家采取的行动将使发展中国家受到更大冲击,加剧经济增长的进一步放缓。在此情况下,"一带一路"共建国家经济长期高速度增长的预期并不乐观,且增长的背后是较高的风险。过去几年,"一带一路"的标志性项目多是基础设施项目,资金投入大、建设周期长,很容易受到经济波动的影响,这些国家宏观经济增长前景走弱对中国海外投资的可持续性构成挑战,同时也加重了中国面临的融资压力。如何拓宽融资渠道、丰富融资方式、推进各国政府间的融资合作与协同,已成为摆在"一带一路"建设面前的重大挑战。

债务危机是当前世界经济中的热点话题,也是主权国家经济领域重点防范的风险。自2017年起,西方智库持续渲染中国"一带一路""债务陷阱"

问题,已经对"一带一路"的声誉和高质量发展造成实质性影响。自新发展阶段以来,各国经济普遍下滑,财政收入减少;与此同时,为了抗疫和恢复经济,政府加大开支,债务水平持续高企。其中受影响最大的是低收入国家;它们在抗疫的同时,还要偿还巨额外债。但中国投资并非造成这些国家高债务风险的主因,主要投资国并未出现债务负担显著加重现象,世界银行数据库显示,截至2020年底,82个低收入和中等偏下收入国家的公共外债结构中,商业和多边债权人分别占比40%和34%,中国占比不足10%。权威机构的实证分析显示,"一带一路"共建国家对华债务仅占其GDP平均值的1.8%,远低于60%的国际警戒水平;多个国家在大多数年份对华债务负担率都不足1%。以西方智库经常提及的斯里兰卡为例,在斯里兰卡的债务结构中,中国债务占比较少,仅占10%,且期限长、利率低。不过,中国确实是巴基斯坦、安哥拉、肯尼亚、埃塞俄比亚、缅甸等"一带一路"共建国家的主要债权国,且大多为主权信用担保,在主要国家偿还债务能力走弱的背景下,债务风险上升,长期存在债务可持续性风险。因此,如何机制化应对低收入国家债务问题,成为高质量共建"一带一路"的重要任务。

3. 中国企业"走出去"相关机制有待完善

随着"一带一路"建设的不断推进,中国企业"走出去"的步伐逐渐加快,离不开两方面因素的推动。一方面,中国企业国际化程度越来越高。随着企业自身研发能力和制造水平的不断提升,原来从事外贸生意的企业希望寻找更大市场,到境外建厂、与海外企业开展合作等成为企业开拓市场的重要形式。另一方面,随着改革开放的深入发展,更多中国人走出国门,国际交往日益频繁,能够在海外发现更多商机。新发展阶段以来,全球资本流动受到冲击,人员往来和物资流通遇阻,给企业的海外发展带来的负面影响除共建"一带一路"面临的国际环境日趋复杂外,"一带一路"推进过程中我国自身存在的短板以及体制机制等不健全,也成为高质量共建"一带一路"面临的挑战。

对中国企业"走出去"保护不力与监督机制不严并存。一方面,随着"一带一路"建设的推进,中国的资金、技术、人员"走出去"的速度进一步加快,而为海外利益提供安全保护、外交保障的能力未能及时跟上,利益"走出去"的速度明显超出利益保护能力提高的速度,由此带来一定风险,导致一些项目成本收益结构发生变化。另一方面,目前,国家对于企业的境外行为监管并不严格,对于企业的竞争机制缺少有效监管。在"一带一路"重点投资的基础设施领域里,中国企业间的恶性竞争普遍存在,这使得中国企业在对"一带一路"共建国家进行投资时,不仅面临当地企业及其他海外优秀企业的竞争,还面临来自同行业、同部门的中国企业竞争。同时,行业间的无序竞争会导致上下游产业链出现脱节,丧失竞争优势,影响当地民众对我国企业乃至国家声誉和影响力的整体印象。

中国企业国际化能力不足。随着"一带一路"建设的推进,中国企业"走出去"的步伐越来越强劲,从开展工程项目建设,到进行绿地投资、跨国并购,在多个方面取得了丰硕成果。然而,中国企业在参与"一带一路"建设的过程中仍充满风险与挑战:第一,国际化规则标准话语权能力不足。"一带一路"共建国家法律、人文、习俗等差异较大,在标准国际化、规则国际化等方面仍存在较大差异,容易引起争端,迫切需要建立与中国相衔接、相融通的规则、标准体系,推动中国标准规范"走出去"。第二,专业化的服务机制和纠纷解决机制不足。现有国际仲裁和争端解决机制程序复杂烦琐,费用高昂,外籍仲裁员及律师收费都非常高,对中国企业构成较大的经济负担,只能放弃救济。中国企业在境外诉讼仲裁基本上"十案九败"。第三,中国企业海外本土化经营能力不足。"一带一路""走出去"需要更加深入,不能"打一枪换一个地方",需融入当地营商环境,适应当地文化,实现属地化管理,这是国际化的终极形态,有利于夯实"一带一路"在当地的民意基础和社会基础,营造良好环境。第四,国际化人才严重短缺。突出表现在具有国际化视野、国际化技能,能够适应国际化劳动市场的高端人才(专业化的管理人员)稀缺,成熟且能适应国际用工市场的产业工人(技术工人)也较为紧缺。而目前国内的人才培养模式与"一带一路"人才需求之间存在较大的落差。如何弥补这种落差,使我们培养的人才更适应"一带一路"可持续发展的需要,成为胜任"一带一路"工作的国际化复合型人才,是当下亟须解决的问题。

三、高水平对外开放格局下推动共建"一带一路"高质量发展的主要建议

高水平对外开放格局下,在推动"一带一路"高质量发展的过程中,中国应继续秉持共商共建、互利共赢的合作基础,积极应对全球地缘格局出现的

新变化,在不确定性中把握新机遇。同时,中国应吸取俄乌冲突中的经验教训,确保自身在能源、粮食等基础性战略资源上的安全性,把握机遇,加速人民币国际化建设,提高国际市场的金融权和话语权,并根据新的国际秩序及时调整"一带一路"重大项目的布局。

1. 继续秉持共商共建、互利共赢的合作基础,积极应对地缘政治格局的新变化

当前,百年变局、新发展格局和俄乌冲突深刻影响着全球政治经济格局,欧洲正面临空前的能源危机和经济危机。对于中欧关系,中国应坚持从战略和长远角度持续推动双方的合作,妥善把握地缘政治与经济利益平衡。中国可主动释放合作态度,充分利用中欧领导人会晤的机会,推动中欧投资协定的重启以及其他重大事项的协作。欧盟在2021年推出的"全球门户"计划与"一带一路"倡议有望形成合力,共同推进发展中国家的建设。由于部分中东欧国家在政治上援乌抗俄立场鲜明,中国宜保持中立立场,预判并减少俄乌冲突对中国与中东欧国家合作造成的潜在不利影响,抓住机遇加快推进中欧陆海快线建设,保障中东欧"一带一路"互联互通与供应链的稳定与安全。积极推动欧盟提出的有关基础设施合作倡议的有效对接。要高度警惕美国主导的B3W、PGII与欧洲"全球门户"计划对接合作。欧盟"全球门户"计划与中国"一带一路"倡议互补性较强,且"一带一路"框架下中德、中法、中意合作和第三方市场合作已有一定基础,应推动"一带一路"与欧盟"全球门户"计划的对接,拉紧中欧利益纽带,推动基础设施、金融、能源、科技创新等重点领域合作,巩固第三方市场合作成果,形成利益共享、风险共担的共建格局,避免美欧形成抗衡"一带一路"的合力。

在"一带一路"框架下,中国与东盟形成了更加紧密的产业链和供应链,2021年中国—东盟贸易额再创历史新高,达到8 782亿美元,占中国对外贸易总额的14.5%。2022年1—7月,中国—东盟贸易额达到5 449亿美元,同比增长13.1%。中国连续13年保持着作为东盟最大贸易伙伴的地位。RCEP的生效实施对经贸合作的促进作用已经开始显现,成为当前世界经济增长的最大亮点和区域经济增长潜力的最大抓手。同时,美启动"印太经济框架",抓紧在东盟地区布局以抗衡中国和"一带一路"建设。因此,应在《中国—东盟战略伙伴关系2030年愿景》指导下,高标准建设中国—东盟自贸区,深化双边基础设施,尤其是数字、绿色等领域和贸易投资领域的合作,

重点扩大服务业市场开放,提升贸易投资便利化水平,提高双边产业链、供应链、价值链、创新链的融合度和竞争力。加强"一带一路"与 RCEP 对接,不断扩大区域开放的有利条件,为成员国经济复苏增长和发展繁荣做出积极贡献。

中亚、西亚与我国陆地接壤,也是"一带一路"重要共建国家。"一带一路"倡议提出以来,中国与中亚、西亚国家开展铁路、公路、航空、能源、电力、信息等基础设施领域的合作,中国与中亚五国的贸易额从 1992 年的 4.6 亿美元增至 2019 年的 463.4 亿美元,增幅达 100 倍。中哈原油管道、中国—中亚天然气管道和中俄天然气管道等保障了供应国、过境国、消费国的安全和发展,成为欧亚大陆的"资源血脉"。应积极拓展我国与中亚、西亚等的经贸合作,打通新疆、内蒙古等对外联通中亚、西亚、俄罗斯乃至欧洲的国际物流通道的堵点,构建以新疆为中心,面向俄罗斯、中亚、西亚等的贸易投资大通道,逐步搭建形成跨国区域合作格局和产业链、供应链体系。

2. 加强"一带一路"各项机制建设

随着"一带一路"建设的深入推进,进一步加强"一带一路"宽领域多层次的发展与合作机制建设,显得尤为迫切。在这一过程中,要秉持开放性、渐进性理念和正确义利观,紧紧围绕基础设施建设和产能合作等重点机制建设,切实解决关键问题,进一步提升凝聚力和影响力,推动共建"一带一路"高质量发展。

加强机制建设是"一带一路"高质量发展的必然要求。从国际经验看,加强机制建设是重大合作倡议行稳致远的强大保障。一些关系全球治理变革和世界政治经济格局调整的重大合作倡议,在进展到一定阶段后,往往需要加强机制建设,推动组织机构实体化、政策磋商常态化、项目建设规范化,有效降低制度性交易成本、稳定各方预期,从而保证合作倡议持久深入推进。当前,"一带一路"建设取得丰硕的成果,同时也面临一些挑战和问题。解决这些难题需要加强机制建设,加大资金、人才等投入力度,与各方完善双边合作机制,开展第三方市场合作,形成多层次合作架构,为高质量共建"一带一路"提供坚实的支撑。

完善项目发展机制。基础设施和产能合作等重大项目建设是"一带一路"高质量发展的重点所在。项目建设一般投入大、周期长、影响深,必须完善可持续发展机制,推动项目落地生根、开花结果,从而更好地惠及共建国家和人民。比如,完善项目评估和遴选机制,算好"政治账"和"经济账",优先支持那些既有战略意义,又有经济价值,同时能够有效拉动当地就业、增加当地居民收入、促进当地工业化和城镇化进程的基础设施和产能合作项目建设;完善项目合法合规经营制度,规范企业投资行为,鼓励企业在进行项目建设时注重保护环境、履行减贫等社会责任,积极回应当地社会诉求等。

健全融资保障机制。融资机制建设是"一带一路"高质量发展的重要支撑和保障。几年来,"一带一路"融资机制建设成就有目共睹,但与基础设施互联互通、贸易投资和国际产能合作等的巨大需求相比,融资能力仍待提升。应统筹国际和国内资源、统筹政府和社会资本、统筹直接和间接融资,打造互利共赢、多元平衡、风险共担、收益共享的融资机制。应针对不同性质项目分类施策,建立健全各有侧重的融资保障体系。

健全完善债务可持续性保障机制。西方批评中国在国际主权债务领域不透明、不合作,作为贷款方不公布贷款数据,也不要求借款国公布;在债务减免时习惯单独行动,极少与其他债权人协调;处理债务碎片化,没有一套制度体系。为了有效应对"一带一路"债务可持续问题,中国需要提升自身债务管理水平和透明度,提升在国际上的议程拟定和规则制定话语权。应进一步落实好《"一带一路"债务可持续性分析框架》,提高投融资决策科学性,加强债务管理能力。

3. 加强"一带一路"话语体系建设,促进民心相通

应加强"一带一路"理论研究,从理论上构建中国叙事体系的人类命运共同体大历史观。在当前国际局势新形势下,以美为首的西方国家大搞集团政治、贸易保护主义、民粹主义、逆全球化等做法,国际合作的不确定性大幅增加。习近平主席多次与"一带一路"共建国家领导人发出团结合作倡议。应充分发挥"一带一路"国际高峰论坛、世界政党对话会、G20峰会等国际话语场域和"一带一路"多元文化场域的积极作用,在"共商共建共享"基础上,更加强调"团结合作""人类命运共同体"等价值理念,不断提升"一带一路"国际舆论引导力,不断提升和巩固高水平对外开放格局。

此外,在做好传统媒体的基础上,更加注重社交平台等网络新阵地的搭建和维护。长期以来,传统媒体国际舆论场由美国等西方国家主导,当前社交平台的快速发展,为我们高质量做好"一带一路"对外传播提供了契机,应

研究并用好社交平台进行"一带一路"建设的对外传播，推动国内社交平台国际化发展，助力"一带一路"所蕴含的人类命运共同体理念为更多国际受众所知道、理解和认同。

综上，共建"一带一路"是在新的历史条件下，中国践行区域合作共赢与全球协商共治的宏伟举措，其愿景蓝图非常美好，也必将助力中华民族的伟大复兴，增进共建国家人民的福祉，促进世界和平发展与合作共赢。但是，"一带一路"建设也是一项长期、复杂而艰巨的系统工程，前无古人，其推进实施必然面临诸多不容忽视的风险和挑战，应该引起高度重视。我们既要正视困难，又要坚定信心。在共建"一带一路"的过程中，风险时刻与机遇相伴，认识风险、重视风险，是为了化解风险，抓住机遇。我们要看到，当今世界和平与发展的时代主题没有改变，经济全球化的大方向没有变，国际格局发展战略态势对我们有利，中国经济韧性强，长期向好的基本面不会改变，共建"一带一路"和高水平对外开放格局仍面临重要机遇。

第三章
高水平对外开放格局下中日韩区域合作态势

作为全球经济发展最活跃地区,东北亚不仅是世界范围内少有的聚集各类历史、地缘与安全困局的区域,也长期受困于安全保障与经济发展的相互割裂,这一复杂的地缘战略格局对这一地区的合作构成严峻挑战。尽管中日韩三国领导人及民间力量在推动区域合作方面进行过积极的尝试,但受制于政治摩擦、领土纠纷与历史争议的影响,彼此关系呈现出周期性震荡,始终难以实现突破。随着RCEP的签署,中日韩处于同一多边合作框架之下,这为三方合作的发展与关系的提升创造了新的契机。展望未来,东北亚地区合作面临不同的发展前景,而能否突破外部势力干预和影响,还要端视中日韩三方能否摒弃歧见、创新合作模式,持续推进合作进程。

中日韩是东北亚近邻,无论从历史还是从文化渊源上看,长期处于交融合作进程中,这种天然的地缘和历史文化因素是实现"1+1+1>3"合作效果的基础。20世纪60年代以来持续发展的东亚经济和20世纪90年代后半期启动的东亚合作进程,为中日韩合作提供了可资借鉴的实践和推进合作深化的路径。而在"10+3"框架下,中日韩领导人的推动和社会各界人士的积极响应,也为三方合作的推进和深化提供了有力的支撑。但需要指出的是,由于东北亚地区作为世界范围内少有的聚集了各种复杂的历史、地缘和安全困局的区域,其经济发展与安全保障两大领域长期以来始终无法形成相向而行的态势,而是相互割裂,进而形成特有的极为复杂的地缘政治格局。①

一、中日韩合作的区域格局及构成要素

东亚在地理范围上包括了中国、日本、韩国、朝鲜、蒙古和俄罗斯六国。

---

① 晋益文:《东北亚新型地区秩序建构:中日韩合作的进展与前景》,《亚太安全与海洋研究》2021年第6期,第89页。

但从区域合作的紧密度和经济关联度分析,无论是在外在形式还是实质运行方面看,基本以中日韩三国为主。基于复杂的历史渊源和民族冲突因素,尽管东亚是当前全球经济发展最为强劲的区域,但也始终是区域格局最为复杂的地区。一方面,区域内国家在持续推动经济合作的同时,在政治互信与安全领域却始终难以取得大的进展;此外,作为第二次世界大战国际秩序的遗产,域外大国及域内外围国家对区域安全有着巨大的影响,并且强力介入力度强,因而地区整体而言处于相对失序的状态,全方位的新型合作机制亟待建构与完善。

在这一大背景下,作为区域内最具经济实力的中日韩之间合作的启动和发展,无论在影响力上还是提供实质性动能方面,均将为东北亚构建以合作共赢为基调的新型地区秩序展示出现实可行的路径。

1. 东亚区域格局的演化与基本特征

从历史角度看,自古至今,东北亚相继出现"华夷秩序"[①]"殖民秩序"[②]"冷战秩序"以及"后冷战秩序"。在这一过程中,中国处于金字塔地位的历史源远流长,且呈现出政治、经济、文化等全方位的影响力和渗透力。而日本与美国则是在19世纪末到20世纪中期发挥了重要的影响力,其中日本依靠武力、美国主要凭借武力和经济渗透两手在区域内发挥影响力。这一格局随着中华人民共和国的成立而被打破,再度出现无中心的失序状态。进入"后冷战"阶段,东亚高速发展,但始终没有形成稳定的区域合作机制。从这一角度看,可以说,由于历史纠葛与区域外势力的强力介入,东亚地区一体化发展呈现周期性震荡,甚至倒退。

2. 发展与安全的冲突日益凸显

东北亚的最显著特征是经济发展与安全格局之间存在着巨大反差:一方面,东北亚汇集了中国、日本、韩国三大经济体,根据国际货币基金组织

---

① 黄枝连:《亚洲的华夏秩序——中国与亚洲国家关系形态论》,中国人民大学出版社1992年;信夫清太郎编:《日本外交史》,商务印书馆1992年版,序论第一节"三种国际秩序";崔丕:《近代东北亚国际关系史研究》,东北师范大学出版社1992年版;滨下武志:《近代中国的国际契机——朝贡贸易体系与近代亚洲经济圈》,中国社会科学出版社1999年版。

② 有的学者把东北亚近代秩序称作"帝国秩序",把其"二战"后秩序称作"霸权秩序",把其冷战后秩序称作"均势秩序"。参见孙丽萍、王文奇、孙兴杰:《"东北亚区域秩序研究"笔谈》,《东北亚论坛》2012年第4期,第25—35页。

(IMF)于2022年4月发布的统计,2021年三国的GDP分别为17.46万亿美元(世界第二位)、4.94万亿美元(世界第三位)、1.79万亿美元(世界第十位),三大经济体GDP总额达到24.19万亿美元,明显超越美国GDP的22.99万亿美元。①这表明中日韩三国建构自由贸易协定(FTA)并逐步实现经济一体化已经成为全球规模最大的经济体。由此可见,发展是当前东亚区域合作的主轴。

另一方面,在美国的介入下,东北亚区域安全形势更趋严峻复杂,尤其是俄乌危机后,在一些"热点"问题上存在爆发"热战"的可能性。这些安全问题的性质各不相同,各有其复杂的根源,共同构成了多种因素相互牵制、整体上维持着"恐怖平衡"的东北亚安全格局。②这种情况的演化在很大程度上源于这一区域尚未形成被普遍认同并有效运行的政治对话与安全保障机制。由于机制的缺失,东亚区域内现存的历史领土争端与国家统一问题相互交织,难以通过政治对话和谈判协商的方式有序化解,反而进一步加剧区域紧张局势。由此可见,发展与安全的矛盾已经成为制约东北亚的持续稳定繁荣。因此,化解安全困局,构建稳定的政治与安全框架已成为当务之急。

二、中日韩区域合作的进展与局限

中日韩合作的启动始于1999年11月,这是中日韩三国领导人首次聚首并共商地区合作,这是中日韩向区域一体化发展的重要标志,也显示出东北亚突破安全困局走向机制化合作的可行路径,就是本着"先易后难、循序渐进"方式、以构建FTA为目标、逐步向政治和安全领域拓展,这一目标与共识的达成为推动中日韩区域合作的进展奠定了基础、明确了方向。

1. 中日韩区域合作态势

实践表明,中日韩合作的内涵非常复杂,包含政治、经济、社会、安全、文化等各领域。从目前情况看,中日韩合作的全面推进面临着诸多的内外因素干扰,诸如历史争议、国内政治、领土争端以及域外势力强力介入等,因

---

① 《2021年世界各国GDP排名》,亚太时报网,参见 http://news.gtxh.com/shehui/2022/0422/108860.html, 2022年9月27日。
② 黄凤志:《东北亚安全秩序的困境与对策研究》,《东北亚论坛》2005年第2期,第34—36页。

此,寻求可行的推进路径至为关键。基于此,从以实现互利共赢为目标的经济领域切入,成为必然且唯一的选择。截至目前,中日韩三方的合作已经逐步进入"快车道",但存在着显著的差异:中韩已经达成 FTA,形成较为紧密的合作机制;日韩已经就 FTA 协商确立基本原则和总体框架,但由于在部分内容方面(开放领域和便利化程度等)存在争议,至今仍未达成协议;中日之间尚未正式启动 FTA 协商,但已经就双边关税减让安排达成协议①,为推动 FTA 协商创造了有利条件。但迄今,受政治关系和域外国家的干预,中日韩自贸区谈判仍处于商谈阶段,尚未达成相应的时间表。尽管各类研究结果表明,中日韩 FTA 对三方经济发展的正面效应大于双边合作,但在实际发展过程中,受制于政治互信难以提升、地缘安全顾虑差异和域外国家的积极干预等因素,合作进展具有明显的周期振荡与间歇性特征,而随着区域格局与国家间实力对比的变化,这一特征愈加凸显。对于中日韩三国而言,经济合作既是相对而言容易取得共赢效果的合作领域,也是逐渐走向全方位合作的必经阶段,因此,持续推进区域经济合作成为中日韩合作的前提和基础。多方面的研究与实证皆显示,中日韩合作的时机和进程需要持续强化和营造。作为东北亚近邻和长期历史文化的相互交融,具有天然的"地利"条件,且这种天然的合作基础在互补性基础上仍处于持续强化态势,因而合作持续深化具有深厚的基础和有利条件。但从另一方面看,随着中美博弈的加剧,中日韩之间的关系愈加微妙,尤其是日本进一步"紧跟"美国,在这一态势下,中日韩合作尚待"天时",也就是亚太区域合作和东亚一体化进程的有利时机。此外,中日韩领导人的和三国社会的积极响应也有待进一步营造和加强,从而为三边合作营造"人和"氛围。

1999 年 11 月 28 日,东盟与中日韩领导人在马尼拉举行 13 国首脑非正式会晤。会晤期间,中日韩三国领导人举行早餐会并就开展合作进行深入交流,由此启动了三方在"10+3"框架内的合作进程,并逐步向更高层次的合作推进。随着 RCEP 的生效,中日韩合作的进程有所加快。但近年来以中美战略博弈的加剧为背景,给中日韩 FTA 协商带来巨大的变数和不确定性。在这一背景下,中日韩合作能否继往开来、持续推进,并为东亚合作增添新的动能,需视中日韩能否排除干扰、克难前行,为东北亚的发展与安

---

① 张钟尹:《历史性突破!中日首次达成双边关税减让安排专家:为中日韩自贸区协商奠定基础》,《每日经济新闻》2020 年 11 月 15 日(A1)。

全奠定更加坚实的基础。

2. 中日韩合作的主要成果和局限

自进入 21 世纪以来,中日韩就 FTA 展开协商的方式逐步从"10＋3"框架转变到直接协商与谈判阶段,在 RCEP 正式运行后,协商议程进一步加快。但另一方面,随着中美博弈的加剧,尤其是日本与中国、韩国在政治上的分歧加重,东北亚区域一体化取得进一步进展的难度加大,显示出除合作进程的脆弱性和局限性。从当前情势看,中日韩的合作明显受到外部的影响,甚至干扰,呈现震荡与间歇性特征。

（1）中日韩自贸区建构的理论与实践

从理论层面分析,区域经济一体化的目的和动力源于成员方的共同利益,即提升区域内各经济体在国际经济竞争中的整体竞争力,获取更多的比较利益和规模经济利益。具体而言,区域经济一体化的优势主要表现在以下三方面：第一,有利于各经济体扩大经济规模,增强经济实力,提高成员方在世界经济中的地位；第二,有利于提高整体经济效益,促进区域内各经济体的经济发展；第三,在不同程度上消除区域内的贸易壁垒,有利于资源交流,扩大区域内的需求和市场,从而在一定程度上减轻对区域外市场的依赖。[1]

从现阶段全球范围内区域经济一体化的实际进展和所取得的效果分析,已经逐步呈现出两方面的特点：首先,当前的区域内自由贸易区协商基本上以循序渐进的方式有效推动一体化的进程。相对于 WTO"单一认诺"（single undertaking）[2]的谈判模式,区域内的 FTA 协商多以循序渐进的方式逐步推进,其阶段性安排主要包括以下顺序：第一步是先明确协商的原则与框架；第二步是逐步就协议的实质性内容按照"先易后难、循序渐进"的原则进行协商,同时针对协议中争议较少的部分先予以实施（即早期收获计划）,以进一步增强成员方之间的互信；第三步是在前期成果逐步累积的基础上,最终达成全面性的合作协议。[3]这种方式在以往的国际经济谈判中并非常态。从谈判学的角度看,由于区域内协商的参与方相对较少,也有助于协议的达成。需要指出的是,由于 FTA 协商可以在不同的对象之间同时进行,

---

[1] 盛九元：《中日韩 FTA 的建构及其对两岸经贸关系的影响》,《世界经济研究》,2013 年第 12 期,第 81 页。
[2] 引自《中华经济研究院》,WTO 中心网站,参见 http://taiwan.wtocenter.org.tw/。
[3] 盛九元：《中日韩 FTA 的建构及其对两岸经贸关系的影响》,《世界经济研究》,2013 年第 12 期,第 82 页。

因此谈判方还可以根据不同经济体的发展阶段与产业结构特点来选择谈判的内容和进程,以应对本身不同产业部门的发展需求,从而降低内部的阻力和反弹。与此相比,在WTO框架下的多边协商则要复杂得多。

其次,随着区域内经济一体化进程的加快,区域各经济体之间的产业分工与合作互动会更加明显,并呈现多样化的分工形态。自20世纪80年代以来,东亚一直是全球经济发展的热点,不仅在成长率、产业结构调整等方面始终保持较高的增长态势,而且经济一体化的进程也不断加快,这一点突出地表现在区域内贸易比重持续扩大方面。

(2) 中日韩 FTA 的提出及其建构

1994年,日本学者森岛通夫在其所著的《日本的选择》中,最早提出"中日韩经济合作体"的构想,但在当时仅是一种学术性思考,在当时的地缘政治和经济发展情况下,要建立中日韩自由贸易区缺乏现实可行的基础。但随着东亚金融风暴的爆发,东亚区域经济整合这一议题迅速成为当时应对策略的焦点,也逐步成为官方政策考虑的重点,中日韩自由贸易区也由此正式进入启动阶段:1998年10月,时任韩国总统的金大中在访日时向当时任首相的小渊惠三最先提出了建立日韩自由贸易区的建议,两国在发表的共同宣言之一——《建立面向21世纪日韩伙伴关系的行动计划》中,强调要加强双方的经济合作,以推动日韩自由贸易区的建设。进入21世纪后,有关建构中日韩FTA的呼声逐步高涨。2002年11月,时任中国国务院总理朱镕基在东盟与中、日、韩领导人峰会上,再次正式提出尽早启动针对建立中日韩自由贸易区的倡议,并得到日韩两国的积极响应。中日韩领导人于2003年11月在印度尼西亚的巴厘岛共同发表《中日韩推进三方合作联合宣言》,中日韩自由贸易区建设也由此进入实际推进阶段。同年5月,中国商务部研究院亚非研究部完成《建立中日韩自由贸易区的可行性研究》的报告,指出创建这一自由贸易区的条件已经比较成熟。2004年,中国国务院发展研究中心、韩国对外经济政策研究院与日本综合开发研究机构合作举办"中日韩自由贸易区的产业影响"国际研讨会,被认为是中日韩自由贸易区建设的战略设想开始逐步进入实质性启动阶段。2009年10月,中日韩三方举行会议,共同发表《中日韩合作十周年联合声明》和《中日韩可持续发展联合声明》,提出建立中日韩经济团体合作交流机制、开展三国航空安全合作、开通中日韩合作网络秘书处等,以利于推进三方经济合作进程的具体措施,由此构建起了中日韩自由贸易区的基本框架。

除政府间的协商谈判外,民间组织在推动中日韩FTA方面也十分活跃,例如,"中日韩商务论坛"作为非政府交流合作平台,对于促进中日韩企业界在支持建立自由贸易区问题上发挥了积极的作用。在具体的行动方面,中日韩三方在韩国首尔成立了"中日韩自由贸易区协力办公室",设置专职工作人员,具体负责相关政策研究、信息沟通、合作交流等事宜,从而使东北亚区域经济合作具有了共同的合作平台,有助于进一步推动自由贸易区的建设。

(3) 中日韩在"10+3"框架内的合作

1999年11月28日,中日韩领导人在菲律宾出席"10+3"会议期间举行了早餐会,并就推动三边经济合作达成共识①,以此为基础,中日韩领导人通过在"10+3"框架内的多次会晤,持续推动合作并不断增进共识,形成了《中日韩推进三国合作联合宣言》(2003年)、《中日韩三国合作行动战略》(2004年)等一系列共同文件。2005年,日本首相参拜靖国神社问题引发了中日、韩日间的政治摩擦,导致三方政府首脑会晤中断,直至2007年才恢复。

2008年12月13日,"10+3"框架外的第一次中日韩领导人会议在日本福冈举行,会议发表的《三国伙伴关系联合声明》首次就三国的"伙伴关系"做了定位。第二次中日韩领导人会议于2009年10月在北京举行,会后发表《中日韩可持续发展联合声明》及《中日韩合作十周年联合声明》。此次会议最直接的成果就是确定在2011年9月1日正式设立中日韩合作秘书处。2010年5月,第三次中日韩领导人会议于2010年5月在韩国济州岛举行,会议达成《2020中日韩合作展》的合作框架。2011年5月,在东京举行的第四次中日韩领导人会议上,鉴于当年3月日本福岛的严重核泄漏事件,决定将三边合作范围进一步向预防地震、严重灾害、核安全等领域扩展。2012年5月,中日韩政府首脑一致同意于年内启动自由贸易协议谈判,东北亚区域合作机制由此逐步从形成共识进入实质性协商阶段,反映出当时东亚区域经济一体化不断加快的趋势。

但是,2012年8月,韩日岛屿摩擦再次升温,韩日关系恶化。9月,日方的挑衅性行动导致中日在钓鱼岛问题的冲突升级,中日关系也受到严重影响。再加上安倍晋三多次发表美化日本侵略历史的言行,中日、韩日在历史

---

① 白如纯:《平成时期日本的东亚区域经济合作》,社会科学文献出版社,2018年,第61页。

问题上的争端加剧,中日、韩日关系进一步恶化,中日韩领导人定期会晤机制暂时中止。直至 2014 年下半年以后,中日、韩日关系才逐渐回暖。2015 年 11 月,在延宕三年后,中日韩在首尔恢复举行第六次领导人会晤。但其后,受韩国部署美国的"萨德"导弹系统影响,中韩关系出现波折。在加上日本政府在历史问题与南海问题上的挑衅性做法,导致三方关系再度倒退以及原定在日本举行的领导人会晤再度中断。时隔两年半后,在中日、韩日政治关系逐步改善的情况下,第七次中日韩领导人会议于 2018 年 5 月 9 日在东京恢复举行。2019 年 12 月 24 日,第八次中日韩领导人会议在中国成都举行,发表了《中日韩合作未来十年展望》,对 20 年来中日韩合作的经验与教训进行了全面总结,对未来 10 年的合作方向做了展望。[①] 其后,由于日韩在历史、经济、安全领域出现全面摩擦,中日韩领导人会晤再次中断。由此可见,中日韩合作的脆弱性和局限性使得 FTA 的进展呈现周期震荡特征,且仍看不出有摆脱这种困局的有效路径。不过,尽管受到各种因素的制约与影响,整体进展为达到预期目标,但中日韩合作启动 20 余年来,仍取得不少成果和进展,尤其需要指出的是,截至 2019 年,中日韩三国已建立了 21 个部长级会议机制和 70 多个对话机制,设立了中日韩合作秘书处,三国贸易额也从 1999 年的 1 300 亿美元增至 2018 年的 7 200 多亿美元,经济总量在全球占比从 17% 提升至 24%[②],这些均显示在中日韩在合作方面已有长足进展。

(4) 当前中日韩自贸区建构的进展

从现阶段中日韩当局的反应分析,日本在推动建构《全面与进步跨太平洋伙伴关系协定》(CPTPP)后,在中日韩 FTA 问题上采取观望态度。与此同时,RCEP 的正式运行也为日本增加向中韩出口工业品提供了有效的途径,因此,对于建构中日韩的积极性进一步降低。相关协商仍在进行,但对日本而言,紧迫性与重要性与以往相比已显著降低。另一方面,韩国由于始终存在对日贸易逆差,担心这一趋势会进一步扩大,因此,对中日韩 FTA 的建构也表示担忧,并曾表示不希望确定启动中日韩 FTA 的时间,而中美博弈的加剧更增加了日韩的疑虑。在这种情况下,中日韩自由贸易区的进展情况将陷入停滞状态,而且其间还存在着非常复杂的因素,涉及政治、经济、

---

① 《中日韩合作未来十年展望(全文)》,国务院网站,参见 http://www.gov.cn/guowuyuan/2019-12/24/content_5463712.htm,2021 年 9 月 9 日。
② 《跌破 80 万!日本出生人口创新低》,《北京商报》2023 年 3 月 2 日(A8)。

地缘环境等。

区域经济合作的实践证明,事先合作目标的关键在于经济体之间互信机制的建构,换言之,在中日韩 FTA 的进程中,中日之间的互信与合作至关重要,而这正是现阶段影响中日韩自由贸易区建设的核心障碍所在。值得欣慰的是,现阶段中日韩政府始终没有停止有关 FTA 的协商。

在这一进程中,产业分工与合作始终是推动东亚经济一体化建设的主要动力。因此,发展水平、经济总量与产业分工程度更高的中日韩之间建构自由贸易区必然会对现有的东亚经济一体化产生直接的冲击,这也是美国、东盟对中日韩自由贸易区建设抱持高度疑虑的重要原因。当然,由于中日韩三方存在着严重的政治、地缘、历史以及领土等方面的争议,实质推进相关 FTA 难度较大,很可能会呈现出双边,如日韩优先推进的状况,但整合的趋势不会改变。

一是日本对于中日韩 FTA 建构的考虑。现阶段,日本在中日韩 FTA 建构上的犹疑与狭隘的战略视角已经成为推进合作的最主要障碍。对日本而言,在这一问题上的考虑主要基于以下四方面:一是日本认为因其经济发展水平高于中韩,因而在建构 FTA 问题上的首要考虑就是如何有效确保在经济和产业领域的优势,这是日本在三方协商中最为消极的核心因素;二是与中韩在历史认知与领土问题上存在争议与摩擦,因而在政治上始终与中韩之间保持一定的距离,以便在出现争端时有回旋的空间;三是因在外交与安全政策上高度依赖日美同盟,因而需要全方位顾及美方的立场和态度,在中美对抗加剧的情势下,日本的顾虑愈加显著;四是对中国在中日韩自贸区中的主导性以及经济的进一步发展心存戒备,进而导致其对于日中、日韩自贸区建设或是在经济上不积极,或是政治上不主动,由此构成中日韩 FTA 建构中最大的消极因素。

需要指出的是,2020 年 11 月 15 日,东盟 10 国和中国、日本、韩国、澳大利亚、新西兰 15 个国家,正式签署区域全面经济伙伴关系协定(RCEP)[①],中日韩三国首次进入了同一个多边自贸协定之中。这无疑为中日韩自贸区建设提供了新的有利起点。[②]

需要指出的是,随着中美博弈的加剧,日本紧紧追随美国,在技术转移

[①] 《正式签署!全球最大自贸协定达成》,《人民日报》2020 年 11 月 15 日(A1)。
[②] 孟月明:《RCEP 为中日韩自贸区"奠基"》,《环球时报》2020 年 11 月 19 日。

和产业合作方面加大对中国的防范,持续推动产业链和供应链"脱中国化"。然而,由于中国市场的巨大规模,日本没有也不可能脱离对中国需求的依赖,因此,中日贸易仍保持持续成长的态势,经贸往来始终是中日关系发展中最积极、最活跃的推动因素。2020年,中日进出口贸易在新发展阶段的不利条件下仍实现正增长,总额为3 174亿美元;2021年更达到3 714亿美元,逆差为398亿美元①,中国已经连续15年保持作为日本最大贸易对象的地位,且对日贸易逆差也呈现逐步扩大趋势。在经济互利的大背景下,日本国会于2021年4月28日完成了批准RCEP的程序,成为继中国、新加坡、泰国之后第四个批准该协定的国家。②

2020年11月20日,习近平主席在APEC领导人非正式会议上表示,中方将积极考虑加入CPTPP。③2021年9月,中国正式申请加入CPTPP。④这些举措为中日关系的发展注入了新的活力。但由于日本在中美之间、安全保障与经济发展之间始终采取"两面下注"的政策,且有进一步强化美日同盟的趋势,因而,短期内日本在中日韩FTA问题上的犹疑心态不会改变。

二是韩国在中日韩FTA问题上的考虑。相较于日本,韩国在推动中日韩FTA过程中的态度明显较为积极。这一方面是基于中韩之间紧密的经贸关系,以及在政治上良好的互动。另一方面,韩国在维护韩美同盟的同时,力图消除中国的疑虑,避免对华关系发生严重倒退,这显然是一种韩国版的"两面下注"政策。⑤韩日两国政策的显著区别就在于,韩国在中美之间试图采取"平衡政策"的意愿远较日本强烈,因而"以美制华"的倾向并不严重。中国在经贸往来、周边安全、对朝关系等领域都是韩国最为倚重的合作对象之一。仅就经贸关系而言,中国多年来一直是韩国的第一大贸易伙伴,作为韩国第一大外贸伙伴,中韩贸易始终保持增长态势,2020年为2 852.6亿美元(同期韩美贸易额为1 316亿美元),中方逆差为602.6亿美元⑥;

---

① 《2021年中日货物贸易总额创历史新高 中日经贸合作新机遇几何?》,搜狐新闻,参见 https://www.sohu.com/a/517974920_676545。
② 《日本完成RCEP批准程序》,《经济参考报》2021年4月29日。
③ 常思纯:《日本主导CPTPP的动向、影响与前景》,载杨伯江主编:《日本研究报告(2019)》,社会科学文献出版社,2018年,第141—154页。
④ 《中国正式申请加入COTPP》,参考消息网,参见 http://www.cankaoxiaoxi.com/china/20210916/2454118.shtml。
⑤ 韩献栋、赵少阳:《中美战略竞争背景下韩国的对华战略——基于对冲概念框架的分析》,《国际论坛》2021年第3期,第97—118页。
⑥ 《2020年1—12月中国—韩国经贸合作简况》,商务部网站,参见 https://m.10jqka.com.cn/20210303/c627439132.shtml。

2021年达到3 623.5亿美元,增长26.9%,中方逆差为646.3亿美元[①],创历史新高。尹锡悦当选后,强调进一步加强韩美同盟,但也力求保持与中国的紧密关系,为此,韩国正在探索致力于韩中关系和韩美关系并行的"双轨外交",进而形成在外交上的弹性空间。

需要指出的是,近年来,日韩都在谋求避免陷于在中美对抗中"选边站"的困境。因此,被视为"亲美派"的日本新任首相岸田文雄以及新当选的韩国总统尹锡悦也不得不慎重处理对华关系,以免陷入被动。但比较而言,日韩的对华政策存在较大差异:日本基于地缘政治、经济发展水平和历史问题等考虑,在维持平衡的总体框架下,有着通过强化与美同盟来防范中国的强烈倾向。与此不同,韩国基于与自身安全、经贸关系以及维护半岛和平方面对华的强烈需求,更强调与中国保持友好关系,配合美国对华战略的力道有限。

2022年是中日复交50周年和中韩建交30周年,这一具有重要象征意义的事件能否为中日关系、中韩关系乃至中日韩关系的发展注入新的活力,成为世人关注的重点。但从目前情况看,前景并不乐观!

三、中日韩合作趋势分析

中日韩合作的进展正处于关键节点:是通过深化合作加快构建FTA并进一步向全方位合作方向发展,还是回到20世纪90年代的"准冷战"模式,端视中日韩三国能否排除外部因素干扰、正确对待历史和区域发展现实,进而做出最符合区域发展的选择。

从这一角度进行分析,中日韩FTA建构的前景无外乎三种。

① 排除外部势力干扰,持续推动FTA的建构。在当前情势下,这一前景虽有可能,但尚未显示出明显的动向。

② 维持现状。即FTA的相关协商继续推进,相关领域的技术性谈判持续深化,但由于外部力量介入或者受领土或历史争议的干扰,三方关系极易出现波动,甚至倒退。因此,出现这种前景的可能性最大。

③ 出现"新冷战"态势。随着中美对抗的加剧,日韩或其中的日本"选

---

① 《2021年1—12月中国—韩国经贸合作简况》,商务部网站,参见 https://m.10jqka.com.cn/20220322/c637675407.shtml。

边站"，跟随美国参与遏制中国。这种可能性就当前而言，呈现出越来越明显的趋势。

基于此，在推动中日韩区域合作的进程中，需要三方面进一步克服障碍，尤其是日本需要正视区域发展的新格局并排除域外势力的干扰，在此基础上努力争取出现持续深化合作并建构区域合作机制的前景，努力确保三方合作在既有基础上不倒退，全力预防或者控制出现倒退和对抗冲突加剧的可能性，唯有如此，才能真正形成东亚区域合作与稳定格局，进而以更高水平的一体化带动亚太区域合作的持续推进。

第四章
高水平对外开放格局下的
东南亚区域经济发展

以外向型经济为主导的东南亚经济体,曾在2019年被视为正面临近10年最低谷状态的全球经济的"曙光"。①2020年公共卫生问题蔓延带来的冲击,一方面使东南亚经济体的经济增长随着全球经济的整体衰退与快速反弹相应波动,经济发展挑战增大、不确定性增加;另一方面使东南亚的区域经济一体化随着新发展阶段及全球产业链的加速重构与区域化相应增强,与中国的经济合作亦随着共同应对高水平对外开放阶段历程中关系的升华而相应地提质升级。高水平对外开放格局下东南亚区域经济发展的新动能增强,空间有望进一步扩大,国际地位亦有望相应进一步提升。

一、高水平对外开放格局下东南亚区域经济受到的影响

截至2022年3月17日,东盟经济体共有2598.8万例新冠感染确诊病例,其中死亡病例33.5万例。在完全新冠疫苗接种比例方面,最高的文莱已达91.6%,最低的缅甸还仅为39.2%(见表4-1);与全球平均水平相比,东南亚最大经济体印度尼西亚一直处于落后状态,老挝、菲律宾也是仅刚完成赶超。

表4-1 2020年1月至2022年3月17日,东南亚经济体新冠感染情况一览

经济体	首例确诊时间(2020年)	全部确诊病例数	全部死亡病例数	完全疫苗接种人数	完全疫苗接种率(%)
泰国	1月13日	3 276 098	23 998	49 939 445	71.4
新加坡	1月23日	986 320	1 182	4 945 516	90.7
越南	1月23日	7 174 423	41 683	77 637 834	79.1
马来西亚	1月25日	3 927 437	34 185	25 779 848	78.7

---

① 《东盟国家是全球经济的"曙光"》,《国际日报》2019年11月5日(A1)。

续表

经济体	首例确诊时间（2020年）	全部确诊病例数	全部死亡病例数	完全疫苗接种人数	完全疫苗接种率（%）
柬埔寨	1月27日	134 624	3 049	13 883 923	81.9
菲律宾	1月30日	3 672 661	57 880	64 660 228	58.2
印度尼西亚	3月2日	5 939 082	153 212	152 405 191	55.2
文莱	3月10日	120 600	177	404 502	91.6
缅甸	3月23日	607 844	19 418	21 501 523	39.2
老挝	3月24日	149 131	643	4 394 905	59.6
合计	—	25 988 220	335 427	—	—

• 资料来源：ASEAN BioDiaspora Virtual Center, "COVID-19 Situational Report in the ASEAN Region", March 18, 2022。

面对新发展格局的全面冲击，东南亚经济体不得不随着自身新发展阶段的缓急变化和疫苗接种的覆盖程度实施宽严不等的社区隔离政策，并在封禁、解锁中反复开关边境大门；努力于放松管制时推动复工复产，并尽可能于其后维持正常的生产与贸易。例如，印度尼西亚于2020年先是在3月20日全面暂停所有其他国家外国公民的免签、落地签服务，后又在3月31日决定国家进入公共卫生紧急状态、进行大规模社区隔离；新加坡于2020年亦曾规定所有外国短期旅客在3月24日起均不得入境或过境，4月7日至6月1日国内社会与经济活动更是基本处于暂停状态；马来西亚于2020年3月18日实施包括禁止本国公民出境和外国旅客入境在内的"行动管制令"，5月4日又将其调整为允许大部分行业于遵守标准作业程序前提下复工复产的"有条件行动管制令"，6月10日再进一步调整为部分外国人可入境的"复苏式行动管制令"。新发展阶段的应对与疫苗接种的速度成为影响东南亚经济体经济走势的重要因素，经济复苏进程受阻，不确定性进一步增加。

1. 经济增长：2020年萎缩态势、2021年反弹态势均超预期

在全球经济深度衰退、国外需求显著下降的2020年，东南亚经济体的实际GDP增速大幅下滑，除文莱、越南、缅甸外更是呈现不同程度的萎缩，有的更是超过1997年亚洲金融危机的冲击。根据IMF的数据，东盟老6国中，旅游收入同比下降83%的菲律宾由2019年的同比增长6.1%转为同比减少9.6%，与同比减少2.1%的印度尼西亚同为1997年亚洲金融危机以来首次萎缩；马来西亚与旅游业遭受重创的泰国分别同比减少5.6%、

6.1%，均为 2008 年全球金融危机以来首次萎缩、1998 年以来最严重萎缩；新加坡虽为 2001 年以来首次萎缩，但同比减少 5.4%、同样是 1998 年以来最严重萎缩；东盟新 4 国中，老挝与柬埔寨则分别为自 1988 年、1994 年以来首次萎缩，即使同比增长 2.9% 的越南也较 2019 年的增速放慢 4.1 个百分点、创下 1986 年来最低水平。东盟、东南亚整体分别同比增长 -3.3%、-4.0%，均已低于全球平均增速，较自身 2019 年的增速相应放慢 8.0、8.5 个百分点；[1] 虽然 IMF、亚洲开发银行多次下调经济增长预期，东南亚经济体的萎缩态势总体而言仍旧超出二者分别于 2020 年 10 月、2020 年 9 月发布的预测。

在全球经济快速复苏，但增长势头因新发展格局影响持续反复及公共卫生问题出现而再次放缓的 2021 年，东南亚经济体的实际 GDP 增速由负转正、大幅回调。根据业已公布的数据，东盟老 6 国中，印度尼西亚、马来西亚、菲律宾、新加坡、泰国分别实现 3.7%、3.1%、5.6%、7.6%、1.6% 的增长；除马来西亚外，增速均超 2021 年 10 月 IMF 的预测；得益于全球半导体及其设备的旺盛需求带来的自身制造业产出迅猛增长，加之积极有效的新发展阶段应对措施与经济复苏政策，新加坡更是强劲反弹，不但创下 2010 年以来最快增速，而且于 2021 年第 3 季度恢复至新发展阶段前水平；菲律宾则是因第 4 季度情势缓解，尤其节日期间"报复性"消费而全年增长高出市场预期和自身设定的目标区间。在东盟新 4 国中，越南尽管 GDP 继续同比增长 2.6%，增速还是进一步走低，较 2020 年又放慢 0.3 个百分点，既低于自身设定的目标，也未能达到国际机构的预期；而这与其 2021 年两次受新发展格局的严重冲击不无关系，特别是从 4 月底开始持续大半年且已由北向南蔓延至国内各大省市与重点经济区域的第 4 次新发展阶段效应所导致的劳动力短缺、物流受阻、生产停滞、部分行业供应链中断，与全球供应链危机、原材料价格上涨相叠加的效应。

2. 对外贸易：深受区域外部影响，与全球贸易趋势相吻合

在全球供应链受阻、贸易一度急剧萎缩、货物贸易额最终下滑 7.6%、保护主义显著上升的 2020 年，严重依赖区域外部市场的东南亚经济体的货物贸易进出口增速同样大幅下降，仅有越南和柬埔寨及文莱实现全部或部分

---

[1] "东盟"数据来自东盟秘书处，"东南亚"数据来自亚洲开发银行。

贸易流向的增长,其他经济体均陷入或重或轻的萎缩。根据东盟秘书处的统计,东盟老6国中,曾于2020年2月7日发布暂停进口中国活体动物贸易令、2020年6月底才解除防疫物资出口禁令的印度尼西亚,进出口、出口、进口额分别同比减少10.1%、2.7%、17.3%;被美国在一年之中先后两次取消部分出口商品普惠制待遇、食品出口下滑的泰国,进出口、出口、进口额分别同比减少9.2%、6.0%、12.5%;对华出口创新高、对美出口亦为近10年最大价值的马来西亚,进出口、出口、进口额分别同比减少4.4%、1.7%、7.4%,但顺差同比增长超30%,不仅已连续23年保持顺差状态,还创下相应历史最高纪录;以国际贸易为经济支柱的新加坡,尽管电子零部件出口因全球半导体需求增加而坚挺,受原油价格拖累所导致的国内石油进出口贸易额大幅下降还是使整体进出口、出口、进口额相应下滑。东盟新4国中,纺织服装品出口大幅下滑9.3%,但对美贸易整体大幅增长的越南,进出口、出口、进口额分别同比增长4.8%、6.4%、3.1%,贸易顺差亦创历史新高。

在全球货物贸易增长强劲、服务贸易恢复到新发展阶段前水平、以28.5万亿美元贸易总额再创纪录的2021年,除因政局突变而受到有关国家贸易制裁的缅甸外,东南亚经济体对外货物贸易均呈大幅上涨态势,而大宗商品价格上涨和电气电子产品、金属制品、化学制品需求走高是重要原因。根据各国业已公布的数据,致力于提高镍、铜、铝土等原材料下游产业国内附加值的印度尼西亚,进出口、出口、进口额分别同比增长41.9%、38.6%、40.3%,出口额创历史新高、顺差为2006年以来最高。马来西亚进出口、出口、进口额分别同比增长24.8%、26.0%、23.3%,贸易总额首次突破2万亿林吉特。新加坡进出口、出口、进口额分别同比增长19.7%、19.1%、20.4%,其中石油贸易出口额因油价高企而大幅提高43.6%。受益于全球制造业的扩张,泰国进出口、出口、进口额分别同比增长23.1%、17.1%、29.8%,其中出口增速为2011年以来最高水平。菲律宾进出口、出口、进口额分别同比增长24%、14.5%、31.1%,进口油价及大宗商品价格飙升更导致贸易逆差同比增长75.4%,为3年来最高。越南进出口、出口、进口额分别同比增长22.6%、19%、26.5%,出口额再创历史新高。

3. 吸收外国直接投资(FDI):2020年仍为全球重要流入地、2021年再为全球增长引擎

在全球FDI急剧下降35.0%、流量以近1万亿美元重回2005年水平的

2020年，虽然因对全球价值链密集型FDI的依赖①东南亚经济体的外资流入同比下降30.2%，但依然是FDI的重要流入地，在全球FDI流入中的占比不降反升0.9个百分点至12.7%。②油气投资强劲的文莱、水电投资增长的老挝、采掘与制造业投资持续受关注的缅甸仍有较大幅度的增长，而金融业投资增长的柬埔寨、制造业与电力行业投资活跃的越南则略有下降。东南亚最大外资接收国新加坡，FDI的流入量同比下降29.0%。尽管流入的FDI同比下降22.2%，印度尼西亚还是上升为全球第15大FDI目的地。越南FDI的流入量仅同比下降2.0%，上升为全球第18大FDI目的地。马来西亚的FDI流入量已为10年来最低，同比下降高达59.6%。③

根据2022年6月UNCTAD《世界投资报告》，在全球FDI强劲反弹、同比增长64.3%、业已超过新发展阶段前2019年水平但流入发达经济体速度更快的2021年，东南亚区域的外资流入同样加速、同比增长43.6%，亦超2019年水平，东盟也再次成为亚洲发展中经济体与全球FDI增长的引擎；新加坡吸收的FDI在跨境并购激增的推动下同比增长31.4%，较2020年提升2位，为全球第4大FDI流入地。④制造业外资继续增长的马来西亚，其投资发展局批准的FDI同比增长高达224.9%，至2 086亿林吉特。⑤菲律宾FDI净流入额同比增长54.2%、达到105亿美元，业已超过2017年的103亿美元、创历史新纪录。印度尼西亚吸收的FDI同比增长8.0%，达到200.8亿美元。越南实现的FDI则同比下降1.2%，至197.4亿美元，其中制造业投资达143亿美元、占有72.5%的份额。⑥

二、高水平对外开放格局下
东南亚区域应对经济冲击的措施

除扩大医疗资源供给、积极采购新冠疫苗、加强对弱势群体补贴外，东南亚经济体为应对新发展格局带来的经济冲击、尽可能将其负面影响降到

---

① 联合国贸发会议(UNCTAD)，《世界投资报告2021(概述)》，2021年4月，第11页。
② 根据UNCTAD《世界投资报告2022》的数据计算所得。
③ 根据UNCTAD《世界投资报告2022》的数据计算得到相关国家FDI增速，FDI流入地排名亦来自此报告。
④ UNCTAD, *World Investment Report 2022*, United Nations Publications, June 2022, pp.14, 9.
⑤ Ministry of International Trade and Industry(Malaysia), *Weekly Bulletin*, Volume 680, 9 March 2022, p.1.
⑥ "The General Statistics Office under the Ministry of Planning and Investment (Vietnam)", *Socio-economic situation in the fourth quarter and 2021*, Report No.282/BC-GSO, December 29, 2021.

最低,大都推出相应的且具针对性的经济复苏计划或救济方案,并随着新发展阶段的变化加以及时更新,通过短期效应的经济刺激措施与融资信贷支持和长期效应的经济转型激励与结构性措施的有机结合、快速落地,在努力提振经济的同时,切实助力企业,尤其是受冲击相对更为严重的行业及抵御能力相对更小的中小微型企业渡过新发展阶段时期的各种难关,并增强适应新常态、新趋势的现实竞争力与更好的抵御风险、应对危机的长远能力。

1. 短期效应的经济刺激政策与融资信贷支持

新加坡政府不但在 2020 年推出 5 次总额近 1 000 亿新加坡元新发展阶段纾困财政预算案,通过雇佣补贴、加薪补贴、加强周转贷款、提升融资计划和返还企业所得税、符合条件租户免付租金、企业和自雇人士缴纳所得税期限延后,帮助企业与个人渡过难关;而且在 2021 年又推出"110 亿新加坡元应对新冠坚韧配套",再度延长雇佣补贴、减免租金、贷款等纾困措施。①

印度尼西亚政府于 2020 年向 131 889 家企业合计提供 3.49 万亿印度尼西亚卢比所得税优惠、向 14 941 名纳税人合计提供 13.56 万亿印度尼西亚卢比进口税优惠、向 24.8 万家中小企业合计提供 0.77 万亿印度尼西亚卢比激励优惠。截至 2021 年 6 月 25 日,"国民经济复苏计划预算"已落实 34%,即 237.54 万亿印度尼西亚卢比;②财政部的税收优惠政策业已延长至 2021 年底。

菲律宾实施 1.3 万亿比索刺激经济复苏法案和全国互助复苏法案 1.0、2.0。据菲律宾预算管理部统计,截至 2021 年 4 月中旬,政府已在全国互助法案下释放合计 6 469.7 亿比索抗疫资金。③贸工部还为帮助受新发展阶段影响的中小微型企业,截至 2021 年 11 月 10 日已批准总额 60.9 亿比索的 37 202 项贷款申请。④

马来西亚政府采取"解决"(resolve)、"复原"(resilience)、"重启"(restart)、"恢复"(recovery)、"振兴"(revitalise)、"改革"(reform)"6R"方案。

---

① 商务部国际贸易经济合作研究院等:《对外投资合作国别(地区)指南 新加坡(2021 年版)》,中国商务部,第 101—103 页。
② 参见《印尼财政部介绍 2020 年税收优惠发放情况》《印尼财政政策刺激经济复苏取得初步成效》,中国驻印尼大使馆经商处,2021 年 2 月 25 日、2021 年 7 月 2 日。
③ 商务部国际贸易经济合作研究院等:《对外投资合作国别(地区)指南 菲律宾(2021 年版)》,中国商务部,第 60 页。
④ 参见《菲批准小型企业贷款超 60 亿比索》,中国驻菲律宾大使馆经商处,2021 年 11 月 12 日。

截至 2021 年 6 月 1 日共推出总值达 3 800 亿林吉特的 7 个经济配套,其中 2020 年 3 月宣布的"2 500 亿林吉特全面经济振兴配套政策"主要包括 500 亿林吉特担保计划、将小额信贷计划增至 7 亿林吉特,并且无任何抵押要求等措施。① 央行还宣布为受新发展阶段冲击的中小企业推出特别救济融资。

泰国内阁先是在 2020 年 4 月批准总额 2.36 万亿泰铢,分 3 阶段施行的财政刺激计划,后又于 2021 年 5 月因第 3 次严重受到新发展阶段带来的冲击而批准 0.7 万亿泰铢贷款计划框架。其中,第 1 阶段主要为在泰国注册企业提供为期 2 年、利率 2%、总额 1 500 亿泰铢的低息贷款,为留住工人的企业提供总额 300 亿泰铢软贷款;第 2 阶段主要是支付救济现金、税收减免与延期。②

越南财政部向政府呈交允许受新发展阶段影响企业、生产经营实体等"延期缴纳税收与土地租金决议草案"。工贸部制订总额 8 万亿越南盾电力扶持计划,降低生产制造业用电价格约 10%。国家银行发布包括下调再融资利率和再贴现利率 0.5—1 个百分点、各商业银行下调新旧贷款利率最高 2 个百分点在内的一系列信贷支持政策。③

此外,文莱出台延付贷款本金、减免行业税费、缓缴社保费、发行伊斯兰债券等总额 4.5 亿文元的经济纾困措施。柬埔寨早在 2020 年 2 月 24 日就推出第 1 阶段财政方案,主要措施包括设立 5 000 万美元的联合融资机制、受原料短缺影响的工厂可享有最高 1 年的免税假期。缅甸政府于 2020 年 4 月 27 日就新发展阶段发布"经济救援计划",通过改善投资与外贸及银行服务来缓解新发展阶段对私营企业的影响是其 7 大目标之一。④

2. 长期效应的经济转型激励与计划

新发展阶段效应的蔓延使全球产业链和供应链、经济结构加速重塑,一方面,企业数字化迫切性提高,电子商务、数字经济发展新动能强化;另一方

---

① 商务部国际贸易经济合作研究院等:《对外投资合作国别(地区)指南 马来西亚(2021 年版)》,中国商务部,第 56—57 页。
② 商务部国际贸易经济合作研究院等:《对外投资合作国别(地区)指南 泰国(2021 年版)》,中国商务部,第 73 页。
③ 商务部国际贸易经济合作研究院等:《对外投资合作国别(地区)指南 越南(2021 年版)》,中国商务部,第 93—94 页。
④ 商务部国际贸易经济合作研究院等:《对外投资合作国别(地区)指南 文莱(2021 年版)》,中国商务部,第 81—82 页;《对外投资合作国别(地区)指南 柬埔寨》,中国商务部,第 64 页;《对外投资合作国别(地区)指南 缅甸(2020 年版)》,中国商务部,第 29 页。

面,可持续发展意识提高,绿色发展、绿色经济新引擎备受关注。东南亚经济体即使在新发展阶段也大都继续推出数字经济、绿色经济转型激励或长远规划,以数字化与绿色转型推动可持续韧性复苏与包容性增长。

早在2018年就已推出《数字经济框架行动计划》的新加坡,进一步加强"中小企业数码化计划",并利用"研究、创新和企业计划2025"促进本土创新;未来经济委员会还于2021年5月制定"产业转型蓝图2025"。政府业已做出2030年左右温室气体排放达到每年6 500万吨顶峰水平、2050年从顶峰水平减半、争取在21世纪下半叶实现零排放的承诺;并于2021年2月公布"2030年绿色发展蓝图",明确建成领先的碳交易与服务中心、绿色金融中心。①

印度尼西亚总统佐科于2020年8月发布加快国内数字化转型命令,2021年3月又组建由经济统筹部部长担任主席的"促进与扩展区域数字化工作组";"2021—2024年数字印度尼西亚总路线"也已推出,希望进入数字化生态系统的中小微企业由新发展阶段时期的1 750万家提高到2023年的2 400万家、2024年的3 000万家。②政府业已做出2030年前独立减排29%或在国际支持下减排41%、2060年实现零排放的承诺,并将绿色投资专门纳入经济复苏计划。预计绿色经济到2030年将创造440万个新工作岗位、对GDP的贡献将达600万亿印度尼西亚卢比。③

2019年就已发布《数字转型战略2022》的菲律宾,业已由众议院于2020年5月提交《数字经济税收法》。政府致力于2020年到2030年减少75%的碳排放,其中2.71%为利用自身资源的无条件承诺,72.29%为依托《巴黎协定》的金融、科技等支持的有条件承诺。众议院气候变化委员会也已在2020年初有条件批准《低碳经济法》,对国内碳排放上限及交易体系做出规定。④

马来西亚于2021年推出"数字经济发展蓝图",提出将自身打造成数字经济的区域领导者;计划到2025年实现数字化、采用电子商务的小微企业

---

① 商务部国际贸易经济合作研究院等:《对外投资合作国别(地区)指南 新加坡(2021年版)》,中国商务部,第72页。
② 《总统:持续推动中小微业发展》,《国际日报》2022年3月29日(A1)。
③ 印度尼西亚国家发展规划部副部长表示。参见《绿色经济将创造440万个新工作岗位》,中国驻印尼大使馆经商处,2022年2月8日。
④ 商务部国际贸易经济合作研究院等:《对外投资合作国别(地区)指南 菲律宾(2021年版)》,中国商务部,第52—54页。

分别达 80 万个、87.5 万个,到 2030 年数字经济对 GDP 的贡献率达 22.6%。①

泰国经济促进委员会在 2020 年 10 月发布"泰国数字发展路线图",从建设数字科技人才库、发展数字经济、推动社区数字能力建设、建设数字创新生态体系 4 方面推动数字经济转化。②

越南政府先是于 2020 年 6 月批准"到 2025 年面向 2030 年国家数字转型计划",提出到 2025 年、2030 年数字经济占 GDP 比重分别达 20%、30%;后又在 2021 年 10 月批准"2021 年到 2030 年面向 2050 年绿色增长国家战略",明确到 2030 年、2050 年 GDP 碳排放强度较 2014 年分别至少下降 15%、30%,可再生能源占初级能源供应量的比重 2021—2025 年为 15%—20%、2050 年为 25%—30%。③

此外,文莱于 2020 年由交通部推出"数字经济总体规划 2025",力争通过推进行业数字化进程、扩大数字产业体系等数字化转型,使文莱在 2025 年建成智慧国家。④柬埔寨于"2021 年至 2035 年数字经济与数字社会政策框架"中明确规定,力争在 2035 年让数字经济规模占 GDP 的 5%—10%、实现数字化转型。⑤

三、高水平对外开放格局下东南亚区域经济合作

外向型经济主导、受益于经济全球化的东南亚,经济复苏进程既取决于自身的新阶段发展速度,也取决于全球的新阶段发展形势、复苏程度,同样与区域的经济合作、共同应对密不可分。

东盟早在 2020 年 3 月经济部长非正式会议就专门为加强经济韧性以应对新发展格局发表联合声明,一致同意保持东盟内部贸易与投资开放,利用科技与数字经济,加快落实《东盟互联互通总体规划 2025》("MPAC

---

① 商务部国际贸易经济合作研究院等,《对外投资合作国别(地区)指南　马来西亚(2021 年版)》,中国商务部,第 30—31 页。
② 商务部国际贸易经济合作研究院等,《对外投资合作国别(地区)指南　泰国(2021 年版)》,中国商务部,第 15 页。
③ 商务部国际贸易经济合作研究院等,《对外投资合作国别(地区)指南　越南(2021 年版)》,中国商务部,第 65—66、68—69 页。
④ 商务部国际贸易经济合作研究院等,《对外投资合作国别(地区)指南　文莱(2021 年版)》,中国商务部,第 48 页。
⑤ 欧阳开宇,《柬埔寨提出 2035 年实现数字化转型》,中新网金边,2022 年 3 月 1 日。

2025"),巩固与区外伙伴经济合作。同年6月的东盟峰会进一步聚焦维护产业链、供应链稳定,强调数字技术在经济复苏中的重要作用,决心充分利用"工业4.0"机遇,建立强大且全面的数字经济体系,并宣布设立"东盟应对新冠肺炎疫情基金";指导性文件《东盟全面复苏框架》(ACRF)及其实施计划亦随后于2020年11月的东盟峰会获得通过,聚焦的5大战略领域中就包括"最大化东盟内部市场与经济一体化潜力""加快包容性数字转型""迈向更可持续与更具韧性的未来"。①2021年10月,东盟峰会进一步发出"促进东盟数字化转型东盟领导人声明"和"蓝色经济东盟领导人宣言"。新发展阶段时期快速发展的数字经济和应对气候变化必不可少的绿色经济,与区域内外经济一体化进程的持续推进,共同成为东盟经济复苏的重要抓手、关键动力。

1. 进一步推进东盟经济共同体建设,加快区域经济一体化

《东盟经济共同体蓝图2025》("AEC蓝图2025")实施时间已过半。根据对23个部门工作计划、1 700多个行动路线的中期评估,其中54.1%已完成、34.2%正进行、9.2%未开始、2.5%已取消;考虑到其继续推进的外部环境、经济格局已然变化,东盟明确"适应就是前进"、新发展阶段效应蔓延使自身经济一体化的紧迫性增强。②

就"高度一体化与凝聚力的经济"而言,虽然东盟域内FDI依存度在2020年比在2019年提高4.5个百分点,至16.6%,但货物贸易依存度下降1.3个百分点,至21.2%,2021年稍有回升0.5个百分点,至21.7%;东盟将继续推进贸易投资自由化、便利化,尤其是非关税壁垒的拆除。新发展阶段以来,不仅东盟所有成员均已通过"东盟单一窗口"在线交换原产地证书(e-Form D),还有5个成员借此实时交换海关申报文件,"原产地自主认证机制"(AWSC)、"海关过境系统"(ACTS)亦分别在2020年9月20日、11月2日启动实施;《货物贸易协定》(ATIGA)第一修订议定书获批准,《投资便利化框架》业已原则通过,《服务贸易协定》更于2021年4月生效,正在推进"经认证的经营者"(AEO)的互认、《全面投资协定》负面清单的转化。

就"全球化的东盟"而言,截至目前,东盟已对外构建7个自由贸易区;

---

① ASEAN, *ASEAN Comprehensive Recovery Framework*, ASEAN Secretariat, October 2020, pp.5-6.
② ASEAN Secretariat, *Mid-Term Review ASEAN Economic Community Blueprint 2025*, ASEAN Secretariat, April 2021, pp.1-2, 9.

即使受到新发展格局的全面冲击,除东盟与中国香港的自由贸易协定在2021年2月全面生效外,东盟与加拿大的自由贸易协定谈判也已于2021年11月17日宣布正式启动;尤为重要的是,以东盟为主导的RCEP继2020年11月签署后,又在2022年1月正式生效。在后新发展阶段时期,东盟将继续推进对外区域经济合作,拓展与深化"10+3""10+8"功能性合作,加强以"10+1"FTA为基本形式的制度性区域经济一体化。

2. 进一步推进跨境电子商务,加快数字经济转型

2020年ACRF把"加快包容性数字转型"列入聚焦的5大战略领域,而其优先方向之一正是"发展电子商务和数字经济"。《东盟电子商务协定》已获批,到2025年的《东盟电子商务协定实施工作计划》业已启动;指导合作的《东盟数字总体规划2025》(ADM 2025),加快经济复苏与数字经济一体化的"东盟数字化转型议程",即《斯里巴加湾路线路》(BSBR)也已在2021年发布;同年10月的东盟峰会进一步发出"促进东盟数字化转型东盟领导人声明",呼吁加强区域数字一体化与转型,将新发展格局危机转变为数字转型机遇。

以电子商务为重要引擎的东盟数字经济的巨大潜力将进一步释放。虽然受到新发展格局的全面冲击,但东南亚6国(新加坡、马来西亚、印度尼西亚、泰国、菲律宾、越南)的互联网用户业已从2019年的3.6亿提高到2020年的4.0亿,2021年继续同比增长10%,到4.4亿;正步入"数字十年"的东南亚,互联网经济市场规模也相应由2019年的990亿美元增长到2020年的1 170亿美元,2021年更同比增长49%,至1 740亿美元,预计到2025年还将年均增长20%,至3 630亿美元,2030年更可能达到1万亿美元。[①]

3. 进一步推进循环经济,加快绿色经济转型

无论是"AEC蓝图2025"还是ACRF,均注重经济发展与环境保护的平衡、尽可能减少碳排放对环境的潜在破坏及破坏规模,强调绿色发展、包容性增长与区域可持续发展合作。面对新发展阶段效应的蔓延与气候变化的双重危机,以实现更具韧性、包容性、可持续性复苏为目标,并把"迈向更可持续与更具韧性的未来"列入聚焦的5大战略领域的ACRF更进一步明确

---

① Google, "TEMASEK and BAIN & COMPANY", e-Conomy SEA 2021, November 2021, pp.11, 46, 84.

提出,致力于追求有利于应对气候变化的复苏方法,不仅应立即采取行动减缓气候变化的影响,促进向可持续能源转型和气候智能型农业发展,还要建设具有气候弹性的"绿色基础设施"。①

东盟各成员国业已商定,可再生能源使用率到 2025 年、2050 年将分别提高至 23%、逾 30%;研究显示,可持续发展到 2030 年将为东南亚带来 1 万亿美元机遇。②"蓝色经济东盟领导人宣言""东盟经济共同体循环经济框架"均已于 2021 年发布:前者强调东盟需就蓝色经济达成共识,并确定愿与外部伙伴共同开展合作的范围,责成东盟协调委员会探索与制订包括区域行动计划在内的蓝色经济合作模式;后者通过具有恢复性、再生性的新经济模式——循环经济的设计,为东盟循环经济提供更为清晰的工作重点。在后新发展阶段,东盟区域经济合作绿色经济转型的任务同样艰巨。

4. 进一步推进互联互通,加强区域供应链韧性

"MPAC 2025"致力于打造无缝衔接、全面连接与融合的东盟。根据 2020 年 11 月发布的中期评估报告,其整体进展良好,除 3 项仍处于规划阶段外,15 项倡议中已有 12 项步入实施阶段。新发展阶段效应的蔓延一方面对区域联通产生巨大挑战,另一方面使联通对区域恢复的重要性凸显出来。《东盟基础设施生产力提升框架》业已于 2020 年发布,在提出拥抱数据共享、采用替代性融资结构、保持基础设施投资韧性、行业能力建设等塑造东盟基础设施生产力 10 大趋势的同时,根据项目生命周期,明确提出包括基础设施规划、知识共享、公共投资管理、提升市场能力在内的 7 项工作流程,并开发出优先工具包、行动计划工具包以支持框架的实施。③

"单一市场与生产基地"是《东盟宪章》关于 AEC 的目标之一。"AEC 蓝图 2025"不仅将"加强互联互通与部门合作"作为 5 大支柱之一,还将"增强对全球价值链的参与"作为另一大支柱"高度一体化与凝聚力的经济"的 6 大关键要素之一。2020 年、2021 年东盟经济部长会议和东盟峰会均将加强供应链的联通与韧性、维护区域供应链的稳定作为重要讨论内容。ACRF 所聚焦的 5 大战略领域之"最大化东盟内部市场与经济一体化潜

---

① ASEAN, *ASEAN Comprehensive Recovery Framework*, ASEAN Secretariat, October 2020, pp.37-40.
② 商务部国际贸易经济合作研究院等:《对外投资合作国别(地区)指南 东盟(2021 年版)》,中国商务部,第 54 页。
③ 《东盟发布〈东盟基础设施生产力提升框架〉》,中国驻东盟使团经商处,2020 年 11 月 19 日。

力",亦将"加强供应链联通性与韧性""提升交通便利/互联互通"作为优先方向。在后新发展阶段时期,东盟促进"无缝物流"、加强区域供应链韧性的任务依然十分艰巨。

四、高水平对外开放格局下的中国与东南亚区域经济合作

尽管受到新发展阶段效应蔓延带来的全面而持续的冲击,中国与东南亚的区域经济合作还是进一步增强。不但 2020 年 5 月中国—东盟经贸部长专门发布《抗击新冠肺炎疫情加强自贸区合作联合声明》,同年 11 月中国—东盟领导人如期推出"落实'面向和平与繁荣的战略伙伴关系联合宣言'行动计划(2021—2025)",2021 年 11 月又宣布将 2003 年建立的战略伙伴关系提升为全面战略伙伴关系、通过中国—东盟《合作支持 ACRF 联合声明》,而且通过及时开辟人员往来的"快速通道"、货物流通的"绿色通道"、新冠疫苗的全产业链合作、"一带一路"倡议与东盟经济体发展规划的持续深入对接,共同维护供应链的完整与稳定,打造经济转型与合作的新增长点,实现互为最大贸易伙伴的历史性突破与跨越式发展。中国与东南亚区域经济合作的动力更趋多元,也更强劲;前景更为广阔,也更可期。

1. FTA 建设持续推进,贸易投资规模持续扩大

业已于 2019 年 10 月实现升级议定书对所有成员全面生效的中国—东盟 FTA,按照升级议定书"第五章 未来工作计划"逐步落实货物贸易的进一步自由化、投资的自由化与保护,"落实未来工作下一步安排"亦获得 2020 年 8 月中国—东盟经贸部长会议批准,双方享受零关税商品已超 90%、货物贸易优惠利用率于 2020 年已达 85%。[1]同样于 2019 年 10 月实现升级议定书生效的中国与东盟成员新加坡 FTA,已在 2020 年 12 月宣布再启升级后续谈判,基于负面清单模式展开服务贸易与投资自由化谈判。中国—柬埔寨 FTA 既是中国与东盟成员国构建的第 2 个 FTA,也是中国与最不发达国家构建的第 1 个 FTA,更是新发展阶段后中国商签的首个 FTA,还是独立设置"'一带一路'倡议合作"专章的首个 FTA;其于 2020 年 1 月才启动谈判,仅经过 3 轮、历时 7 个月就宣布完成谈判,并在同年 10 月

---

[1] 《中国—东盟合作事实与数据:1991—2021》,中国外交部,2022 年 1 月 7 日。

签署协定、2022年1月正式生效实施;中国给予柬埔寨97.53%税目商品零关税且97.4%为生效即降为零,柬埔寨给予中国90%税目商品零关税且87.5%为生效即降为零。二者的积极进展不仅有利于提升相互间制度性经济合作水平,还能够在高水平对外开放格局下助力中国与东盟经济合作的深化。尤其需要强调的是,RCEP的生效实施使中国与东盟又新增一制度性经济合作机制。

就货物贸易而言,根据中国海关的统计,中国—东盟货物贸易进出口总额从2019年的6 414.66亿美元增至2021年的8 782.07亿美元、年均增长17.0%,其中出口从3 594.25亿美元至4 836.95亿美元、年均增长16.0%,进口从2 820.42亿美元至3 945.12亿美元、年均增长18.3%,占中国对外贸易的比重分别提升0.5、0.0、1.1个百分点,相应至14.5%、14.4%、14.7%,为中国最大贸易伙伴、进口来源地和第3大出口市场。2020年进出口、出口、进口额更是逆势上扬,分别同比增长6.7%、6.7%、6.6%,比整体的贸易增速相应快5.2、3.1、7.7个百分点;东盟继2019年超过美国后又超过欧盟首次成为中国最大货物贸易伙伴,占有的进出口、出口、进口份额分别为14.7%、14.8%、14.6%。中国继续保持作为东盟最大贸易伙伴、出口市场、进口来源国地位,进口额更是超过东盟内部进口总额:根据东盟秘书处的统计数据,占东盟货物贸易的份额相应由2019年的18.0%、14.2%、21.9%,提高到2020年的19.4%、15.7%、23.5%,2021年更进一步提高至20.0%、16.4%、23.8%。

需要强调的是,中国与东盟各成员国的货物贸易表现并不均衡,尤其是与越南的贸易持续快速增长(见表4-2)。2021年,越南、马来西亚、泰国、印度尼西亚、新加坡分别为中国的第8、9、12、14、17大货物贸易伙伴(欧盟成员单独计),合计占有与东盟货物贸易的比重由2019年的85.3%进一步提高到86.2%;越南更曾在2020年首次超越德国、澳大利亚成为中国的第6大货物贸易伙伴,超越韩国成为第4大出口市场,2021年依然为第5大出口市场、第9大进口来源地;与2019年相比,马来西亚依然为中国的第9大贸易伙伴、第8大进口来源地,但提升2位为第10大出口市场。

就直接投资而言,根据中国商务部的统计,中国对东盟直接投资流量从2019年的130.24亿美元增至2020年的160.63亿美元,同比增长23.3%、比中国对外直接投资整体增速快11.0个百分点,占中国对外直接投资流量总额的10.4%、比2019年提高0.9个百分点,已连续3年为中国对外直接

表 4-2 中国与东南亚国家货物贸易一览

国家	2020 年							2021 年					
	进出口		出口		进口		进出口		出口		进口		
	金额(亿美元)	同比(%)	金额(亿美元)	同比(%)	金额(亿美元)	同比(%)	金额(亿美元)	同比(%)	金额(亿美元)	同比(%)	金额(亿美元)	同比(%)
越南	1 922.89	18.7	1 138.14	16.3	784.75	22.4	2 302.04	19.7	1 379.30	21.2	922.74	17.6
马来西亚	1 311.61	5.7	564.28	8.2	747.33	3.9	1 768.04	34.5	787.42	39.9	980.62	30.4
泰国	986.25	7.5	505.27	10.8	480.98	4.2	1 311.79	33.0	693.67	37.3	618.13	28.4
印度尼西亚	783.75	−1.7	410.05	−10.2	373.70	9.5	1 244.34	58.6	606.73	48.1	637.61	70.1
新加坡	890.94	−1.0	575.41	5.0	315.52	−10.5	940.55	5.4	552.64	−4.1	387.91	22.7
菲律宾	611.47	0.3	418.40	2.6	193.07	−4.4	820.52	34.0	573.14	36.8	247.38	27.9
缅甸	188.93	1.0	125.51	1.9	63.42	−0.7	186.17	−1.5	105.37	−16	80.80	27.3
柬埔寨	95.55	1.4	80.57	0.9	14.98	3.7	136.68	43.1	115.68	43.6	21.00	40.3
老挝	35.58	−9.2	14.95	−15.2	20.63	−4.3	43.45	21.4	16.69	11.9	26.77	28.2
文莱	19.02	72.5	4.66	−28.3	14.36	217.1	28.47	46.6	6.30	35.2	22.16	50.1
东帝汶	1.92	14.4	1.90	33.2	0.01	−95.1	3.74	94.1	2.60	36.2	1.13	9 246.6

· 资料来源:根据中国海关《统计月报》的数据整理而成;由于年度数据调整,2021 年的增长率与计算值或略有差异。

投资第2大目的地;在2020年中国对外直接投资前20大流量目的地中就有7个为东盟成员,分别是第5的新加坡、第7的印度尼西亚、第9的泰国、第10的越南、第12的老挝、第14的马来西亚、第17的柬埔寨,合计占有中国对东盟直接投资流量97.5%的份额,其中仅新加坡、印度尼西亚、泰国、越南就合计118.80亿美元、所占比重达到74.0%,分别占有36.9%、13.7%、11.7%、11.7%的份额。2020年末,在中国对外直接投资前20大存量目的地中亦有6个东盟成员,分别为第5的新加坡、第8的印度尼西亚、第16的马来西亚、第17的老挝、第19的泰国、第20的越南;中国在东盟设立的直接投资企业逾6000家,雇用的外方员工已超55万人。无论流量还是存量,制造业已连续3年为中国对东盟直接投资最多的行业,2020年流量同比增长11.8%,至63.38亿美元,占有39.5%的份额,越南、印度尼西亚、新加坡、泰国、马来西亚为主要目的地。东盟秘书处的数据显示,2020年东盟吸收的中国直接投资虽然同比减少12.4%,至77.33亿美元,但比东盟整体降速慢12.1个百分点,所占比重提升0.7个百分点,至5.6%,中国前移2位,为东盟除自身外的第5大外资来源地(欧盟以整体计算)。

2. 基础设施建设持续推进,互联互通持续增强

继2017年11月关于"进一步深化基础设施互联互通合作"的联合声明之后,中国—东盟关于"'一带一路'倡议与'MPAC 2025'对接合作"的联合声明也已在新发展阶段前的2019年11月发布,鼓励中国积极支持东盟的基础设施建设,推动铁路、公路、电力、通信等领域的互联互通,加强区域互联互通。2021年10月中国—东盟关于"合作支持ACRF"的联合声明进一步强调,推动与贸易有关的可持续基础设施发展。

根据中国商务部的统计,2020年中国企业在东盟承包工程虽然完成营业额同比减少14.8%,至340.03亿美元,但新签合同额同比增长11.9%,至611.07亿美元,比中国对外承包工程新签合同额的整体增速快13.7个百分点;占中国对外承包工程完成营业额的21.8%、新签合同额的23.9%。印度尼西亚、泰国、菲律宾分居中国在东盟承包工程新签合同额的前3大市场,印度尼西亚、马来西亚分居中国对外承包工程完成营业额的第4、第5大市场。尽管受到新发展格局的持续冲击,中国与东盟的基础设施建设不断取得重大进展,尤其是通道建设得到进一步的加强与完善。

共建"一带一路"旗舰项目——东南亚首条高速铁路,即印度尼西亚的

雅万高铁,土建工程完成量已超 90%,已于 2023 年 6 月实现运营。高质量共建"一带一路"标志性工程——中老铁路①,更是于 2021 年 12 月 3 日如期全线开通运营,仅运营 3 个多月就累计发送旅客逾 210 万人次、开行货物列车超 1 600 列,货运时间与物流成本均大幅下降。②实现"一带""一路"无缝连接的"国际陆海贸易新通道",其铁海联运班列截至 2021 年 12 月初已通达东盟 8 个成员国的 42 个港口;仅 2020 年北部湾铁海联运班列就同比增长 105%、累计开行 4 607 列,中越跨境班列同比增长 23.2%、累计开行 1 264 列;中新(重庆)多式联运示范基地一期工程也将于 2022 年建成投运。互联互通的持续增强,尤其是物流通道更加畅通与便捷,有利于区域供应链韧性的增强,使中国与东南亚区域经济合作的动力更为强劲。

3. 产业园区建设持续推进,产业链、供应链对接持续增强

高水平对外开放格局的出现使产业链、供应链区域化势头进一步发展。除与东盟成员国分别签有加强产能合作的框架协议或谅解备忘录外,中国与东盟早在 2016 年 9 月就已发布"产能合作联合声明"。2021 年 10 月,中国—东盟关于"合作支持 ACRF"的联合声明,进一步强调"加强合作,增强区域供应链的联通性与韧性",共同探索经济走廊与经贸产业园区发展,并将其作为深化供应链合作的组成部分,进一步扩大产业联通性。③李克强总理更是在 2021 年 10 月中国—东盟领导人会议上发出探讨开展中国—东盟"多国多园"合作、建设具有示范意义的"国际产能合作园区"的倡议。④

中国—东盟经贸合作区建设持续推进。截至 2019 年底,中国在印度尼西亚、泰国、柬埔寨、越南、老挝、马来西亚等东盟成员国建立的境外经贸合作区已达 25 个⑤,其中 7 个位列中国政府相关部门确认的 20 个"国家级"境外经贸合作区。中国·印度尼西亚经贸合作区食品加工与机械制造的产业集群效应不断增强,中国·印度尼西亚聚龙农业产业合作区、印度尼西亚综合产业园区青山园区分别建有棕榈油全产业链、全球产业链最长的不锈钢

---

① 习近平主席表示。杨迅:《习近平同老挝人民革命党中央总书记、国家主席通伦共同出席中老铁路通车仪式》,《人民日报》2021 年 12 月 4 日(第 1 版)。
② 侯露露等:《打造黄金线路,造福两国民众》,《人民日报》2022 年 3 月 29 日(第 18 版)。
③ ASEAN-China Joint Statement on Cooperation in Support of the ASEAN Comprehensive Recovery Framework, ASEAN Secretariat, 26 October 2021, p.3.
④ 李克强:《在第二十四次中国—东盟领导人会议上的讲话》,《人民日报》2021 年 10 月 27 日(第 3 版)。
⑤ 商务部国际贸易经济合作研究院等:《对外投资合作国别(地区)指南东盟(2021 年版)》,中国商务部,第 41 页。

生产基地;柬埔寨西哈努克港经济特区一期主要发展产业为纺织服装、箱包皮具和木业制品,泰中罗勇工业园则主要吸引中国优势明显的汽配、机械、家电、新能源企业入园。继中马钦州产业园、马中关丹产业园开创"两国双园"国际园区合作新模式后,中国—印度尼西亚"两国双园"建设也已在2021年启动,中国福建福清元洪投资区、印度尼西亚"一园多区"(民丹—阿维尔那—巴塘)以海洋经济、食品制造为重点发展产业。无论中国还是东盟均为全球重要的生产制造基地,市场巨大。这些境外经贸合作区的持续发展,与"'一带一路'国际产能合作高质量发展示范区"的进一步打造,及"经贸创新发展示范园区"的共建,不仅可通过平台与集聚效应推动各自优势产能的深入合作,还能通过联动与辐射作用促进产业链、供应链的紧密融合,有利于区域生产网络的构建与完善、投资对贸易的带动,使新发展格局下中国与东南亚的产能合作规模与领域同步扩大、前景更为广阔。

需要进一步强调的有两点。一是中国—东盟的疫苗全产业链合作不断加强。马来西亚发马公司(Pharmania)、印度尼西亚国营疫苗生产商 Bio Farma 分别与中国北京科兴生物签有新冠疫苗合同,将后者提供的疫苗半成品在当地加工制成品;缅甸工业部也与国药集团中国生物在2021年12月签署新冠疫苗半成品供应协议,二者合作生产的 Myancopharm 新冠疫苗于2022年3月23日正式投产。中国业已明确表态助力印度尼西亚打造区域疫苗生产中心,继续支持东盟建设区域疫苗生产与分配中心、加强疫苗技术转移合作。二是 RCEP 的生效实施,尤其是原产地区域累积规则的落地,也使中间产品的贸易动力更为强劲,供应链的稳定性与区域化亦相应增强。在新发展格局下,中国与东南亚区域经济合作的投资贸易潜力进一步释放。

4. 数字经济转型持续推进,绿色合作持续增强

高水平对外开放阶段的出现及其效应的蔓延使数字经济的发展与全球经济向数字化的过渡加速,并着眼新发展格局下的需求,促进绿色与低碳经济转型。中国—东盟继2020年11月发出关于"建立数字经济合作伙伴关系"倡议,共抓数字经济新机遇,深化数字技术在新发展阶段的应用,加强数字基础设施合作,积极推进数字化转型与合作后,又在2022年1月推出"落实数字经济伙伴关系行动计划(2021—2025)"。中国—东盟关于加强"绿色与可持续发展合作"的联合声明也已在2021年10月发表,推动能源转型合作,加强能源弹性,努力减缓并适应气候变化。

2020年,恰好为中国—东盟业已确定的"数字经济合作年"。双方不仅在智慧城市、人工智能等领域举办近20场交流合作活动,分享数字化转型与防疫抗疫经验,还持续完善沟通机制,推进数字基础设施、人力资源建设,跨境电子商务与数字经济合作进一步加强。华为技术(马来西亚)有限公司亦在2020年7月宣布,与马来西亚电讯公司合作为马私营企业提供更先进的云端技术产品。2021年,除继续推进中国—东盟"商贸通"数字化平台、互联网应用技术联合创新中心和中国—东盟信息港"老挝云计算中心"及中国—新加坡国际互联网数据专用通道建设外,腾讯云在印度尼西亚的首个数据中心于4月正式提供服务,中兴于5月宣布在泰国建立5G智能示范工厂,阿里云于6月宣布在印度尼西亚、菲律宾新增两大数据中心。2020年6月正式运营、致力于中国—东盟跨境电商产业链培育的广西南宁"Lazada跨境生态创新服务中心",通过线上线下培训、培养的跨境电商人才已超千人。中国—东盟跨境电商、数字经济平台与通道进一步完善,在新发展格局下,中国与东南亚区域经济合作展现出更为强劲的韧性与活力。

2021年,被中国—东盟确定为"可持续发展合作年"。双方的生态环保、应对气候变化、能源转型等合作持续深化,不仅在2021年5月通过"环境合作战略与行动计划框架(2021—2025)"、2021年10月举办"绿色与可持续发展高层论坛",还继续开展"绿色使者计划"及清洁能源能力建设、海洋减塑行动,探讨构建蓝色经济伙伴关系。越南的大部分光伏电站项目为中资企业承建;建设中的河内朔山垃圾焚烧发电项目,建成后将成为越南最大的垃圾发电站。2020年5月签署总承包合同的新加坡腾格蓄水池60兆瓦水上光伏项目,既是新加坡首个大型光伏电站,也是目前世界上最大的淡水水库浮体光伏项目之一。青山实业在印度尼西亚的清洁能源基地项目也已于2021年3月正式启动,计划在印度尼西亚青山园区、纬达贝园区建设太阳能与风能发电站及配套设施,所生产的绿色电能将用于新能源电动车电池原材料的生产,实现电池生产过程的二氧化碳零排放。拓展绿色合作、释放蓝色经济与绿色经济合作潜力,在新发展格局下,中国与东南亚区域经济合作的动力更趋多元与强劲。

第五章
高水平对外开放格局下的南亚区域经济发展

南亚区域共包括8个国家,均为南亚区域合作联盟(SAARC)的成员国,分别为1985年12月联盟成立时的创始成员印度、不丹、尼泊尔、孟加拉国、巴基斯坦、斯里兰卡、马尔代夫和2005年11月入盟的阿富汗。2020年开始的新发展阶段使经济本就呈现放缓迹象的南亚区域在全面而持续的冲击下受到相对严重的影响,域内高度依赖旅游业的小国更是遭遇重创;供应链瓶颈、金融脆弱性等挑战亦因2022年新发展阶段再次带来的影响与俄乌冲突的叠加效应而放大,通胀高企、偿债压力增大以及由此所引发的部分国家政局及社会动荡,使域内不平等进一步加剧,经济复苏势头相应减弱、发展的脆弱性与不确定性相应增加,但向绿色经济转型、增强经济韧性也因此面临着难得的机遇。

一、高水平对外开放格局下南亚区域经济受到的影响

南亚区域新冠疫情带来的影响持续反复。根据世界卫生组织(WHO)的数据,截至2022年4月20日,其已总体经历3轮冲击,分别为2020年9月达到峰值的第1轮、2021年5月达到峰值的第2轮、2022年1月达到峰值的第3轮;共有确诊病例4858.2万例,其中死亡病例61.8万例,占全球新冠病毒感染确诊病例、死亡病例数的比重均已近10%。区域前3大经济体也是域内新发展阶段形势最为严峻的国家。南亚第1大经济体印度共有新冠病毒感染确诊病例4304.8万例,其中死亡病例52.2万例,是全球确诊病例数第2、死亡病例数第3多的国家,曾多次创下单日新增确诊病例的新高;第2、3大经济体孟加拉国、巴基斯坦的确诊病例分别为195.2万例、152.7万例,其中死亡病例相应为2.9万例、3.0万例。在完全新冠疫苗接种比例方面,最高的不丹已达85.9%,最低的阿富汗还仅为11.8%(见表5-1);与全球平均水平相比,巴基斯坦依然处于落后状态,印度也仅是刚过平均线。需要强调的是,印度是世界上最为重要的疫苗生产国与输出国,其2021年5月新

冠病毒感染确诊病例数的激增曾经严重影响 WHO "新冠肺炎疫苗实施计划"(COVAX)在 2021 年第 2 季度的新冠疫苗的供应;孟加拉国与巴基斯坦也已于 2022 年 2 月被 WHO 宣布为新一批 5 个"信使核糖核酸技术转让中心"受援国之一,正式具有接受新冠疫苗生产培训与技术转让的资格。

表 5-1　2020 年 1 月至 2022 年 4 月 20 日,南亚国家新冠病毒感染情况一览

国　家	首例确诊时间(2020 年)	全部确诊病例数	全部死亡病例数	完全疫苗接种率(%)
印度	1 月 30 日	43 047 594	522 006	61.0
孟加拉国	3 月 8 日	1 952 440	29 127	70.0
巴基斯坦	2 月 26 日	1 527 411	30 364	53.7
斯里兰卡	1 月 27 日	662 945	16 497	67.4
尼泊尔	1 月 23 日	978 693	11 951	66.2
阿富汗	2 月 24 日	178 516	7 680	11.8
马尔代夫	3 月 7 日	178 883	298	71.0
不丹	3 月 6 日	55 606	10	85.9

- 资料来源:根据 WHO 的数据绘制而成。

面对持续反复的新发展阶段带来的影响,南亚国家同样不得不随着情势变化实施程度不同的对内、对外封锁与控制政策。例如,仅 2020 年,印度就在 3 月 25 日至 5 月 31 日于全境实施 4 阶段封锁,又在 6 月 1 日至 8 月 31 日于全境实施 3 阶段解封;[①]高度依赖旅游业的马尔代夫在 3 月后实施封锁国境、禁止跨岛旅行、宵禁等严格防控措施,直至 7 月才重新开放。其也使南亚区域本就呈现放缓迹象的经济,于 2020 年萎缩、2021 年稳健复苏、2022 年减缓复苏势头,经济发展的不确定性进一步增加。

1. 经济增长重挫后复苏,不确定性增加

世界银行的数据显示,南亚区域生产总值增长率在 2013 年至 2018 年间一直在 6.0% 以上,被视为全球经济增长的又一重要发动机;但 2019 年已放缓为仅 4.04%,创下 2008 年全球金融危机爆发以来的最低增速;2020 年更是大幅降至 −5.7%,不仅萎缩速度快于全球平均水平,还是 1979 年以来的首次负增长,占全球生产总值的比重相应也由 2019 年的 4.1% 削减为 4.0%。

---

① 商务部国际贸易经济合作研究院等:《对外投资合作国别(地区)指南　印度(2021 年版)》,中国商务部,第 66 页。

具体到区域内各国,据 IMF 统计,2020 年南亚国家实际 GDP 增速大幅下滑,除孟加拉国外均呈萎缩态势。印度、尼泊尔、不丹、斯里兰卡分别同比下降 6.6％、2.1％、2.4％、3.6％,已相应为其 1979 年、1983 年、1991 年、2001 年以来的首次萎缩。且印度、斯里兰卡的萎缩速度已然快于全球平均水平,前者是从 2016 年的 8.3％、2019 年的 3.7％持续下滑,2020 年更受困于作为经济增长核心动力的国内需求的急剧下降与私人消费的大幅收缩,虽仍为全球第 6 大经济体,但占世界生产总值的比重下降 0.2 个百分点,至 3.1％;后者已创下其独立以来的最低水平,曾带动经济发展、2019 年就已开始下滑的旅游业进一步受挫是重要原因之一。同比下降 1.0％的巴基斯坦,更创下建国以来的首次萎缩。高度依赖旅游这一支柱产业的马尔代夫,虽为 2009 年以来的首次萎缩,但是由 2019 年的同比增长 6.9％转为同比下降高达 33.5％。即使被视为南亚最具经济活力的国家之一、近 10 年平均增速保持在 6.0％以上的孟加拉国,3.5％的同比增长也较 2019 年的增速放慢 4.7 个百分点,为 1991 年以来的最低水平。尽管与 IMF 在 2020 年 10 月的预期相比,印度、斯里兰卡、阿富汗的衰退程度尚有不及,但孟加拉国、巴基斯坦、尼泊尔、马尔代夫、不丹的萎缩速度均已超预测。新发展格局对南亚国家经济最初的整体冲击,显然已超出 1997 年爆发的亚洲金融危机和 2008 年爆发的全球金融危机。

2021 年南亚虽遭受过新冠疫情带来的重大挑战,无论确诊还是死亡病例数均超 2020 年,但伴随着全球经济的快速复苏、外部需求的大幅增长和区域内疫苗接种率的提高、更具针对性政策调整的支持,除直至 6 月均实行严格封锁政策、旅游业未能恢复的不丹继续下探 3.7％外,其他国家①的实际 GDP 均在 2020 年低基数上实现正增长。V 形复苏的印度同比增长 8.9％,仍为全球第 6 大经济体,占世界生产总值的比重提升 0.1 个百分点,至 3.2％,成为带动区域增长的重要力量。新发展阶段的形势稍有缓解就实施相对宽松政策、旅游业持续复苏的马尔代夫同比增长 33.4％。以服装业为支柱产业的孟加拉国则受益于成衣出口的需求增加,尽管尚未恢复至新发展阶段前水平,依然在 2020 年正增长的基础上继续同比增长 5.0％。采取"智慧封锁"、经济活动在相对较大程度上得以持续的巴基斯坦,同比增长

---

① 不包括阿富汗。根据 IMF 在 2022 年 4 月发布的《世界经济展望》,由于该组织已暂停与阿富汗的接触,数据收集的中断使预测的可能性相应被排除,IMF 暂停公布其 2021 年至 2027 年的数据与预测。

5.6%。旅游业仍未恢复的斯里兰卡、尼泊尔均受益于货物贸易出口的复苏，前者因最大出口创汇行业纺织服装业出口明显扩张而同比增长3.6%，后者也有2.7%的增长。

需要强调的有两点。一是2021年南亚国家的实际GDP增速，尽管除斯里兰卡之外已超IMF在2020年10月的预测，还有除印度、马尔代夫之外已低于全球6.1%的平均水平。二是世界银行在2022年4月下调其同年1月对南亚2022年经济增长的预测，降了1.0个百分点，认为该区域本就不平衡且脆弱的复苏将因俄乌冲突的影响而减弱；虽然新发展阶段效应蔓延的经济冲击正在降低，但造成的经济创伤尚难以在短期内平复，大宗商品价格上涨、通胀上升、供应链中断及财政赤字增加、金融部门脆弱等挑战增大，阿富汗、巴基斯坦、斯里兰卡还分别面临人道主义、政治、国际收支危机。[①] 高通胀既是巴基斯坦2022年4月下台的前总理饱受诟病的执政问题，也是斯里兰卡2022年在国际能源价格飙升而外汇储备不足、外债高企叠加效应下陷入自1948年独立以来最严重经济危机及前总理与内阁于5月宣布辞职的重要原因。

2. 对外贸易与吸引外资呈现逆向发展态势

根据UNCTAD的数据，2020年，随着外部需求的减弱，南亚对外货物贸易在2019年萎缩基础上进一步下滑，进出口、出口、进口分别同比减少18.1%、14.2%、20.6%，已明显快于全球的平均降速，其中进出口、进口增速为2008年全球金融危机爆发以来的最低，且域内所有国家无一例外均呈衰退状态。其中，印度在2019年分别同比下降3.4%、0.1%、5.5%的基础上，进一步同比下降19.8%、14.8%、23.2%，亦创下2008年以来的最低进出口、进口增速，成为南亚对外贸易急剧衰退的重要推手。尼泊尔分别同比下降19.5%、11.6%、20.1%，同样为2008年以来的最低进出口、进口增速；纺织业占据出口半壁江山的巴基斯坦，分别同比下降7.9%、5.8%、8.9%。工农业基础薄弱、90%以上的物资需要进口的马尔代夫，更是分别同比下降34.6%、20.8%、36.4%。2021年，随着全球货物贸易的强劲增长，南亚对外货物贸易在低基数上大幅反弹，进出口、出口、进口分别同比增长高达47.8%、40.6%、52.6%，均为2008年以来最快增速；除因政局变化

---

① World Bank Group, *South Asia Economic Focus*, Spring 2022, p.XV.

的阿富汗进出口、进口贸易进一步下滑及马尔代夫的出口贸易稍有下降外，南亚其他6国的对外货物贸易均呈大幅上涨态势。印度分别同比增长49.0％、43.1％、53.4％，亦均创下2008年以来最快增速；尼泊尔的进出口、出口、进口增速更是分别高达92.3％、131.2％、88.9％，同样为2008年以来的最快；即使增速最低的不丹也分别有22.9％、36.0％、13.5％，创下2008年以来最快出口增速。①

2020年，与全球FDI急剧下降有所不同，流向南亚的FDI同比增长20.9％、达到696.15亿美元，连续两年创下自1970年以来的最高水平，占全球FDI流入量的比重较2019年进一步提升3.3个百分点，至7.2％。由于以并购为主要形式的通信技术、医疗卫生、能源和基础设施的强劲投资，流向印度的FDI同比增长26.7％、达到640.72亿美元，亦为连续两年创下吸收FDI历史新高，是南亚FDI流入量大幅提升的关键，2020年更凭借一己之力拉动南亚FDI流入由负转正。但域内其他7个国家吸收的FDI或多或少有所降低：对出口导向型服装制造业具有较大依赖的孟加拉国、斯里兰卡，分别同比减少10.8％、41.6％；极为倚重旅游业的马尔代夫更是同比减少高达63.6％，尼泊尔也有31.9％的下降；得益于电力与电信行业投资持续的巴基斯坦同比下降7.9％。尽管2021年全球FDI实现强劲反弹并超越新发展阶段前2019年的水平，但由于2020年那样的大型并购并没有被重现，流向南亚、印度的FDI还是未能延续业已3年的上涨势头，分别同比减少26.8％、30.2％；前者占全球FDI流入量的比重下降至3.2％、已少于2019年的份额，但后者依然前移1位，为全球第7大FDI流入地，宣布的新国际融资项目协议多达108个。域内其他7个国家吸收的FDI或多或少有所提高，孟加拉国、斯里兰卡、马尔代夫、尼泊尔、巴基斯坦分别同比增长12.9％、37.8％、27.3％、55.6％、2.2％。②

二、高水平对外开放格局下南亚区域应对经济冲击的措施

南亚国家为应对公共卫生问题的经济冲击，同样通过短期财政激励、金

---

① 在UNCTAD的数据中，2021年阿富汗、不丹、尼泊尔的增长率和孟加拉国的进出口、进口增长率为估计值。
② 数据来源于UNCTAD的《世界投资报告2022》或根据其数据计算所得；不同于《世界投资报告》中的"南亚"包含伊朗，此处为除其之外的南亚8国的数据。参见UNCTAD, *World Investment Report 2022*, United Nations Publications, June 2022, p.212; UNCTAD, *World Investment Report 2021*, New York: United Nations Publications, June 2021, p.50。

融支持的刺激性纾困举措与长期产业调整、经济转型的结构性破局政策的有机结合,尽可能在迅速提振经济、推动短期经济复苏的同时,加速经济新动能的构建与释放,提升可持续发展能力。

1. 短期纾困的刺激性举措

印度于 2020 年推出以刺激内需为根本目的、着重稳定就业与救助中小企业及低收入群体的 20 万亿卢比经济刺激计划,不仅下调银行现金储备率,向 450 万家中小微型企业提供由政府担保、总额 3 万亿卢比的无抵押银行贷款且首年无偿还本金要求。还于 2020 年 3 月、4 月分别宣布将"2015—2020 年对外贸易政策"延长 1 年,也就是至 2021 年;出口收益实现与汇回期限延长 6 个月,也就是为 15 个月,放松出口监管以促进并提振出口。①2019 年全球第 2 大服装出口国孟加拉国,则于 2020 年宣布为出口企业提供合计 500 亿塔卡的无息贷款,用于支付 3 个月的工人工资,央行还在同年 4 月为出口导向型产业专门出台 500 亿塔卡的装运前信贷再融资方案。②巴基斯坦推出包括政府出资 0.1 万亿卢比作为出口退税以支持出口企业,向制造业企业提供 10 年期低息贷款、向出口商提供低利率融资贷款在内的 1.13 万亿卢比经济救助计划;2020 年 11 月公布的产业能源救助计划,不仅取消所有行业的峰谷电价,还明确未来 3 年所有行业用电额外消费的电力可享受 25% 的电价优惠。③斯里兰卡除通过财政拨款对弱势群体进行救济外,还采取宽松政策,支持商业银行等金融机构通过出台债务暂缓措施、放宽不良贷款划分标准等全力救助深受新发展阶段影响的中小企业,2022 年 1 月又批准总额 2 290 亿卢比的一揽子纾困计划。④

2. 结构性产业政策调整处于长期停滞状态

(1) 产业调整及相关政策

印度于 2020 年 5 月正式推出"自立印度"(Atma-nirbhar Bharat Abhiyan)计

---

① 李燕等:《新冠疫情下印度经济发展面临的挑战及应对措施》,《南亚研究季刊》2021 年第 4 期,第 69—71 页。
② 商务部国际贸易经济合作研究院等:《对外投资合作国别(地区)指南 孟加拉国(2021 年版)》,中国商务部,第 77 页。
③ 商务部国际贸易经济合作研究院等:《对外投资合作国别(地区)指南 巴基斯坦(2021 年版)》,中国商务部,第 53—54 页;《巴基斯坦实施电力救助计划,助力增强产业竞争力》,中国驻巴基斯坦大使馆经商处,2020 年 11 月 10 日。
④ 商务部国际贸易经济合作研究院等:《对外投资合作国别(地区)指南 斯里兰卡(2021 年版)》,中国商务部,第 92 页;《斯里兰卡政府宣布 2 290 亿卢比纾困计划》,中国驻斯里兰卡大使馆经商处,2022 年 1 月 4 日。

划,在继续积极吸引 FDI、推进"印度制造"的同时,力求借助并转化新发展格局所加速的全球价值链重塑的外部机遇,进一步提升本地化生产能力,尽可能以"印度产品"广泛替代进口,最大限度补齐自身供应链短板、减少产业链外部依赖,促进全球"新的制造业中心"目标的实现。具体到制造业提升方面,2020 年 7 月实施原料药/关键起始原材料与电子产品"生产关联激励"补贴,助力相关企业在印度扩大生产、扩张产能、提高制造水平与竞争力。①

孟加拉国在 2020 年发布"2021—2041 年愿景规划"、以"促进繁荣与培育包容性"为重点的第 8 个"五年计划(2021—2025)"。前者明确实现出口多元化,避免对单一产品出口的过度依赖及其可能带来的经济外部风险。后者实施"使贫困人口收入增长"战略,聚焦的主题除劳动密集型、出口导向型及制造业主导增长外,还包括以信息与通信技术为基础的创业;目标是到 2025 年 GDP 增长 8.5%。②

巴基斯坦早在 2018 年、2019 年就已分别推出"数字巴基斯坦政策""数字巴基斯坦愿景",并启动数十项促进信息与电子产业发展的计划;新发展格局更使其电子商务与数字经济快速增长,2020 年 12 月专门通过激励手机制造行业发展的移动设备制造优惠政策,2021 年 8 月又批准设立 100 亿卢比,专门作为推动信息技术产业发展的基金。③

斯里兰卡于 2019 年 10 月发布的"繁荣与辉煌愿景"明确提出,除出台鼓励政策来支持旅游、纺织、茶叶、椰子、香料、航运等传统优势产业发展外,继续培育数字经济等新兴产业,打造经济新的增长点与创汇点。其覆盖 2020 年至 2025 年、以数字化经济为目标之一的"国家数字化策略"也已于 2019 年 10 月出台,与之相配套的"物联网发展政策"也已实施。④

尼泊尔出台"尼泊尔制造"政策,不仅将制定规范电子商务的新法律,还给予在经济特区设立的企业更多补贴;并把出口补贴扩展至生产层面,以使更多商品出口商获得补贴,降低洗衣机等家用电器关税以鼓励使用电子电

---

① 商务部国际贸易经济合作研究院等:《对外投资合作国别(地区)指南印度(2021 年版)》,中国商务部,第 67 页。
② 商务部国际贸易经济合作研究院等:《对外投资合作国别(地区)指南孟加拉国(2021 年版)》,中国商务部,第 19 页。
③ 《巴基斯坦政府批准移动设备制造优惠政策》,中国驻巴基斯坦大使馆经商处,2020 年 12 月 17 日;《巴基斯坦设立百亿卢比基金推动信息技术产业发展》,中国驻卡拉奇总领馆经商处,2021 年 8 月 17 日。
④ 商务部国际贸易经济合作研究院等:《对外投资合作国别(地区)指南斯里兰卡(2021 年版)》,中国商务部,第 27、30 页。

器;明确提出牛奶与蔬菜、小麦与玉米及小米、大米分别在 2 年、3 年、5 年内实现自力更生。①

(2) 能源转型及相关政策

截至 2021 年底,煤电发电量仍占全国总发电量约 75% 份额的印度,在 2021 年曾一度因国际煤价上涨而大幅减少进口煤炭,国内复苏超预期使其电力需求大增而遭遇能源危机;作为全球第 3 大温室气体排放国,其希望逐步缩减化石能源使用,尽可能多地由可再生能源满足自身新的能源需求,已于 2021 年 11 月联合国气候大会期间承诺到 2030 年非化石燃料发电产能提高至 500 吉瓦和 50% 电力来自可再生能源、到 2070 年实现净零排放。②继 2020 年 4 月新能源与可再生能源部宣布将设立用于支持可再生能源开发与相关制造业发展的 1 000 亿卢比专项基金③后,2021 年 8 月又由总理莫迪亲自宣布将启动 100 万亿卢比的包含绿色能源在内、以"Gati Shakti" (动力)命名的基础设施建设计划,扩大清洁燃料使用,推动气候目标与 2047 年能源独立目标的实现。④

孟加拉国于 2020 年 10 月启动"穆吉布气候繁荣计划",将通过国际合作筹集资金,实施可再生能源与气候适应性倡议。根据其国家自主贡献承诺,计划到 2030 年将温室气体排放减少 5%、到 2041 年将可再生能源在全国能源使用中的比重提高至 17%。央行还专门设有 2 亿美元"绿色转型基金",为成衣、皮革及其他出口导向型行业进行绿色生产提供低成本贷款。⑤

巴基斯坦重视绿色经济发展,努力以可再生能源转型推动国家经济转型,于 2020 年 8 月正式公布"可再生能源与替代能源政策",计划将可再生能源与替代能源占发电总量的比重由目前的 5% 提高至 2025 年的 20%、2030 年的 30%;考虑到水电将会被其归入可再生能源与替代能源,这一占比在 2030 年将达到 60%。⑥

斯里兰卡"繁荣与辉煌愿景"强调,完善能源结构,发展包括水电与太阳

---

① 商务部国际贸易经济合作研究院等:《对外投资合作国别(地区)指南 尼泊尔(2021 年版)》,中国商务部,第 92 页。
② 叶无极:《印度能源转型的三重挑战》,《风能》2022 年第 3 期,第 48 页。
③ 姚金楠:《印度大手笔力促可再生能源发展》,《中国能源报》2020 年 4 月 27 日(第 6 版)。
④ 杨瑛:《印度拟投 100 万亿卢比大兴基建》,《解放日报》2021 年 8 月 18 日(第 8 版)。
⑤ 商务部国际贸易经济合作研究院等:《对外投资合作国别(地区)指南 孟加拉国(2021 年版)》,中国商务部,第 17、21、45 页。
⑥ 《巴基斯坦公布可替代能源新政策》,中国驻卡拉奇总领馆经商处,2020 年 8 月 14 日。

能在内的各种类型电站。总统于 2020 年 5 月任命旨在推动绿色经济转型的"打造绿色斯里兰卡……总统工作组",制定向有机农业转变的路线图是任务之一;其还在 2021 年 10 月联合国大会高级别会议上表示,斯里兰卡正向 2030 年可再生能源比例提高至 70％ 的目标迈进,到 2050 年实现碳中和。[①]

尼泊尔业已做出 1.5 ℃ 升温上限目标承诺;根据其 2020 年 12 月的第 2 份国家自主贡献预案,到 2030 年清洁能源发电装机量将扩大至 15 000 兆瓦,且其中 5％ 到 10％ 来自小微型水电、太阳能、风能与生物能源。[②]

三、高水平对外开放格局下南亚区域经济合作

南亚区域经济合作大体可分为区域、次区域、双边 3 个层次。无论何种层次,区域最大经济体、将南亚视作理所当然的"后院"、以巩固并提升自身中心地位与影响力为推动区域合作基本立足点的印度,都在某种程度上发挥着毋庸置疑的主导作用;就向 WTO 通报的已生效区域贸易协定(RTA)而言,除了区域整体层面的南亚自由贸易协定外,其还分别与阿富汗、不丹、斯里兰卡、尼泊尔单独构建了双边 RTA。但由于南亚国家间的 RTA 多为自由化水平不高的优惠贸易安排,整体的制度性经济一体化更是因持续不断的国家冲突、利益分歧而进展有限,南亚依然是全球经济一体化程度相对较低的地区。

1. 南亚区域合作联盟与南亚自由贸易区

南亚区域合作联盟囊括南亚所有国家,加快区域内经济增长、促进经济领域的积极合作与相互支持是其宗旨之一,协商一致、不审议双边与有争议的问题、不取代双边与多边合作位列其遵循的基本原则。虽然 2014 年第 18 届 SAARC 峰会通过《加德满都宣言》,不仅强调加快区域一体化建设,还明确加强贸易、投资、能源、基础设施建设、互联互通合作,并重申通过自由贸易区、关税同盟及共同市场等分阶段、有计划地实现南亚经济联盟,同意峰会每两年举办 1 次;但原定由巴基斯坦在 2016 年主办的第 19 届 SAARC

[①] 《戈塔巴雅总统:斯里兰卡计划 2050 年实现碳中和》,中国驻斯里兰卡大使馆经商处,2021 年 10 月 28 日。
[②] 《尼泊尔能源部长呼吁国际社会投资尼泊尔清洁能源》,中国驻尼泊尔大使馆经商处,2022 年 1 月 17 日。

峰会,先是因印度与巴基斯坦的矛盾激化、坚决抵制而被暂时推迟,后又因印度与巴基斯坦的紧张局势、对孤立并打击后者的坚持而被无限期搁置,至今都未能举行。印度与巴基斯坦不断升级的对抗与猜忌,尤其是难以调和的复杂矛盾、深陷结构性困境的复杂关系,也成为占据主导地位的印度在依然缺失关键向心力背景下无法持续向前推进 SAARC 的最大障碍。而 SAARC 的最大经济合作成果、同样覆盖所有南亚国家、早在 2006 年 1 月就已生效实施的南亚自由贸易协定,亦处于相对停滞中。

新发展阶段效应蔓延使经济全球化进一步呈现向经济区域化转变的趋势。连任后的印度总理莫迪,不仅加速推进既有的"邻国优先"政策,进一步增强与邻国的经济联系,还重新审视区域现有多边机制的作用,重又通过多边方式力促区域一体化与合作制度化;并将新发展阶段的现实挑战视作改变地区关系、重振区域合作、重塑经济转型主导作用的新机遇,于 2020 年 3 月呼吁召开 SAARC 峰会,共同制定策略、应对新发展阶段的区域扩散。[①]也正因如此,尽管 2020 年印度与巴基斯坦的军事对抗达到新高度、与尼泊尔亦爆发边境冲突,SAARC 还是在 2021 年 2 月印巴达成停火后随即于 3 月就联合应对新发展格局举行视频会议。虽然其依然没有为长期停滞的区域经济合作进程带来所期望的实质性变化,但毕竟在暂停键后又按下重启键。

2. 南亚次区域经济合作与 BIMSTEC、BBIN 机制

南亚次区域合作主要包括"环孟加拉湾多部门技术经济合作倡议"(BIMSTEC)、"孟加拉国—不丹—印度—尼泊尔"(BBIN)机制。二者均没有巴基斯坦的参与,是印度以推行"双速地区主义"[②]来转移区域合作重心、通过排除巴基斯坦的区域合作机制来更好地发挥自身领导作用的重要实践。也正因印度的推动意愿与动力明显增强,其得以较之 SAARC 取得相对较快的进展,在南亚区域经济合作,尤其是互联互通中发挥着更为积极的作用。

BIMSTEC 包括南亚的印度、孟加拉国、尼泊尔、不丹、斯里兰卡 5 国和东南亚的泰国、缅甸 2 国,是一个跨区域的经济合作机制,以构建自由贸易区为基本目标。作为自身实施"东进政策"、深化与东南亚国家合作的重要

---

① 郑海琦:《莫迪政府的南亚战略转变及对地区秩序的影响》,《南亚研究季刊》2022 年第 1 期,第 2、5 页。
② 张家栋:《"孟不印尼":构建以印度为中心的联通网络》,《世界知识》2017 年第 21 期,第 38 页。

一环,印度对 BIMSTEC 的"主动塑造"不断增强。曾长期发展缓慢的 BIMSTEC 也因此加速成为南亚最具活力的次区域经济合作组织,而以孟加拉湾为重点区域的能源合作、基础设施联通正是其优先发展方向。新发展阶段后,印度更加积极地推动 BIMSTEC,并在 2021 年 4 月的部长级会议中明确表示自身将致力于使孟加拉湾区域合作在 BIMSTEC 框架下达到新高度。①BIMSTEC 宪章也已于 2022 年 3 月第 5 届 BIMSTEC 峰会签署,在强调区域贸易投资重要性的同时,呼吁进一步加强合作、增强区域韧性。②

BBIN 机制由印度于 2013 年 4 月倡议建立,首次会议与会国还有孟加拉国、不丹,聚焦次区域互联互通;随着尼泊尔于 2015 年 1 月参加第 2 次会议,这一次区域合作机制得以正式形成,并在同年 6 月签订旨在减少交易时间与成本、提高跨境运输效率的"机动车协议"(MVA)。继不丹否决 MVA、宣布暂时退出后,BBIN 机制又因印度与尼泊尔的矛盾而于 2018 年 1 月班加罗尔会议后停摆,直至 2020 年 2 月才又重启,除以"观察员"身份参会的不丹外,其余 3 国就为实施 MVA 而签署的谅解备忘录草案展开讨论;并在 2022 年 2 月举行新发展阶段后 BBIN MVA 首次会议,不丹继续作为"观察员"与会,其余 3 国签署实施 BBIN MVA 谅解备忘录。

3. 南亚双边经济合作与贸易协定构建对象的域外拓展

新发展格局出现后,南亚国家构建双边贸易协定的步伐加快,且对象不断向区域外拓展。2019 年 12 月宣布暂时退出 RCEP 的印度,继 2020 年 7 月恢复与南部非洲关税同盟优惠贸易协定谈判后,又在 2021 年 5 月重启与欧盟的自由贸易协定谈判;与阿联酋的全面经济伙伴关系协定于 2021 年 9 月正式启动谈判、2022 年 2 月签署、2022 年 5 月生效;与澳大利亚的全面经济合作协定谈判于 2021 年 9 月在暂停 6 年后重新展开,并在 2022 年 4 月签署临时自由贸易协定;与英国的自由贸易协定首轮谈判也已在 2022 年 1 月结束;与欧盟停滞 9 年之久的自由贸易协定谈判亦于 2022 年 6 月宣布正式重启。孟加拉国已于 2020 年 12 月与不丹签署优惠贸易协定,与尼泊尔的优惠贸易协定尚待签署,与印度、斯里兰卡关于贸易协定的探讨正在进行;其还于 2022 年 1 月正式向欧亚经济联盟提出签署自由贸易协定的建

---

① 郑海琦:《莫迪政府的南亚战略转变及对地区秩序的影响》,《南亚研究季刊》2022 年第 1 期,第 3 页。
② 车宏亮等:《第五届"环孟加拉湾多领域经济技术合作倡议"峰会聚焦加强合作》,新华社科伦坡,2022 年 3 月 30 日。

议,正积极推动与印度尼西亚、马来西亚、新加坡各自展开贸易协定的相关交流。斯里兰卡除计划与马尔代夫构建 FTA 外,还恢复并加快与中国的 FTA 谈判。

四、高水平对外开放格局下的中国与南亚区域经济合作

南亚国家中既有中国唯一的"全天候战略合作伙伴"巴基斯坦,也有截至 2021 年仍无直接投资的不丹;中巴经济走廊还是"一带一路"建设的旗舰项目、高质量发展的示范工程。中国早在 2006 年 8 月就正式成为 SAARC 的观察员,并于 2007 年以此身份首次参加 SAARC 峰会。新发展格局出现后,尽管中国与印度的关系因边界问题而陷入低谷,已举办 5 届的中国—南亚博览会、举办 2 届的中国—南亚合作论坛也因新发展格局而被迫中断,中国还是为携手应对新发展格局分别在 2020 年 7 月和 2021 年 4 月与巴基斯坦、孟加拉国、尼泊尔、阿富汗、斯里兰卡中的部分或全部国家举行外长视频会议,不但巩固团结抗疫共识、维护有利于各国发展的国际与地区环境,而且深化包括疫苗合作在内的抗疫务实合作、以拓展数字等新业态合作来推动疫后经济复苏,强调深入推进"一带一路"建设,维护供应链、产业链的稳定与安全。

1. 双边 FTA 建设加强、贸易规模扩大

就目前而言,中国已分别与巴基斯坦、马尔代夫签署自由贸易协定,与斯里兰卡的自由贸易协定正在谈判中,与孟加拉国、尼泊尔也已分别就构建 FTA 展开联合可行性研究;中国还与印度、斯里兰卡、孟加拉国同为亚太贸易协定的成员。其中,中国—巴基斯坦自由贸易协定修订议定书,即第二阶段议定书已于 2019 年 12 月生效、降税安排自 2020 年 1 月实施,不但两国间相互实施的零关税产品税目比例由 35% 增至 75%,而且通过在"投资"章节中纳入"未来工作计划"条款明确将适时展开"投资"章节的升级谈判;中国—巴基斯坦 FTA 建设步入新阶段。签署于 2017 年 12 月的中国—马尔代夫自由贸易协定,是马尔代夫签署的首个双边自由贸易协定,两国承诺的零关税产品税目数、贸易额占比均超 90%;其原本于 2018 年 8 月正式生效,但因马尔代夫政府换届而仍处于马尔代夫议会审批程序中。早在 2014 年 9 月就启动谈判的中国—斯里兰卡 FTA,截至 2017 年 1 月共举行 5 轮;

斯里兰卡业已同意与相关方尽快协商,加快推进下一步工作。① 高水平对外开放格局下中国与南亚的制度性经济一体化更加可期。

根据中国海关的统计,中国与南亚的货物贸易进出口总额从 2019 年的 1 361.77 亿美元增加至 2021 年的 1 875.55 亿美元、年均增长 17.4%,其中出口从 1 148.54 亿美元增加至 1 540.45 亿美元、年均增长 15.8%,进口从 213.23 亿美元增加至 335.10 亿美元、年均增长 25.4%,占中国对外贸易的比重分别提升 0.1、0.0、0.2 个百分点,相应至 3.1%、4.6%、1.2%;2020 年进口额依然逆势同比增长 13.4%,比整体的进口增速快 14.5 个百分点;2021 年,进出口、出口、进口额分别同比增长 47.5%、49.6%、38.6%,比整体的贸易增速相应快 17.5、19.7、8.6 个百分点。但中国与南亚各国的货物贸易表现极不均衡,2021 年印度、巴基斯坦、孟加拉国合计占有南亚对华贸易逾 95% 的份额;印度更是分别占有 67%、63%、84% 的进出口、出口、进口份额,为中国的第 13 大贸易伙伴、第 8 大出口市场、第 23 大进口来源地(欧盟、东盟成员国单独计);其余 5 国的进出口额均不足 100 亿美元,阿富汗、马尔代夫、不丹更是不及 10 亿美元(见表 5-2)。

据南亚国家统计,中国已连续 7 年为巴基斯坦货物贸易第 1 大伙伴、进口来源国与第 2 大出口目的国;2020/2021 财年更分别同比增长 29.8%、39.9%、28.3%,比整体的平均增速相应快 5.9、21.6、1.8 个百分点;占有 22.0% 的进出口份额、9.6% 的出口份额、27.5% 的进口份额,分别比 2019/2020 财年提高 1.0、1.5、0.3 个百分点。虽然印度加强对中国的进口管制并与中国"脱钩",但中国在 2020/2021 财年还是超越美国重又为印度最大货物贸易伙伴国、超越阿联酋提升 1 位,为印度第 2 大出口目的国,依然为印度最大进口来源国,分别同比增长 5.5%、27.5%、-0.1%,比整体的平均增速相应快 18.7、34.7、17.0 个百分点;占有 12.6% 的进出口份额、7.3% 的出口份额、16.6% 的进口份额,比 2019/2020 财年相应提高 2.2、2.0、2.9 个百分点。尽管 2021/2022 财年中国重又被美国超越、成为印度第 2 大货物贸易伙伴,但双边贸易额还是继续扩大 864 亿美元、同比增长约 1/3,从中国的进口额更是从美国进口额的近 2.2 倍,制成品进口的对华依赖并未有减缓迹象。② 此外,中国还是孟加拉国、斯

---

① 《斯里兰卡内阁批准加快中斯自贸协定谈判进程》,中国驻斯里兰卡大使馆经商处,2022 年 3 月 14 日。
② 由于双方统计口径的不同,各自公布的贸易额也有所差异。中国外交部发言人赵立坚在 2022 年 5 月 31 日的例行记者会上称,中方主管部门的数据显示,2021 年中印双边贸易额首次突破 1 000 亿美元,达 1 256.6 亿美元,中国依旧是印度的最大贸易伙伴。参见苑基荣等:《美成印度"最大贸易伙伴"对中国有何影响》,《环球时报》2022 年 6 月 13 日(第 11 版)。

表 5-2 中国与南亚国家货物贸易一览

国家	2020 年							2021 年						
	进出口		出口		进口			进出口		出口		进口		
	金额(亿美元)	同比(%)	金额(亿美元)	同比(%)	金额(亿美元)	同比(%)		金额(亿美元)	同比(%)	金额(亿美元)	同比(%)	金额(亿美元)	同比(%)	
印度	875.85	−5.6	667.27	−10.8	208.58	16.0		1 256.64	43.3	975.21	46.2	281.43	34.2	
巴基斯坦	174.90	−2.7	153.67	−4.9	21.23	17.5		278.22	59.1	242.33	57.8	35.89	68.9	
孟加拉国	158.60	−13.6	150.60	−13.1	8.00	−22.9		251.44	58.4	240.97	59.8	10.47	30.9	
斯里兰卡	41.61	−7.3	38.43	−6.1	3.18	−20.0		59.03	41.9	52.53	36.7	6.51	104.7	
尼泊尔	11.84	−21.9	11.68	−21.2	0.16	−51.5		19.77	67.0	19.50	67.1	0.27	63.0	
阿富汗	5.55	−11.7	5.01	−16.5	0.55	86.2		5.24	−5.6	4.75	−5.2	0.50	−9.1	
马尔代夫	2.81	−26.5	2.75	−21.0	0.06	−82.9		4.11	46.2	4.07	47.6	0.04	−24.5	
不丹	0.14	24.7	0.14	24.9	0.00	−30.7		1.09	700.2	1.09	702.0	0.00	−66.3	

• 资料来源:根据中国海关《统计月报》的数据整理而成;由于年度数据调整,2021年的增长率与计算值略有差异。

里兰卡的最大贸易伙伴、进口来源国和尼泊尔的第 2 大贸易伙伴国、阿富汗的第 3 大贸易伙伴国。

2. 中国在南亚的直接投资、产能合作不确定性增加

根据中国商务部的统计，2020 年中国对南亚直接投资流量从 2019 年的 18.03 亿美元降至 17.35 亿美元、同比减少 3.8%，占中国对外直接投资流量总额的 1.1%、比 2019 年下降 0.2 个百分点；由于 2019 年中国对南亚直接投资流量同比激增 196.3%，2020 年的流量依然是 2018 年的 2.85 倍。巴基斯坦、孟加拉国、印度为中国对南亚直接投资的前 3 大目的地，2020 年分别占有 54.6%、26.0%、11.8% 的份额；其中，流量同比增长 68.6%，至 9.48 亿美元的巴基斯坦，所占份额提升 23.4 个百分点，位列中国对外直接投资第 18 大流量目的地；而印度则在 2020 年末中国设立境外企业数量前 20 位国家/地区中排名第 18 位。此外，中国对斯里兰卡的直接投资从 2018 年的 0.08 亿美元、2019 年的 0.93 亿美元持续增加至 0.98 亿美元。据南亚国家统计，中国为巴基斯坦 FDI 最大来源国，其 2019/2020 财年吸收的中国 FDI 同比增长 545.3%，至 8.44 亿美元，尽管 2020/2021 财年同比减少 10.2%，至 7.58 亿美元，占有的份额还是提升 8.0 个百分点，至 41.0%；中国是孟加拉国 2021 财年第 2 大 FDI 来源国，以 4.45 亿美元占有 11.5% 的份额。

截至目前，中国与南亚的 3 个国家建有 4 个境外经贸合作区、产业园区，分别为：与巴基斯坦的海尔—鲁巴经济区，其既是经中国商务部批准设立的首个境外经贸合作区，也是通过中国政府相关部门确认考核的 20 家国家级境外经贸合作区之一，2020 年末园区产能已达 200 万台电器；与印度的古吉拉特邦电力产业园区业已正式投产、马哈拉施特拉邦汽车产业园正在推进中；与斯里兰卡的汉班托塔港临港产业园区，截至 2021 年 5 月底累计完成入园企业 26 家。此外，中国还与尼泊尔签有《建设跨境经济合作区谅解备忘录》《中尼友谊园框架性合作协议》，将分 4 期开发建设，预计总投资 10 亿美元。

需要注意的是，随着"印太战略"的推进，尤其是域外大国在南亚的战略竞争加剧，印度不但积极推进"自立印度"计划，进一步加强对陆上接壤国家，尤其是中国的投资审查，而且加速与中国的"经济脱钩"，以"邻国优先"强化与区域国家的经济联系，在歧视、打压中国高科技企业的同时严格限制

其投资,并聚焦中国在本国及南亚的投资,不断强化与中国的竞争。仅 2020 年就封禁 267 款中国互联网企业的应用软件,并以"技术原因"取消中国企业关于生产 44 辆高速列车的竞标资格;①2022 年又开始以各种不同理由大规模"审查"中国企业②。中国与南亚国家的直接投资、产能合作,也不得不因此面对更多源于非经济因素的不确定性。

3. 中国在南亚受到新发展格局影响的承包工程、基础设施建设合作有待扩大

根据中国商务部的统计,2020 年中国在南亚承包工程新签合同额、完成营业额分别为 252.10 亿美元、168.29 亿美元,相应占有 9.9％、10.8％的份额;但仅有尼泊尔和阿富汗的新签合同额、孟加拉国的完成营业额处于同比增长状态,其他或多或少有所减少。

南亚国家对基础设施的需求相对迫切,中国在南亚的承包工程亦多为基础设施建设。在巴基斯坦,作为"一带一路"的先行先试与旗舰项目的中巴经济走廊步入高质量发展新阶段,截至 2021 年底完成的能源项目总产能已达 532 万千瓦,巴基斯坦也已从电力短缺国变为富余国;③而居于中巴经济走廊支柱地位的瓜达尔港,其东湾快速路项目也已在 2022 年 3 月完成全线沥青砼路面工程;巴基斯坦首条也是唯一的地铁线拉合尔橙线地铁,亦已于 2020 年 10 月正式开通运营。在孟加拉国,被当地居民视为"梦想之桥"的帕德玛大桥,于 2021 年 8 月 27 日实现全桥公路板架通,建成后可使孟加拉国西南 21 个区与首都联通,结束千百年来靠摆渡往来的历史;目前最大的燃煤电站项目——帕亚拉 2×660 兆瓦超超临界燃煤电站项目,于 2022 年 3 月举行落成典礼,全面投运后每年可为孟加拉国提供约 85.8 亿千瓦时电,使其进入电力全覆盖新时代。④在尼泊尔,其"国家骄傲"工程——迈拉穆齐引水项目,在 2021 年 3 月成功通水,完工后将有效缓解加德满都及其周边区域的饮用水短缺问题;2019 年 10 月启动项目可行性研究的中尼跨境铁路工程,尽管进度因新发展阶段而放缓,还是在 2022 年 3 月进一步就

---

① 王春燕等:《"印太"战略下印度对华"经济脱钩"行为分析》,《南亚研究季刊》2021 年第 3 期,第 40 页。
② 胡博峰:《印度政府调查中兴、VIVO? 中方:正密切关注》,《环球时报》2022 年 6 月 1 日(第 3 版)。
③ 蒋超:《中巴经济走廊使巴基斯坦成为电力富余国——访巴基斯坦总理中巴经济走廊事务特别助理曼苏尔》,新华社伊斯兰堡,2022 年 1 月 15 日。
④ 刘春涛:《中孟合作电站助力孟加拉国实现电力全覆盖》,新华社达卡,2022 年 3 月 22 日。

此签署"技术援助方案",跨喜马拉雅立体互联交通网络建设步伐相应加快。

需要注意的是,除 2020 年 7 月印度公路交通与运输部宣布将禁止中国企业参与自身道路建设项目外,印度更是聚焦中国在南亚的基础设施建设,尤其是互联互通项目,积极主动地展开与中国的博弈与竞争。继 2020 年向斯里兰卡提供 12 亿卢比赠款发展基础设施后,又在 2021 年、2022 年与斯里兰卡分别达成协议获得科伦坡西港码头项目、贾夫纳附近 3 个岛屿混合动力项目[①],并与马尔代夫签署投资 5 亿美元以发展大马累联通项目协议。[②]此外,莫迪在出访孟加拉国时签署的协议也着重能源与基础设施项目合作。在新发展格局下,中国与南亚因新发展阶段及其相关封控措施而受到影响的基础设施建设合作有待扩大,但依然不得不面对更多非经济因素的影响。

4. 减贫与数字、绿色经济的合作动力增加

南亚是全球贫困发生率相对较高的区域,减贫与发展是域内国家的重要任务与突出挑战。[③]中国在 2021 年 4 月与南亚 5 国合作应对新发展格局外长视频会议上倡议建立中国南亚国家减贫与发展中心、应急物资储备库,举办农村电商减贫合作论坛。中国南亚国家减贫与发展中心、应急物资储备库已分别于 2021 年 7 月正式启用。除通过无偿援助、商业采购等方式外,截至 2022 年 3 月底累计向南亚 7 国提供大约 3 200 万剂新冠疫苗[④],以中国南亚国家应急物资储备库支持并帮助南亚国家更好地应对新发展格局与自然灾害外,中国还通过灌装生产方式进一步加强与南亚各国的疫苗合作,中国国药集团业已于 2021 年 8 月同孟加拉国相关政府部门及企业签署新冠疫苗合作备忘录。

南亚国家为推动疫后经济复苏、促进可持续发展而实施的产业调整、能源转型政策,也使中国与其拓展数字经济、绿色经济合作的动力进一步增加。中国与巴基斯坦业已于 2021 年 9 月的中巴经济走廊联合合作委员会宣布成立"信息技术产业联合工作组";致力于实现清洁和绿色愿景的中巴

---

① 王一同:《印度在斯里兰卡抢了中企的生意?》,《环球时报》2022 年 3 月 31 日(第 3 版)。
② 郑海琦:《莫迪政府的南亚战略转变及对地区秩序的影响》,《南亚研究季刊》2022 年第 1 期,第 5—6 页。
③ 何春阳:《中国南亚国家减贫与发展合作中心在渝正式启用》,《重庆日报》2021 年 7 月 9 日(第 3 版)。
④ 《国际发展合作署地区一司郑愿东副司长接受凤凰卫视专访实录》,中国国家国际发展合作署,2022 年 4 月 1 日。

经济走廊建设,亦会对巴基斯坦清洁能源战略的推进起到积极作用。仅2021年5月、2022年4月投入商业运行的华龙1号海外示范工程卡拉奇核电工程2号、3号机组,就将每年为当地提供近200亿千瓦时清洁电力;2021年11月顺利下闸蓄水的卡洛特水电站是中巴经济走廊的首个水电投资项目,投产发电后预计每年可减少350万吨的二氧化碳排放。[1]而尼泊尔是通过中国线路接入互联网,两国跨境光缆开通仪式业已于2018年1月举行。此外,中铁国际集团有限公司与孟加拉国主管部门在2022年4月签署"孟加拉国国家数字联通项目"合同,以信息通信技术促进孟加拉国信息基础设施、产业、贸易发展,缩小"数字鸿沟",推动实现"数字丝绸之路"与"数字孟加拉"的有效对接。[2]

---

[1] 李浩:《巴基斯坦:卡洛特水电站凸显中巴经济走廊清洁和绿色愿景》,新华社伊斯兰堡,2021年11月25日。
[2] 刘春涛:《中企签约孟加拉国国家数字联通项目》,新华社达卡,2022年4月29日。

第六章
高水平对外开放格局下西亚、北非区域经济发展态势与走向

面对新发展格局的冲击,西亚和北非经济受到严重影响,区域内主要国家和地区均呈现出明显的衰退态势。为此,各国、各地区均推出一系列的应对举措以实现经济稳定。总体而言,相关措施取得一定成效,区域总体经济成效呈现企稳回升的态势。随着新发展阶段形势的缓解,各国、各地区的经济将逐步回归正轨,但有个别国家地区的经济受挫严重,短期内难以恢复。

一、区域范围与经济发展的总体特征

1. 区域的界定与概念

从地理概念上看,西亚包括伊朗高原、阿拉伯半岛、美索不达米亚平原、小亚细亚半岛、黎凡特。从行政区上看,包括伊朗、伊拉克、阿塞拜疆、格鲁吉亚、亚美尼亚、土耳其、叙利亚、约旦、以色列、巴勒斯坦、沙特阿拉伯、巴林、卡塔尔、也门、阿曼、阿拉伯联合酋长国、科威特、黎巴嫩、塞浦路斯、阿富汗共20个国家(埃及在亚洲的西奈半岛,不属于西亚,而土耳其在欧洲的部分属于西亚)。其面积约723.76万平方千米(西亚不含西奈半岛,含土耳其在欧洲的国土),约占亚洲总面积的16%。[1]这一区域的经济发展与贫富分化极大(按照IMF在2020年的统计,这一地区既有卡塔尔这样人均GDP达到5.2万美元的高收入国家,也有也门这样人均仅620美元的极端贫困国家[2]),也是当今世界民族、宗教冲突最激烈的地区之一。

北非位于北回归线两侧,主要是指位于非洲北部地中海沿岸的国家,包

---

[1] 参见 https://zhidao.baidu.com/question/1439579673318471939.html。
[2] IMF, *World Economic Outlook Database*, WEO Data: April 2021 Edition.

括埃及、利比亚、突尼斯、阿尔及利亚、摩洛哥、苏丹等6个国家,该地区的重要特征是阿拉伯文化和伊斯兰教文化,这一地区与西亚地区合起来统称阿拉伯世界。北非的地理位置非常重要,北隔地中海望欧洲、南接南部非洲、西临大西洋、东有红海;在西北部通过直布罗陀海峡与西班牙共同扼守地中海与大西洋的通道;东北部以苏伊士运河扼守地中海与红海通道,从而在实质上有效地扼守住印度洋与大西洋的战略性通道。由此可见,北非事实上成为陆上交通亚欧非三洲间的重要中转站,战略地位极为重要。从经济发展水平看,整个北非地区由于深受自然条件以及发展模式的限制,大多数国家的经济发展水平较低。在北非国家中,经济相对较好的代表性国家是埃及,由于埃及经济水平、城市化水平相对较高,其首都开罗也成为北非最大、人口最多的城市。由于整体经济发展水平不高,北非主要的经济支柱主要是农业和矿业等初级产业,受国际市场影响较大,波动性明显。[1]需要注意的是,西亚、北非的多数国家也被列为阿拉伯国家[2],重叠度为85%(26∶22)。因此,在诸多文献中经常出现以阿拉伯国家来描述西亚、北非发展态势的情况。

2. 高水平对外开放格局对区域发展的影响

自公共卫生问题于2019年出现以来,西亚、北非地区(MENA)先后遭受多轮病毒变异毒株的反复冲击。以每十万人口中的病例数来看,巴林、以色列和科威特等国的发病率最高,突尼斯、黎巴嫩和伊朗的死亡率最高。当然,真实情况或许与统计数据有所出入,这主要是受到整体核酸检测水平偏低、数据收集系统效率低、数据发布缺乏透明度等因素影响,中东和北非地区的数据收集不够完善可靠。同时,该地区各国政府应对新发展阶段的措施也因诸多限制,如疫苗普及率不足、公共医疗体系薄弱等,而采取了各不相同的策略。例如,伊朗在新发展阶段之初,坚决否认国内出现确诊病例,直至局面失控方采取低效的封闭隔离政策;海湾合作委员会(GCC)各成员

---

[1] 参见 https://baike.baidu.com/item/%E5%8C%97%E9%9D%9E/16580。
[2] 阿拉伯国家,又称阿拉伯世界,是指以阿拉伯人为主要族群的国家,他们有统一的语言——阿拉伯语,也有着相似的文化和风俗习惯,绝大部分阿拉伯人信奉伊斯兰教。阿拉伯国家共包含22个,总面积1 313万平方千米,总人口40 645万(2016年),包括阿尔及利亚、巴林、科摩罗、吉布提、埃及、伊拉克、约旦、科威特、黎巴嫩、利比亚、毛里塔尼亚、摩洛哥、阿曼、巴勒斯坦、卡塔尔、沙特阿拉伯、索马里、苏丹、突尼斯、阿联酋、也门、叙利亚。参见 https://baike.baidu.com/item/%E9%98%BF%E6%8B%89%E4%BC%AF%E5%9B%BD%E5%AE%B6/328200?fr=aladdin。

国则在第一时间对违反防疫规定的种种行为实施最为严格的处罚措施。①

各种情况显示,新发展格局给西亚、北非地区的经济发展造成严重冲击,不仅经济增长明显下滑,失业率快速攀升,也对民众的日常生活产生直接冲击,报价通货膨胀率高企、交通运输瘫痪、物资紧缺等。此外更为严重的是,新发展格局还对这一地区原本就比较匮乏的医疗资源形成冲击,尤其是使得仍处于战乱之中的国家和地区的民众进一步陷入难以救治的境地,更多的民众也因此陷入贫困之中。据联合国西亚经济社会委员会(UNESCW)估算,新发展阶段以来,阿拉伯地区有逾830万人口陷入贫困。②

随着新发展阶段形势的缓解,在进入2023年后,西亚、北非地区各国、各地区的经济逐步企稳,也出现了经济的复苏态势,但也存在着发展的不确定性和挑战。

表 6-1　2018—2021 年北非、西亚各国 GDP　　　（单位:百万美元）

	2018	2019	2020	2021
埃及	249 713.00	303 080.87	365 252.65	404 142.77
利比亚	76 684.18	69 252.31	50 357.31	42 817.47
阿尔及利亚	174 910.88	171 767.40	145 009.18	163 044.44
摩洛哥	127 341.17	128 919.94	121 348.14	142 866.33
突尼斯	42 685.97	41 906.11	42 537.83	46 686.74
苏丹	32 333.78	32 338.08	27 034.59	34 326.06
阿富汗	18 418.85	18 904.49	20 143.44	14 786.86
巴林	37 802.01	38 653.32	34 723.36	38 868.66
伊朗	331 682.04	283 746.69	239 735.57	359 713.15
伊拉克	227 367.47	233 636.10	184 369.80	207 889.33
约旦	43 370.86	44 993.99	44 182.30	45 744.27
科威特	138 182.40	136 196.76	105 960.23	—
黎巴嫩	54 901.52	51 953.74	31 712.13	23 131.94
阿曼	91 505.85	88 060.86	75 909.40	88 191.98

---

① 《展望2022|中东北非地区,疫情后的经济复苏挑战》,译读海湾,参见 https://www.sohu.com/a/505813232_120465227。
② 《联合国:新冠疫情将导致阿拉伯地区新增贫困人口830万》,云财经,参见 https://www.yuncaijing.com/news/id_14202007.html。

续表

	2018	2019	2020	2021
卡塔尔	183 334.95	175 837.55	144 411.36	179 677.21
沙特	816 578.67	803 616.26	703 367.84	833 541.24
叙利亚	21 351.73	22 443.30	11 079.80	—
阿联酋	427 049.43	417 989.72	349 473.02	415 021.59
也门	21 606.16	21 887.61	18 840.51	21 061.69
巴勒斯坦	4 089.70	4 032.40	3 543.10	3 935.30
塞浦路斯	25 596.47	25 944.50	25 008.45	28 407.87
以色列	376 691.53	402 470.51	413 267.67	488 526.55

- 资料来源：世界银行，https://data.worldbank.org/indicator/。

表 6-2　2018—2021 年北非、西亚各国人均 GDP　（单位：美元）

	2018	2019	2020	2021
埃及	2 407.09	2 869.58	3 398.80	3 698.83
利比亚	11 838.01	10 542.15	7 568.04	6 357.20
阿尔及利亚	4 171.80	4 022.15	3 337.25	3 690.63
摩洛哥	3 492.67	3 498.57	3 258.12	3 795.38
突尼斯	3 577.12	3 477.88	3 497.68	3 807.14
苏丹	769.87	748.01	608.33	751.82
阿富汗	502.06	500.52	516.87	368.75
巴林	25 415.85	25 869.11	23 501.92	26 562.97
伊朗	3 874.00	3 277.88	2 746.42	4 091.21
伊拉克	5 601.47	5 621.18	4 332.30	4 775.38
约旦	4 146.41	4 205.56	4 042.77	4 103.26
科威特	32 007.52	30 667.35	24 300.33	—
黎巴嫩	9 225.85	8 985.57	5 599.96	4 136.15
阿曼	19 887.57	19 132.15	16 707.62	19 509.47
卡塔尔	66 264.08	62 637.28	52 315.66	66 838.36
沙特	23 318.74	22 430.24	19 539.57	23 185.87
叙利亚	1 104.39	1 116.68	533.39	—
阿联酋	46 722.27	45 376.17	37 629.17	44 315.55

续表

	2018	2019	2020	2021
也门	701.71	750.55	631.68	690.76
塞浦路斯	29 418.94	29 417.14	28 036.19	31 551.82
以色列	42 406.85	44 452.23	44 846.79	52 170.71

• 资料来源：世界银行，https://data.worldbank.org/indicator/。

表6-3　2018—2021年北非、西亚各国消费者物价指数(CPI)　（单位：%）

	2018	2019	2020	2021
埃及	11.97	7.10	5.43	5.90
利比亚	—	—	—	—
阿尔及利亚	4.27	1.95	2.42	7.23
摩洛哥	1.80	0.30	0.71	1.40
突尼斯	7.31	6.72	5.63	5.71
苏丹	63.29	50.99	150.32	382.82
阿富汗	13.16	16.30	22.06	—
巴林	2.09	1.01	−2.32	−0.61
伊朗	18.01	39.91	30.59	43.39
伊拉克	0.37	−0.20	0.57	6.04
约旦	4.46	0.76	0.33	1.35
科威特	13.50	15.20	18.60	23.70
黎巴嫩	8.02	15.54	184.04	821.40
阿曼	0.88	0.13	−0.90	1.55
卡塔尔	−0.30	−0.30	−2.90	5.52
沙特	2.46	−2.09	3.45	3.06
叙利亚	—	—	—	—
阿联酋	0.35	−1.37	−2.10	2.50
也门	—	—	—	—
巴勒斯坦	10.85	1.66	1.42	2.74
塞浦路斯	1.44	0.25	−0.64	2.45
以色列	0.82	0.84	−0.59	1.49

• 资料来源：世界银行，https://data.worldbank.org/indicator/。

表 6-4　2018—2021 年西亚、北非平均区域生产总值　　　　（单位：美元）

	北非区域生产总值平均水平	西亚区域生产总值平均水平	同比增速(%)	同比增速(%)
2018	117 278.16	176 220.60	—	—
2019	124 544.12	173 147.99	6.20%	−1.74%
2020	125 256.62	150 358.00	0.57%	−13.16%
2021	138 980.64	196 321.26	10.96%	30.57%

• 资料来源：世界银行，https://data.worldbank.org/indicator/。

二、西亚、北非地区的经济发展态势与面临的挑战

1. 高水平对外开放格局下区域发展态势

2023 年 1 月 3 日，联合国西亚经济社会委员会（简称"西亚经社会"）发布报告说，阿拉伯地区的经济在 2023 年有望增长 4.5%；但受石油价格波动因素的影响，2024 年预计增长将降至 3.4%。西亚经社会发布的最新版《阿拉伯地区经济和社会发展调查报告》显示，阿拉伯地区在 2022 年的失业率为 12%，2023 年可能出现小幅度下降。该地区通货膨胀率在 2022 年上升到 14%，但在未来两年可能会分别下降到 8% 和 4.5%。报告显示，按照国家贫困线衡量，该地区贫困人口增至 1.3 亿，占地区总人口（不包括海湾合作委员会国家和利比亚）的 1/3 以上。未来两年，该地区贫困人口预计进一步增多，到 2024 年将占地区人口的 36%。[1]但世界银行警告说，新发展格局的影响仍然是中东和北非经济体的"主要风险"，因为该地区只有不到 2/5 的人口完全接种了疫苗，而其影响的快速传播仍可能导致全球需求低迷，进而导致油价下跌。[2]由于新发展格局的严重程度和影响存在差异，不同国家和产业的表现非常不均衡：其中，由于 2021 年商品价格上涨 2.6%，2022 年将上涨 4.7%，海湾合作委员会国家有望实现强劲增长；相比之下，由于不稳定的地缘政治因素，该区域其他石油国家，如伊朗和阿尔及利亚的表现相对较弱，而突尼斯和黎巴嫩等其他国家则面临国内动荡，对地区增长率产生

---

[1] 刘宗亚：《阿拉伯地区经济 2023 年预计增长 4.5%》，《人民日报》2023 年 1 月 3 日(A17)。
[2] 顾正龙：《2022 年中东北非经济复苏前景》，国际网，参见 http://infadm.shisu.edu.cn/_s63/40/86/c3991a147590/page.psp。

负面影响。①此外，与石油等能源产业相比，该区域非石油部门，如旅游业、航空业以及制造业，仍然低于新发展阶段前的水平。展望 2023 年的经济发展，由于这一地区除黎巴嫩和伊朗外的消费者通胀仍低于其长期平均水平②，从而为经济的全面复苏奠定了良好的基础。

国际货币基金组织在 2022 年 10 月 31 日发布的《世界经济展望》（World Economic Outlook）中释放出全球经济有望快速复苏的强劲预期。但该组织同时也指出了阻碍或拖慢复苏的一系列挑战。《世界经济展望》预测，在 2022 年，中东和北非地区的经济将增长 5%，高于 2021 年的 4.1%，到 2023 年由于全球经济形势恶化等，该地区的经济增速将下降到 3.6%。2022 年和 2023 年通货膨胀仍将保持较高水平，预计分别为 14.2% 和 12.4%。③ 从目前情况看，国际货币基金组织建议该地区各国政府应优先解决的问题包括在抑制通胀、保障脆弱群体的同时，维持财政可持续性、应对粮食危机并发展气候弹性型农业、通过改革增强冲击应对能力并促进内生型增长。但有不少工商界人士悲观认为，2021 年、2022 年两年的较高增速源于过去两年的缓慢增长和衰退拉低了基数，积累了反弹的空间。相比之下，各方应更为重视在实现经济复苏过程中面临的诸多挑战。

2. 区域发展中面临的挑战

从目前情况看，西亚、北非地区在经济发展中面临着严峻的挑战，但也蕴藏着巨大的机遇，关键在于决策层能否采取强有力的手段化解困境。

（1）应对通货膨胀和贫困人口的扩张

从现阶段世界经济的发展态势看，新发展阶段开始于美国持续高强度的加息政策、采取人为手段强行打破现有的全球产业链、供应链格局等，导致供求失调和商品价格显著上涨，进而全面推动着全球通货膨胀水平的快速提升。受到这一波输入性通胀的冲击，西亚、北非地区的许多低收入国家和地区的当地民众因通胀的快速提升而陷入贫困，当地的经济发展也受到严重影响，出现不同程度的下降。在历史上，地区和国家政府惯于通过发放

---

① 李志伟:《国际观察：数百万人失业！"新冠长期症状"冲击美国劳动力市场》，人民网，参见 http://world.people.com.cn/n1/2022/0921/c1002-32531173.html，2022 年 9 月 21 日。
② 《世界银行：中东和北非经济体在 2021 年下半年强劲复苏，2022 年加速》，中国贸促会驻海湾代表处，参见 https://www.ccpit.org/gulf/a/20220113/20220113v7im.html。
③ 《IMF 预测 2022 年中东北非地区经济将增长 5%》，驻科威特使馆经商处，参见 http://kw.mofcom.gov.cn/article/ztdy/。

补贴,特别是食品和能源方面的消费补贴来降低通胀压力,进而缓解社会压力。但这一做法的前提是在石油价格高企之下,政府拥有足够的财力。但受石油价格波动和新发展阶段财政收入下降的影响,西亚、北非地区的多数国家普遍难以继续维持巨额的财政补贴,在这种情况下,政府事实上已经难以承担通胀所带来的压力,因此,可以预期,西亚、北非地区的贫困率扩张难以避免,维护社会稳定成为政府的当务之急。

（2）需要有效地维护社会稳定

随着新发展阶段的延续以及通货膨胀的加剧,西亚、北非地区相关国家和地区的政府应对新发展阶段的措施未能得到民众的普遍认同,再加上经济低迷与通货膨胀所造成的高物价和高失业率,普通民众对政府的不满意度明显上升,社会的不稳定因素增加,政府的负担进一步增大,而经济发展也面临社会环境不稳的挑战。由此,进一步刺激经济发展成为稳定当地社会经济发展的关键;但社会的不稳定又会对经济的恢复与发展造成不良影响,导致企业与资本外移。在这种情况下,有效克服这一发展悖论成为相关国家与地区政府必须解决的重大挑战。

（3）高失业率的问题亟待解决

长期以来,高失业率一直严重困扰着这一地区经济的发展,其根源在于高人口增长率、低经济成长率与教育结构缺陷等多重矛盾的相互作用。而新发展阶段的出现与延续更是对西亚、北非地区的教育造成严重冲击,导致这一问题进一步加剧。根据经合组织(OECD)在2020年9月发布的报告指出,相关国家的学校因而被迫关闭,增加了未来经济发展的风险。①该报告指出,鉴于青年人口在当地所占比重,必须确保所有年轻人都有在学校接受教育的机会,确保他们在学校培养出有利于社会进步的知识、技能、态度和价值观,以免对地区未来发展形成反向阻碍。这种情况在西亚、北非地区的表现尤为突出,人口持续高增长和私营经济发展停滞,就业缺口不断扩大,不仅加剧了社会的不稳定,也使得政府面临严重的财政负担,难以为经济发展提供更多的资源,这一问题亟待解决。

（4）克服财政困境和融资限制

根据国际货币基金组织的建议,在经济复苏阶段,各国政府制定财政政

---

① 蔡鼎:《经合组织:疫情造成的学校教育中断或致未来80年全球经济产出下滑1.5%》,《每日经济新闻》,参见 http://www.mrjjxw.com/articles/2020-09-08/1501120.html, 2020年9月8日。

策时有必要在提供周期性支持、建立抵御未来冲击的缓冲带和维持长期经济发展目标这三者之间保持平衡。①受新发展阶段的影响,西亚、北非地区国家政府与抗疫相关的公共卫生支出大幅攀升,导致财政枯竭,进而大幅度降低了对于基础建设、教育与经济发展的投入。此外,地区和国家普遍入不敷出,也不断削减在食品和能源消费方面对民众提供的财政补贴,这不仅限制了这些地区和国家当前的财政政策选择,导致社会不稳定,还对经济复苏能力产生长期不利影响。此外,由于金融发展的结构性问题,长期以来,西亚和北非地区始终面临融资困难的问题,尤其是中小企业以及私营部门。由于金融无法满足生产性部门需求,这一地区成为全球企业融资最困难的区域②,这种状况不仅使得市场缺乏良性竞争的环境,也使新增企业和创新企业难以取得有利的发展空间。由此,区域内国家和企业从外部借款的成本一路走高。因此,化解财政困局和解决融资难问题对于经济复苏和创新部门的发展至为关键。

三、西亚、北非国家经济发展处于新阶段

随着新发展阶段形势的缓解以及对外合作的进一步多元化,西亚、北非经济发展处于新的发展阶段,这主要体现在以下方面。

1. 电商市场呈现快速发展的趋势

新发展格局出现之前,西亚、北非就是全球电商增速最快的市场之一。不过,由于当地传统零售业长期的优势地位,因此电商规模只占当地市场份额的2%。值得注意的是,这一地区的电商市场规模自2015年起至2020年快速成长了5倍,从42亿美元增长到220亿美元。但即使是在商业活动最为活跃的阿联酋,电商渗透率也仅有4.2%。③与电商行业发达地区相比,这一地区的供需双方均处于发展初级阶段,无论是消费者、供应商还是物流系统均不成熟,这也表明电商行业有着巨大的增长空间。根据2022年的一项调查,西亚、北非地区有超过50%的18—24岁之间的年轻人乐于接受网购,而沙特则有超过八成的年轻人表示经常会进行网购。受公共卫生问题

---

① 连俊:《经济复苏需各国用好货币财政政策》,《经济日报》2020年11月30日(A3)。
② World Bank, *Doing Business 2020*, January 2020, p.136.
③ 《2022年中东电商市场报告》,腾讯网,参见 https://new.qq.com/rain/a/20221211A053JN00。

的影响,基于防疫需要而多数处于停业状态的实体生意正迅速被线上购物所取代。因新发展格局而加快改变的消费者购物习惯,为这一地区的电商行业带来了巨大的机遇,也极大地改变着零售业市场的既有格局。根据预测,到2025年,阿联酋和沙特的电商市场规模将分别达到628亿美元和82亿美元,这将为当地经济发展提供新的契机。

2. 部分国家和地区具备较强的工业基础

以色列是这一地区唯一的发达经济体,制造业发展水平高,尤其在电子信息、通信、软件、高端医疗器械、生物科技、农业工程乃至航空航天等领域均拥有世界级的技术。土耳其是经济合作与发展组织(OECD)创始会员国及G20集团的成员国,也具备较雄厚的制造业基础,产业结构接近发达经济体,服务业在经济中的占比超过70%。相比而言,资源型国家是这一地区最主要的形态。沙特是全球最重要的石油输出国,能源出口是经济发展的命脉。伊朗和伊拉克经济发展的来源也主要依靠出口石油、天然气。其中,伊朗是世界第四大石油储备国(已探明储量217亿吨,占全球储量的9.1%)和世界第一的天然气储备国(已探明储量1 133.6亿立方米,占全球储量17.1%)。伊拉克则是全球第五大石油储备国(已探明储量196亿吨,占比8.4%),特别需要指出的是伊拉克70%的天然气属于石油伴生气。埃及则是中东人口最多的国家和非洲人口第二大国,也是非洲第三大经济体,拥有相对完整的工业体系。第二产业主要以石化工业、机械制造业及汽车工业为主,其中油气工业占GDP比重超过13%,重要性可见一斑。此外,埃及还是非洲最大的钢铁生产和消费国。依托苏伊士运河与古老的文明,航运与旅游业也是经济发展中的支柱产业。上述主要经济体构成了这一地区最主要的发展动能。

3. 人口红利将进一步显现

西亚、北非地区各国的年龄中位数总体而言处于比较年轻的状态,自然增长率较全球高出3‰,因而人口红利可能持续30年,这将成为这一地区最重要的经济活力来源。根据联合国经济和社会事务部发布的2019年《世界人口展望》报告预测:2020年,中东16个国家和地区(伊拉克数据缺失)的年龄中位数是28.2岁,比世界的30.9岁低2.6岁。人均GDP高的国家的年龄中位数也较高。其中叙利亚、埃及、约旦、伊朗、巴勒斯坦和也门的年龄中位数都比全球年轻 6 岁以上，人均 GDP 最低的也门甚至比全球年轻 10 岁。根据联合国的预测，在 2020—2050 年，西亚与北非的人口自然增长速度均高出世界 3‰左右，60%—80% 的人口年龄在 30 岁以下，较快的人口自然增长率和高比例的年轻人，为经济发展储备了丰富的劳动力，也为网络经济和新消费模式发展创造了有利条件。

4. 外资流入呈现较快的成长

西亚、北非地区的国家和地区整体而言，属于外国直接投资的净流入地区。但科威特由于拥有规模庞大的主权财富基金，成为地区内极少数的对外投资净输出国。新发展格局对于全球和地区间的跨境投资产生持续和严重的负面影响。2020 年，全球外国直接投资总量仅为 1 万亿美元，比 2019 年的 1.5 万亿美元下降了 35%，这个数字比全球金融危机后的 2009 年还要低近 20%。相比而言，西亚的外国直接投资在 2020 年增长了 9%，达到 370 亿美元，其主要的驱动因素是进行了一些资源相关的项目并购。从存量的角度看，这一地区的外国直接投资主要的来源国是欧洲、美国和地区内其他国家（塞浦路斯、海合会六国和土耳其排名前列）。随着新发展阶段形势的缓解和地区经济逐步恢复，区域内吸引外资将呈现出明显的上升趋势，进而为企业经济发展创造有利条件。

5. 持续扩大投资基础建设

西亚与北非地区的基础设施整体发展水平不均衡，特别是在人均公路密度、人均铁路密度、人均电力消费以及通信网络基础设施等方面的指标，甚至与发展中国家和地区的平均水平还有一定差距。因此，加快基础设施建设的投入成为这一地区发展的重点。现阶段，该地区经济发展的重点之一是加快铁路、机场、港口等基础设施建设，例如海合会统一电网工程、海湾铁路网工程、新苏伊士运河以及北非以基础设施联网为主的经济一体化工程等。从以往的历史情况看，这一地区的基础设施建设工程市场具有"三高"特点，即资金投入高、经营风险高（自然、政治因素等）、回报率高。需要指出的是，在西亚、北非地区，除了电信部门，当地政府基本主导着基建领域的投资和建设，并对当地企业采取保护性政策。这一方面为带动经济发展提供相应的动能，但另一方面也使得外资进入面临相应的风险。

综上所述，在新发展格局和外部因素的冲击下，西亚与北非地区的经济发展面临着一系列的机遇,发展逐步迈向金融新阶段。在这一情势下,经济政策与对外合作的选择成为地区经济复苏的关键。

四、中国与西亚、北非的经济合作前景

20世纪90年代以来,西亚地区(除亚美尼亚、格鲁吉亚和阿塞拜疆外)一直是中国最重要的石油和液化天然气供应者,在此基础上,中国与西亚地区的经贸联系日益紧密。

1. 中国与西亚、北非经济合作态势

2013年,习近平总书记在哈萨克斯坦正式提出"一带一路"倡议,倡议的提出推动中国与西亚地区的经贸合作进入迅速"快车道":自2013年至2020年,中国从中东进口原油总计约15.1亿吨,其中2021年的进口量达到2.57亿吨;此外,中国在中东原油出口中的份额也大幅提升,2010年,中国仅占中东原油出口的3.9%,2019年跃升至31.2%[①];到2021年,占比更高达50.2%[②],2022年占比更超过52%[③]。除石油、液化天然气等能源资源外,在基础设施、工程承包、金融投资、新能源、成套装备等领域的合作增长迅猛。近年来,双方更在高新技术产业,包括人工智能、5G技术及航空航天等合作领域取得突破,合作的范围、领域、层次持续提升。2021年,中国与中东地区贸易额接近4 000亿美元,增长率达到35.7%[④];2022年,中国同中东国家贸易额更高达5 071.52亿美元,同比增长27.1%,继2021年创下35.7%的增速新高后,中国同中东国家的贸易继续保持高位增长,更值得关注的是,2022年,中国自中东国家进口的非油类商品达到777亿美元,同比增长12.8%,双方的贸易结构进一步优化,中国稳居阿拉伯国家第一大贸易伙伴国地位。[⑤]同时,中国连续多年成为从中东进口石油最多的国家。

---

① 茉莉、王大千:《中国与中东国家能源合作的机遇与前景》,《光明日报》2022年12月26日(A12)。
② 《2021年中国原油进口量缩减 进口格局大体不变》,新浪财经,参见 http://finance.sina.com.cn/money/future/roll/2022-01-26/doc-ikyakumy2759074.shtml。
③ 《2022年中国原油进口变化探析》,国际船舶海工网,参见 https://gov.sohu.com/a/626853324_120407443。
④ 《中国倡议为中东发展与安全提供新路径》,出自《中东瞭望》,外交部西亚、北非司公众号,参见 http://csoic.shisu.edu.cn/5d/c7/c12902a155079/page.htm。
⑤ 《中国——中东国家经贸合作大展宏"兔"!》,中华人民共和国驻科威特国大使馆,参见 http://kw.china-embassy.gov.cn/chn/zgyw/202302/t20230205_11019893.htm。

需要指出的是,西亚、北非在经济发展中面临的最大短板在于出口多样性的不足。根据联合国贸发会议在 2022 年 12 月 14 日发布的《2022 年全球经济、贸易和发展趋势统计报告》,2021 年西亚和北非国家的出口产品种类最为单一,其次是大洋洲和撒哈拉以南非洲国家。非洲各国约 77% 的出口产品为初级产品,而亚洲和大洋洲的发展中经济体高达 76% 的出口产品为制成品。[①]针对上述情况,该地区内各国,尤其是传统石油输出国,均希望逐步摆脱对于石油等能源出口的严重依赖,通过工业化和信息化实现产业结构的多元化和经济的可持续发展,这就需要在基础设施、能源电力、通信信息系统建设方面进行大量的投资,为新一轮发展打好基础。中国经济已由高速增长阶段转向高质量发展阶段,在创新发展理念指引下,以供给侧结构性改革为主线,进一步巩固实体经济与科技创新的最新发展成果,不断增强经济的创新力和竞争力,实现经济平稳可持续的发展。由此可见,随着西亚、北非加快经济转型的进程,中国与区域内相关国家在经济合作方面有着广阔的发展空间。

2. 中国与西亚、北非合作前景分析

近年来,随着全球经济发展格局的演变,西亚、北非地区的能源输出国都有着越来越严重的危机感:一方面,原油价格和天然气价格的剧烈震荡导致经济受到严重冲击;另一方面,全球能源结构已经加快向着低碳清洁能源转化,传统能源的市场需求份额持续下降。因此,长期以来高度依赖化石能源出口的经济发展模式亟待调整,加快向工业化、信息化和出口多元化方向转型,这就需要在加大吸引外国投资和深化合作的基础上,进一步发展制造业。而 2010 年底,阿拉伯世界发生的严重动乱,其根源就在于不合理的经济结构。在这一严峻的事实面前,北非和西亚地区的国家与民众深刻认识到,实现经济稳定必须走向工业化和产业多元化的发展道路。在这一大背景下,提出"一带一路"倡议的中国完全可以发挥在制造业和产业结构方面的技术、人才、资金、经验与体系化发展的优势,与中东、西亚地区开展全方位合作,支持区域内主要经济体加快推进工业化进程和建构完整的产业体系,进而培育中国与相关国家新的合作亮点及维持长期合作的新动力。

总体而言,在百年未有之大变局的背景下,中国同西亚、北非地区共同

---

① *Handbook of Statistics 2022*, United Nations, Geneva 2022, http://shop.un.org/.

努力,积极排除世纪新发展格局以及外部势力干扰的叠加影响,在"一带一路"框架下持续深化经贸合作,不仅夯实了双方的合作基础,而且通过确立中国式现代化道路与高质量发展理念,成功与中东、西亚国家和地区的重大发展战略对接,为双方合作潜能的进一步释放增动力、添活力,有效地将双方经济互补性优势转化为助推中长期经济合作的源泉。西亚和北非地区是"一带一路"建设的重点地区,也是中国互补互利、合作共赢的重要伙伴,长期以来,中国是中东第一大贸易伙伴,同时也是中东能源领域的重要外国投资者和工程承包劳务市场的重要运营商。从发展的角度看,中国和中东、西亚地区在化石能源、新能源、先进制造业、基础建设和互联互通等方面有广阔的合作空间。同时,我们也要清醒地认识到,中国与西亚、北非的经贸合作也面临一系列挑战,比如,全球经济低迷导致能源需求的缩减、局部战乱、全球能源结构转型、地缘政治与域外大国的干扰、地区恐怖主义风险上升等,因此,今后中国和西亚、北非各国需要通过进一步加强战略协调、深化区域合作,以高质量共建"一带一路"为纽带,推动互利共赢、共同繁荣,从而为建构更高水平的全面伙伴关系奠定坚实的基础。

第七章
高水平对外开放格局下
欧盟区域合作的新趋势

2020年的公共卫生问题对欧盟一体化产生了显著影响,在带来统一大市场内部阻碍的同时,也通过"下一代欧盟"(Next Generation EU)计划的提出加快了财政一体化的步伐。2021年以来,欧盟在财政一体化、货币一体化、科技研发一体化及竞争政策等方面取得新进展。同时,欧盟也面临一系列挑战:成员国财政负担因应对新发展格局明显加重,汽车等多个行业仍然面临较为严重的供应链冲击,加上经济复苏乏力且货币政策面临两难。在这样的背景下,中欧经贸合作遭遇新的阻力,一方面是欧盟遭遇公共卫生问题冲击后的应激反应,另一方面则是美国的干预影响。从长远来看,中欧经贸合作存在明显的共同利益,在很多领域也拥有相近的理念,因此推进经贸合作是中欧经贸关系的大势所趋。

一、欧盟区域合作的新进展

欧盟区域合作的具体形式是欧盟一体化,具体包括货币、财政、防卫、市场等方面,也就是我们通常所说的货币一体化、财政一体化、防卫一体化、统一大市场等具体内容。欧盟的一体化进程的加快历来都同危机密切相关,学界对此存在共识,即欧盟的一体化甚至欧洲一体化进程存在明显的危机驱动特征。在欧盟一体化的进程中,新发展格局冲击是一次前所未有的卫生危机,而应对危机采取的封控措施又导致了经济危机,欧盟27国在2020年的经济增长率为 -6.2% ,这一衰退幅度甚至高于2009年金融危机时期及2011年的主权债务危机时期的水平。在这一复杂冲击的驱动下,欧盟成员国克服分歧,在财政、货币、科研及竞争政策等方面的一体化程度上取得新进展。

1."下一代欧盟"复苏计划推动财政一体化

"下一代欧盟"是欧盟在新发展阶段时期促进经济复苏和发展的计划。

通过该计划筹集的欧盟复苏基金规模庞大,高达8 000亿欧元的投入不仅能够刺激成员国经济复苏,而且标志着欧盟财政一体化迈出实质性一步,向国际社会宣示了欧盟继续推进欧洲一体化的坚定决心。①

(1)"下一代欧盟"计划的主要内容

2020年7月,经过艰难的谈判,欧盟各国领导人就"下一代欧盟"复苏计划达成协议。根据协议,欧盟将设立规模为7 500亿欧元(2018年价格)的新发展阶段复苏基金(即"下一代欧盟"复苏基金),其中有3 900亿欧元作为直接拨款,另外3 600亿欧元以贷款形式用于各成员国恢复经济。该计划还要求各成员国向欧委会提交具体的经济复苏计划报告,经欧洲理事会批准后方可获得相关资金。

2021年,经欧洲议会、欧盟理事会及各成员国通过后,"下一代欧盟"复苏计划正式进入实施阶段。2021年4月,欧盟委员会公布了名为"下一代欧盟"的举债方案,计划在2021—2026年间共筹集8 000亿欧元(2021年价格),以促进欧洲经济复兴。②根据该方案,发债主体为欧盟委员会,按照5年融资期限来计算,年融资额约为1 500亿—2 000亿欧元。根据欧盟的官方文件,所筹集到的8 000亿欧元中,有4 075亿欧元将用于拨款,其余用于贷款。成员国负责偿还贷款,因此不会影响欧盟的净收益,拨款部分则由欧盟预算偿还。按照用途来看,方案明确表示,该笔基金中将有7 238亿欧元用于支持成员国改革和投资所需经费,其中拨款部分为3 380亿欧元。方案同时表示"下一代欧盟"债券发行计划中将安排30%的绿色债券,以支持该区域的绿色能源政策,清洁能源技术、可再生能源、绿色出行和楼宇能效领域都将获得投资。该债券偿还将从2028年开始,所有债券将在2058年底之前偿还完毕。

(2)"下一代欧盟"复苏计划的特点

欧元区主权债务危机期间,欧盟推行了欧洲稳定基金和欧洲稳定机制,与该机制相比较,"下一代欧盟"复苏计划具有显著的特点。

首先,资金使用的覆盖范围更大。欧洲金融稳定基金(EFSF)和欧洲稳定机制(ESM)的主要覆盖区域是欧元区,主要目的是向欧元区成员国提供贷款援助,以维护欧元区的金融稳定,促进欧元区的财政一体化进程。"下

---

① 参见李嘉宝:《欧盟复苏基金发放艰难推进》,《人民日报(海外版)》2021年5月18日。
② 刘栩畅:《"下一代欧盟"债券发行进展及影响分析》,https://www.thepaper.cn/newsDetail_forward_17011751,2022年3月8日。

一代欧盟"计划将覆盖范围扩大到 27 个欧盟成员国,成为在欧盟范围内,在共同预算的基础上发行共同债务的首次尝试。显然,"下一代欧盟"计划更有利于促进整个欧盟地区的财政一体化进程。

其次,实施主体更具有权威性。主权债务危机爆发后,欧洲金融稳定基金得以创立,但其性质是一家在卢森堡注册的有限责任公司。2013 年,该基金被欧洲稳定机制取代,该机制是成员国政府间性质的常设组织,旨在保障欧元区的金融稳定,但成员国间组织较为松散,且缺乏督促机制。欧洲央行虽然在主权债务危机期间起到力挽狂澜的作用,但其直接购买成员国债券的做法一直受到争议。因为,根据《欧盟运行条约》第 123 条关于欧洲央行职能的规定,欧洲央行不能直接购买成员国债券。所以,欧洲央行的做法顶多是危机应对的权宜之计,而无法长期化。相比较而言,"下一代欧盟"的发债主体是欧盟委员会,它不仅是欧洲一体化过程中发挥核心作用的机构,而且垄断了大多数立法倡议权,是欧盟条约的捍卫者,在经贸协定谈判等专属事权领域可以代表欧盟进行国际谈判。因此,"下一代欧盟"计划具有较强的欧洲主权色彩。①

(3)"下一代欧盟"对欧盟财政一体化的推动作用

首先,从欧盟层面来看,新冠肺炎对欧盟国家普遍造成经济和财政冲击,而"下一代欧盟"计划在危急时刻增强了联盟的稳定性,使欧洲民众对于欧洲一体化的信心增强。欧盟预算是超国家治理得以运行的重要基础,"下一代欧盟"发债计划通过增加融资和增加欧盟预算,给欧盟政策的落实和欧洲一体化推进提供资金保障。同时,欧盟成员国为了获得复苏基金赠款,会更为积极地实施一体化战略,而欧盟委员会和欧洲理事会在分配资金和资金使用监督方面具有更高的权力,这无疑增加了欧洲一体化的机制力量。当然,"下一代欧盟"债券的还款计划意味着欧盟会积极开拓新的税种,如碳排放税、数字税等,而欧盟层面税收的增加在一定程度上也会造成税权从成员国让渡到欧盟层面,在客观上会加强欧洲一体化的实现。

其次,从成员国层面来看,"下一代欧盟"发债计划加强成员国之间的趋同效应。欧洲一体化过程本身就是一个成员国趋同的过程,不仅包括经济增长速度、通胀率水平、政府债务水平等方面,而且涉及权力让渡,如货币政策的逐步统一及国家边界的弱化等方面。"下一代欧盟"计划要求每个成员

---

① 徐奇渊:《"下一代欧盟"发债计划,疫情催生国际金融体系新萌芽》,《中国金融》2022 年 6 月 16 日。

国按国民总收入(GNI)比例向欧盟缴纳的份额从1.4%提高到2%,不仅解决了英国脱欧后资金缺口的问题,而且使各国的财政资源让渡进一步提高。同时,该计划要求30%的债券都将被用于发行绿色债券,使得各国在绿色化这一欧盟统一目标上步调趋同,有利于一体化目标的落实和推进。

2."加强金融基础设施"战略,助力货币一体化

2021年1月19日,欧盟委员会通过《促进欧盟经济和金融体系更加开放、强劲和具有韧性》的政策文件,提出将提振欧元的国际货币地位,并加强欧盟的金融基础设施建设。该文件被认为是欧盟推进金融一体化及货币一体化的重要战略性文件。

(1)欧盟加强金融基础设施建设战略的主要内容

文件中关于加强金融基础设施的内容,引起国际金融市场广泛关注。其内容主要有如下五个方面。

第一是减少域外第三国制裁的影响。这里主要针对的是美国对其他国家的金融制裁导致欧盟企业的正常商业利益受损的情形。欧盟的金融基础设施都从事国际业务,包括存款和汇兑业务,容易受到第三国金融制裁的阻断式影响。欧盟计划分两步应对这一问题:第一步是评估,通过测试和开发金融基础设施的商业模式,评估其面临第三国制裁时的结构性脆弱性;第二步是反制,考虑通过欧盟制裁等方式实施反制。

第二是增加欧盟本土对欧元计价合同的清算能力。欧元及欧洲其他主要货币的清算主要依赖位于英国的清算所,这在英国脱欧后形成风险,甚至可能造成欧盟货币政策传导失灵。欧盟计划让各清算成员减少其对英国中央对手方清算机构(CCPs)的头寸,尤其是场外金融衍生品的头寸。另外,在欧洲证券与市场管理局下新成立的中央对手方监管委员会,将会审查第三国中央对手方及其清算业务对于欧盟的系统重要性。

第三是减少对非欧盟投行的依赖。欧盟投行在过去15年里在全球及欧盟的市场份额都有所下降,但在金融危机时,外国投行可能会选择撤出欧洲,这就导致欧盟企业和成员国无法及时获得资本市场融资、风险管理解决方案等金融服务。

第四是减少欧盟银行对货币互换市场的依赖。虽然2011年以来增强了成员国政府的监管并进行了中央银行货币互换安排,但2020年3月的金融市场停滞显示风险仍然存在。危机来临时,跨境资本流动变得更不稳定,

金融机构都急着抛售资产,持有流动性,尤其是作为储备货币的美元,导致非美国金融机构的美元融资困难。

第五是扩大欧元在国际交易中的使用,增加欧元计价投资的机会和吸引力,设立新的欧元基准。第一步是弄清楚欧盟金融体系对非欧盟金融机构及银行业对外币资金的依赖程度,欧洲银行业管理局负责相关研究。第二步是在绿色金融、大宗商品定价等方面增加欧元的使用。

(2)加强金融基础设施战略对货币一体化的推动作用

该战略从两个方面对欧洲货币一体化产生积极作用:一是加强欧元国际货币地位,二是通过深化金融市场一体化以规避外部金融风险。

实际上,提升欧元作用的倡议最初是由欧盟委员会前主席容克提上欧盟议程的。早在 2015 年,欧盟机构的五位最高主管(欧盟委员会主席容克、欧洲理事会主席图斯克、欧元集团主席迪塞尔布洛姆、欧洲央行行长德拉吉以及欧洲议会议长舒尔茨)联合发布"欧盟五总统报告",大胆建议继续加深欧元区财政一体化,甚至提到设立财政联盟及欧元区财政部的构想,但最终未获得成员国支持。

但在经历了特朗普政府的反复无常后,尤其是美国退出伊核协议并威胁对欧洲企业进行金融制裁,使得欧洲企业损失惨重但又不得不服从美国的要求。此后,欧盟再次提出要加强欧元的国际货币地位,试图减少依赖美元而产生的损失。

根据欧洲央行的数据,欧元是仅次于美元的全球第二大国际货币。不过,尽管欧盟做出了最新的努力,但在政策或立法方面,欧盟几乎无法采取任何有意义的措施来促进欧元的使用。欧盟的一个主要工作重点是加强银行业和资本市场的一体化,然而,由于政府之间存在分歧,这些举措已陷入停滞。

在此背景下,"下一代欧盟"债券发行为欧盟整合金融市场带来重大机遇。"下一代欧盟"债券发行后,欧盟将成为欧元债券最大的发行主体之一,不仅从整体上降低欧盟成员国融资成本,而且通过聚焦绿色债券、可持续债券等工具推进欧盟绿色化战略。

3. 疫苗研发与芯片计划推动科技研发一体化进程

虽然欧洲各国之间的科技合作从 20 世纪 50 年代就开始启动,但统一的科研资助计划——"欧盟研发框架计划"(FP)直到 1984 年才开始启动实施。欧盟研发框架计划是由欧委会具体管理的欧盟最主要的科研资助计划,也是迄今为止世界上最大的公共财政科研资助计划,由欧盟成员国共同参与,至今已经完成了8个框架计划,第9个框架计划"地平线欧洲"正在实施。该计划制订于2018年,是2021—2027年预算期的新一轮研发与创新框架计划,预计投资1 000亿欧元。从实施的效果来看,欧盟企业在全球知名科技企业排行中所占席位微乎其微,欧盟的科研一体化步伐明显慢于金融货币一体化领域,甚至慢于统一大市场层面。新发展阶段出现后,欧盟明显感受到医疗设备的短缺及疫苗研发的紧迫,同时芯片短缺导致以汽车产业为支柱产业的欧盟遭遇产出缩减,因此相继推出相应战略来促进发展。

首先,在公共卫生问题的冲击下,展开卫生领域尤其是疫苗方面的合作。新发展格局出现以来,欧盟及主要成员国纷纷加大对疫苗研发的投入力度,使得德国生物新技术公司(Biontech)等生物公司取得快速发展和技术突破,在全球疫苗研发中迅速获得领先地位。为了加快疫苗应对变种病毒的研发及疫苗的生产和接种,2021年1月,欧盟委员会主席冯德莱恩与多家制药企业总裁举行视频会议,并在会后宣布计划成立专门机构,与药企合作应对变异新冠病毒、促进疫苗研发生产。与此同时,欧盟主要经济体都在加大本国的疫苗研发和生产投入,同时也积极保持对外合作,如同英国、美国及中国的合作。至2021年中,欧盟的疫苗接种率就已超过美国,为欧盟的新发展阶段应对创造了有利条件。

其次,实施以半导体为代表的科技技术规划。欧盟在2020年底发布的《欧洲处理器和半导体科技计划联合声明》指出,将在未来两三年内投入1 450亿欧元,以推动欧盟各国联合研究及投资先进处理器及其他半导体技术。2021年3月,欧盟正式发布了《2030数字指南针:数字十年的欧洲方式》计划,设定了11项先进技术发展目标,其中就包括在2030年前实现芯片产量增加1倍,先进芯片制造在全球的占比达到20%;先进制程达到2纳米(2 nm),能效达到目前的10倍;5年内自行打造首部量子电脑等,以降低欧盟对美国和亚洲关键技术的依赖。[1]2021年9月,欧盟委员会主席冯德莱恩宣布将推出《欧洲芯片法案》,旨在为共同打造最先进的欧洲芯片生态系统提供官方支持,以应对不断加剧的全球半导体竞争,确保欧洲半导体供

---

[1] https://ec.europa.eu/info/strategy/priorities-2019-2024/europe-fit-digital-age/europes-digital-decade-digital-targets-2030_en.

应安全,并为突破性的欧洲技术开发新市场。芯片法案将进一步促进欧盟实现"数字十年"的目标:到 2030 年在全球芯片市场产值中占据的份额将由当前的 10% 提升至 20%。2022 年 2 月 8 日,欧盟酝酿已久的芯片法案出炉,预计将投入 430 亿欧元投资,以加强在芯片领域的"数字主权"。

此外,欧盟也注重在科技创新领域加强国际合作。2021 年 7 月,欧盟发布了一份关于国际合作战略的文件《研究与创新的全球途径:瞬息万变的世界中欧洲的国际合作战略》。该文件是对上一版本的更新,即 2012 年发布的《加强和聚焦欧盟在研究与创新的国际合作:一种战略途径》。新文件明确了欧盟与第三方国家开展科技合作的指导原则,以及在"地平线欧洲"框架下可与欧盟开展国际合作的国家范围。国际合作计划为欧盟的科技创新提供了重要动力,此前参与欧盟国际合作的国家和地区包括非洲、加拿大、日本、韩国、中国、印度等。

4. 出台多份对外竞争法案,统一对外竞争政策

欧盟的竞争政策主要由成员国及欧盟委员会下的竞争总司共同执行,后者往往负责设计总体监管方案。新发展阶段后,欧盟竞争政策表现出更为一体化的趋势,即欧盟层面拥有更大的监管权力。

首先是对数字科技企业加大监管力度。2020 年 12 月 15 日,欧盟委员会公布了《数字服务法案》和《数字市场法案》的草案,这是欧盟 20 年来在数字领域的首次重大立法,旨在厘清数字服务提供者的责任和遏制大型网络平台的不正当竞争行为。实际上,早在 2018 年,欧盟就出台了《通用数据保护条例》,最早提出了针对数字企业的规则。《数字服务法案》和《数字市场法案》的提出则进一步对企业监管提出具体要求。

《数字服务法案》直接关系到普通消费者,该法案侧重于社会责任领域,旨在加强网络平台在处理虚假信息、恐怖主义、仇恨言论等非法内容以及假冒伪劣产品方面的责任,即科技企业必须对用户在其平台上发布的内容负责,有义务第一时间删除不合规的信息内容。该法案明确规定,覆盖欧盟人口 10%(即 4 500 万用户)以上的网络平台不仅要承担控制自身风险的特定义务,还必须在新的监管机制下运作,欧盟委员会将有权直接处罚此类大型网络平台。

《数字市场法案》则针对大型数字平台企业(法案中称之为"守门人"),为了避免此类企业利用本身平台优势妨碍竞争,对其他企业形成不正当竞

争(如从不同服务里整合用户的个人信息,在平台上优待自家产品和服务,利用平台商家产生的数据开发竞争性服务,无法卸载平台预装应用等),法案提出严厉的惩罚措施,罚金最高可达公司年营业额的10%。而对于有"系统性不合规行为"的平台,欧盟监管者可能会采取针对公司"结构层面"的整治措施,暗指可能拆分科技巨头的欧洲业务。2022年4月,《数字服务法案》获得欧盟立法通过,于2023年1月生效;7月,欧盟各成员国通过《数字市场法案》,表明该法案已经完成立法,半年后生效。

其次,欧盟出台《外国政府补贴法案》。继2020年6月发布了《针对外国政府补贴的促进公平竞争白皮书》,提出了针对非欧盟国家政府补贴的审查制度框架后,2021年5月,欧盟委员会发布《针对扭曲内部市场的外国政府补贴的条例建议稿》,即外国补贴条例草案。2022年6月30日,欧洲议会和欧盟理事会针对欧盟委员会(欧委会)提出的《外国补贴扭曲内部市场条例法案》达成了临时协议,并于7月11日公布了该临时协议。自2020年启动相关立法讨论以来,欧盟内部的分歧日渐弥合,多个法案相继出台甚至生效,这表明欧盟27个成员国在竞争政策制定过程中达成协议的能力有所增强,欧盟竞争政策的一体化进程取得明显进展。

二、高水平对外开放格局下欧盟发展面临的挑战

在公共卫生问题的冲击下,欧盟及其成员国面临新的挑战。欧盟成员国的财政负担明显增加,希腊、意大利等曾爆发过主权债务危机的重债国再次面临债务负担加重的困境。同时,公共卫生问题对供应链的破坏导致了欧盟经济复苏乏力,经济前景较为暗淡。此外,新发展格局和油价上升导致欧盟通胀率上升,使欧洲央行的货币政策面临两难困境。

1. 成员国财政负担明显加重

导致欧盟成员国财政负担加重的最直接冲击就是公共卫生问题的冲击。2020年上半年,欧盟遭受严重的新格局影响,医疗卫生体系的快速投入基本都来自财政资源,同时为了应对新发展格局而采取的封控措施同样意味着巨大的财政投入。根据欧盟统计局公布的数据,欧盟27国在2020年的财政赤字占区域生产总值的比重高达6.8%,该比例甚至高于2009年国际金融危机期间6%的水平。单从财政冲击的角度来看,新发展格局对

表 7-1 欧盟 27 国在 2009—2021 年的财政余额占 GDP 比重

(单位:%)

	2009	2010	2011	2012	2013	2014	2015	2016	2017	2018	2019	2020	2021
欧盟 27 国	−6.0	−6.0	−4.1	−3.7	−3.0	−2.4	−1.9	−1.4	−0.8	−0.4	−0.6	−6.8	−4.7
欧元区 19 国	−6.2	−6.3	−4.2	−3.8	−3.1	−2.5	−2.0	−1.5	−0.9	−0.4	−0.7	−7.1	−5.1
比利时	−5.4	−4.1	−4.3	−4.3	−3.1	−3.1	−2.4	−2.4	−0.7	−0.9	−2.0	−9.0	−5.5
保加利亚	−4.4	−3.7	−1.7	−0.8	−0.7	−5.4	−1.9	0.3	1.6	1.7	2.1	−4.0	−4.1
捷克	−5.4	−4.2	−2.7	−3.9	−1.3	−2.1	−0.6	0.7	1.5	0.9	0.3	−5.8	−5.9
丹麦	−2.8	−2.7	−2.1	−3.5	−1.2	1.1	−1.2	0.1	1.8	0.8	4.1	−0.2	2.3
德国	−3.2	−4.4	−0.9	0.0	0.0	0.6	1.0	1.2	1.3	1.9	1.5	−4.3	−3.7
爱沙尼亚	−2.2	0.2	1.1	−0.3	0.2	0.7	0.1	−0.4	−0.5	−0.6	0.1	−5.6	−2.4
爱尔兰	−13.9	−32.1	−13.6	−8.5	−6.4	−3.6	−2.0	−0.8	−0.3	0.1	0.5	−5.1	−1.9
希腊	−15.1	−11.3	−10.5	−9.1	−13.4	−3.6	−5.9	0.2	0.6	0.9	1.1	−10.2	−7.4
西班牙	−11.3	−9.5	−9.7	−11.6	−7.5	−6.1	−5.3	−4.3	−3.1	−2.6	−3.1	−10.3	−6.9
法国	−7.2	−6.9	−5.2	−5.0	−4.1	−3.9	−3.6	−3.6	−3.0	−2.3	−3.1	−8.9	−6.5
克罗地亚	−6.2	−6.4	−7.9	−5.5	−5.5	−5.5	−3.4	−0.9	0.8	0.0	0.2	−7.3	−2.9
意大利	−5.1	−4.2	−3.6	−2.9	−2.9	−3.0	−2.6	−2.4	−2.4	−2.2	−1.5	−9.6	−7.2
塞浦路斯	−5.4	−4.7	−5.7	−5.8	−5.6	−8.8	−0.9	0.3	1.9	−3.6	1.3	−5.8	−1.7
拉脱维亚	−9.5	−8.6	−4.3	−1.4	−1.2	−1.6	−1.4	0.0	−0.8	−0.8	−0.6	−4.5	−7.3

续表

	2009	2010	2011	2012	2013	2014	2015	2016	2017	2018	2019	2020	2021
立陶宛	-9.1	-6.9	-8.9	-3.2	-2.6	-0.6	-0.3	0.3	0.4	0.5	0.5	-7.3	-1.0
卢森堡	-0.2	-0.3	0.7	0.5	0.8	1.3	1.3	1.9	1.4	3.0	2.3	-3.4	0.9
匈牙利	-4.7	-4.4	-5.2	-2.3	-2.6	-2.8	-2.0	-1.8	-2.5	-2.1	-2.1	-7.8	-6.8
马耳他	-3.1	-2.2	-3.0	-3.4	-2.2	-1.5	-0.8	1.1	3.3	2.1	0.6	-9.5	-8.0
荷兰	-5.2	-5.3	-4.5	-4.0	-3.0	-2.3	-2.1	0.0	1.3	1.4	1.7	-3.7	-2.5
奥地利	-5.3	-4.4	-2.6	-2.2	-2.0	-2.7	-1.0	-1.5	-0.8	0.2	0.6	-8.0	-5.9
波兰	-7.3	-7.4	-5.0	-3.8	-4.2	-3.6	-2.6	-2.4	-1.5	-0.2	-0.7	-6.9	-1.9
葡萄牙	-9.9	-11.4	-7.7	-6.2	-5.1	-7.4	-4.4	-1.9	-3.0	-0.3	0.1	-5.8	-2.8
罗马尼亚	-9.1	-6.9	-5.4	-3.7	-2.1	-1.2	-0.6	-2.6	-2.6	-2.8	-4.3	-9.3	-7.1
斯洛文尼亚	-5.8	-5.6	-6.6	-4.0	-14.6	-5.5	-2.8	-1.9	-0.1	0.7	0.4	-7.8	-5.2
斯洛伐克	-8.1	-7.5	-4.3	-4.4	-2.9	-3.1	-2.7	-2.6	-1.0	-1.0	-1.3	-5.5	-6.2
芬兰	-2.5	-2.5	-1.0	-2.2	-2.5	-3.0	-2.4	-1.7	-0.7	-0.9	-0.9	-5.5	-2.6
瑞典	-0.8	-0.1	-0.3	-1.1	-1.5	-1.5	0.0	1.0	1.4	0.8	0.6	-2.7	-0.2

- 说明：财政余额占比为负为财政赤字，否则为财政盈余。
- 资料来源：欧盟统计局，https://ec.europa.eu/eurostat/databrowser/view/GOV_10DD_EDPT1_custom_3301062/default/table?lang=en。

欧盟的冲击明显大于2009年的国际金融危机。2021年,欧盟多个国家仍然多次受到新发展格局的严重影响,但由于部分前期投入已经产生效果,欧盟及成员国的财政赤字略有改善,欧盟27国的财政赤字占区域生产总值的比重降至4.7%。另一个原因是经济的复苏,在经历了2020年的大衰退后,2021年欧盟的区域生产总值有所恢复,因此各国财政赤字占其GDP的比重也有所下降。但总体来看,欧盟成员国的财政赤字占其GDP的比重仍处于高位,如希腊、意大利、拉脱维亚、马耳他及罗马尼亚的财政赤字占比均在7%以上,而西班牙、匈牙利和法国则接近7%,其中,意大利、匈牙利、马耳他等国2021年的财政赤字占比已超过2010年债务危机期间的水平。

财政赤字的上升往往导致政府债务规模的增加。根据欧盟统计局公布的数据,欧盟27国的总体负债水平在2020年出现大幅攀升,改变了自2014年以来逐年下降的趋势,陡然升至90%的高位,2021年在经济实现一定复苏后有所下降,但仍处于88.1%的高位。欧元区19国的数据呈现了同样的趋势,但总体负债水平更高。

值得注意的是,2010年深陷主权债务危机的几个欧元区重债国,此次债务水平再次高企。希腊2020年的政府债务占GDP比重的数值已经高达206.3%,2021年虽有所下降,但仍高达193.3%,仍处于希腊爆发主权债务危机后的最高水平。意大利同样如此,2021年高达150.8%的债务水平显然高于债务危机爆发后的债务水平。西班牙和葡萄牙情况略好,但其债务水平均处于120%左右的高位。此外,法国的情况值得警惕,其2021年的债务水平高达112.9%,使得其债务水平从2009年起呈现逐步上升趋势。

2. 欧盟经济增长乏力

欧盟近年来的经济增长速度并不快,尤其是2018年以来,受中美贸易摩擦的影响,欧盟的经济增长也较为乏力,2019年进一步下滑,欧盟和欧元区的实际经济增长率都不到2%。2020年在新发展格局的冲击下,欧盟经济陷入衰退,欧盟和欧元区的年度实际经济增长率分别为−5.9%和−6.3%,其衰退程度甚至超过国际金融危机和主权债务危机期间。当然,随着形势的好转,欧盟经济在2021年实现反弹,经济增长率高达5.4%,欧元区增长率则达到5.3%,爱尔兰、克罗地亚和马耳他的经济增速甚至超过10%。

表 7-2 欧盟 27 国 2009—2021 年政府债务占 GDP 比重

(单位:%)

	2009	2010	2011	2012	2013	2014	2015	2016	2017	2018	2019	2020	2021
欧盟 27 国	75.7	80.4	81.7	85.0	86.7	86.8	85.0	84.2	81.6	79.6	77.5	90.0	88.1
欧元区 19 国	80.2	85.7	87.6	91.0	93.0	93.1	91.2	90.4	87.9	85.8	83.8	97.2	95.6
比利时	100.2	100.3	103.5	104.8	105.5	107.0	105.2	105.0	102.0	99.8	97.7	112.8	108.2
保加利亚	13.7	15.3	15.2	16.6	17.0	27.0	25.9	29.1	25.1	22.1	20.0	24.7	25.1
捷克	33.4	37.1	39.7	44.2	44.4	41.9	39.7	36.6	34.2	32.1	30.1	37.7	41.9
丹麦	40.2	42.6	46.1	44.9	44.0	44.3	39.8	37.2	35.9	34.0	33.6	42.1	36.7
德国	73.2	82.0	79.4	80.7	78.3	75.3	71.9	69.0	64.6	61.2	58.9	68.7	69.3
爱沙尼亚	7.2	6.7	6.2	9.8	10.2	10.6	10.1	10.0	9.1	8.2	8.6	19.0	18.1
爱尔兰	61.8	86.2	110.5	119.7	120.0	104.3	76.7	74.3	67.8	63.1	57.2	58.4	56.0
希腊	126.7	147.5	175.2	162.0	178.2	180.3	176.7	180.5	179.5	186.4	180.7	206.3	193.3
西班牙	53.3	60.5	69.9	90.0	100.5	105.1	103.3	102.8	101.9	100.5	98.3	120.0	118.4
法国	83.0	85.3	87.8	90.6	93.4	94.9	95.6	98.0	98.1	97.8	97.4	114.6	112.9
克罗地亚	48.4	57.3	63.7	69.4	80.3	83.9	83.3	79.8	76.7	73.3	71.1	87.3	79.8
意大利	116.6	119.2	119.7	126.5	132.5	135.4	135.3	134.8	134.2	134.4	134.1	155.3	150.8
塞浦路斯	54.3	56.4	65.9	80.3	104.0	109.1	107.2	103.1	92.9	98.4	91.1	115.0	103.6

续表

	2009	2010	2011	2012	2013	2014	2015	2016	2017	2018	2019	2020	2021
拉脱维亚	36.7	47.7	45.1	42.4	40.4	41.6	37.1	40.4	39.0	37.1	36.7	43.3	44.8
立陶宛	28.0	36.2	37.1	39.7	38.7	40.5	42.5	39.7	39.1	33.7	35.9	46.6	44.3
卢森堡	15.3	19.1	18.5	20.9	22.4	21.9	21.1	19.6	21.8	20.8	22.3	24.8	24.4
匈牙利	78.0	80.0	80.3	78.1	77.2	76.5	75.7	74.8	72.1	69.1	65.5	79.6	76.8
马耳他	66.3	65.5	70.0	66.6	66.4	62.1	56.2	54.7	47.7	43.7	40.7	53.4	57.0
荷兰	56.8	59.2	61.7	66.2	67.7	67.9	64.6	61.9	56.9	52.4	48.5	54.3	52.1
奥地利	79.9	82.7	82.4	81.9	81.3	84.0	84.9	82.8	78.5	74.1	70.6	83.3	82.8
波兰	49.8	53.5	54.7	54.4	56.5	51.1	51.3	54.2	50.6	48.8	45.6	57.1	53.8
葡萄牙	87.8	100.2	114.4	129.0	131.4	132.9	131.2	131.5	126.1	121.5	116.6	135.2	127.4
罗马尼亚	21.8	29.6	34.0	37.1	37.6	39.2	37.8	37.3	35.1	34.7	35.3	47.2	48.8
斯洛文尼亚	34.5	38.3	46.5	53.6	70.0	80.3	82.6	78.5	74.2	70.3	65.6	79.8	74.7
斯洛伐克	36.4	40.8	43.3	51.9	54.9	53.7	51.8	52.4	51.6	49.6	48.1	59.7	63.1
芬兰	41.5	46.9	48.3	53.6	56.2	59.8	63.6	63.2	61.2	59.8	59.6	69.0	65.8
瑞典	40.7	38.1	37.2	37.5	40.3	45.0	43.7	42.3	40.7	38.9	34.9	39.6	36.7

• 资料来源：欧盟统计局。

表 7-3　欧盟 27 国 2010—2021 年实际 GDP 增长率

(单位：%)

	2010	2011	2012	2013	2014	2015	2016	2017	2018	2019	2020	2021
欧盟 27 国	2.2	1.8	−0.7	0.0	1.6	2.3	2.0	2.8	2.1	1.8	−5.9	5.4
欧元区 19 国	2.1	1.7	−0.9	−0.2	1.4	2.0	1.9	2.6	1.8	1.6	−6.3	5.3
比利时	2.9	1.7	0.7	0.5	1.6	2.0	1.3	1.6	1.8	2.1	−5.7	6.2
保加利亚	1.5	2.1	0.8	−0.6	1.0	3.4	3.0	2.8	2.7	4.0	−4.4	4.2
捷克	2.4	1.8	−0.8	0.0	2.3	5.4	2.5	5.2	3.2	3.0	−5.5	3.5
丹麦	1.9	1.3	0.2	0.9	1.6	2.3	3.2	2.8	2.0	1.5	−2.0	4.9
德国	4.2	3.9	0.4	0.4	2.2	1.5	2.2	2.7	1.0	1.1	−3.7	2.6
爱沙尼亚	2.4	7.3	3.2	1.5	3.0	1.9	3.2	5.8	3.8	3.7	−0.6	8.0
爱尔兰	1.7	0.8	0.0	1.1	8.6	24.4	2.0	9.0	8.5	5.4	6.2	13.6
希腊	−5.5	−10.1	−7.1	−2.5	0.5	−0.2	−0.5	1.1	1.7	1.8	−9.0	8.3
西班牙	0.2	−0.8	−3.0	−1.4	1.4	3.8	3.0	3.0	2.3	2.1	−10.8	5.1
法国	1.9	2.2	0.3	0.6	1.0	1.1	1.1	2.3	1.9	1.8	−7.8	6.8
克罗地亚	−1.3	−0.1	−2.3	−0.4	−0.3	2.5	3.5	3.4	2.9	3.5	−8.1	10.2
意大利	1.7	0.7	−3.0	−1.8	0.0	0.8	1.3	1.7	0.9	0.5	−9.0	6.6
塞浦路斯	2.0	0.4	−3.4	−6.6	−1.8	3.4	6.5	5.9	5.7	5.3	−5.0	5.5

续表

	2010	2011	2012	2013	2014	2015	2016	2017	2018	2019	2020	2021
拉脱维亚	−4.5	2.6	7.0	2.0	1.9	3.9	2.4	3.3	4.0	2.5	−3.8	4.5
立陶宛	1.7	6.0	3.8	3.6	3.5	2.0	2.5	4.3	4.0	4.6	−0.1	5.0
卢森堡	3.8	1.0	1.6	3.2	2.6	2.3	5.0	1.3	2.0	3.3	−1.8	6.9
匈牙利	1.1	1.9	−1.3	1.8	4.2	3.7	2.2	4.3	5.4	4.6	−4.5	7.1
马耳他	5.5	0.5	4.1	5.5	7.6	9.6	3.4	10.9	6.2	5.9	−8.3	10.3
荷兰	1.3	1.6	−1.0	−0.1	1.4	2.0	2.2	2.9	2.4	2.0	−3.9	4.9
奥地利	1.8	2.9	0.7	0.0	0.7	1.0	2.0	2.3	2.5	1.5	−6.7	4.6
波兰	3.7	4.8	1.3	1.1	3.4	4.2	3.1	4.8	5.4	4.7	−2.2	5.9
葡萄牙	1.7	−1.7	−4.1	−0.9	0.8	1.8	2.0	3.5	2.8	2.7	−8.4	4.9
罗马尼亚	−3.9	1.9	2.0	3.8	3.6	3.0	4.7	7.3	4.5	4.2	−3.7	5.9
斯洛文尼亚	1.3	0.9	−2.6	−1.0	2.8	2.2	3.2	4.8	4.5	3.5	−4.3	8.2
斯洛伐克	6.3	2.6	1.4	0.7	2.7	5.2	1.9	3.0	3.8	2.6	−4.4	3.0
芬兰	3.2	2.5	−1.4	−0.9	−0.4	0.5	2.8	3.2	1.1	1.2	−2.2	3.0
瑞典	6.0	3.2	−0.6	1.2	2.7	4.5	2.1	2.6	2.0	2.0	−2.2	5.1

· 资料来源：欧盟统计局。

不过,2021年欧盟的经济反弹在很大程度上是相对于上年的经济衰退而言的。也就是说,2021年的经济增速并不能反映欧盟的经济增长潜力。如果计算2020—2021年的平均经济增速,可以发现,欧盟和欧元区的经济增长均不及新发展阶段前的水平。此外,欧盟在2021年实现快速增长的另一个原因是欧盟及成员国推动的财政刺激和超宽松的货币政策。随着"下一代欧盟"计划的推进,及欧盟对芯片、医疗等行业的扶持,政府支出扩大对经济增长的贡献明显。货币政策在维持负利率政策的基础上,加大了对企业的扶持力度。因此,2021年的经济增长是以上年衰退为基数的统计上升,以及在超宽松货币财政政策刺激下的快速膨胀。欧盟的经济增长动力本身并未出现大幅改进,劳动生产率并未出现明显提升,科技水平仍然差强人意,欧盟最仰仗的制造业却因通货膨胀率的快速上升而逐渐失去优势,芯片短缺等因素导致的供应链瓶颈也对欧洲工业形成打击,欧盟的经济增长乏力困境并未得到显著改善。

3. 货币政策面临两难

货币政策正常化针对的是非常规货币政策,即金融危机或公共卫生问题冲击下,主要经济体中央银行采取的超宽松货币政策,对于欧洲央行而言,包括负利率政策和资产购买计划(即量化宽松政策)两个部分。其中,负利率政策开启于2014年6月,经2019年进一步下调后,至2021年未做调整。资产购买计划则开启于2015年3月,2018年底曾正式退出,但2019年9月因经济低迷而重启,2020年3月因新发展格局冲击而进一步增大资产购买规模。可见,与新发展阶段前美联储相继退出量宽、加息,进而缩表的正常化操作相比,欧洲央行的正常化进程相对模糊。

不过,随着欧盟通货膨胀率逐渐超出2%的目标区间,市场开始关注欧洲央行的货币政策何时回归正常化。如表7-4所示,欧盟和欧元区在2021年的通胀率分别为2.9%和2.6%,达到了2012年以来的最高水平,其中波兰、匈牙利、爱沙尼亚、立陶宛和罗马尼亚的通胀率均高于4%,德国也达到了3.2%的历史高位。为了抑制通胀,欧洲央行具有明显的紧缩压力。但同时,欧盟的经济复苏仍然不够稳定,而且成员国在新发展阶段后普遍面临财政赤字和债务水平高企的困境,缩减购债和提高利率无疑会进一步增加成员国政府还本付息的压力。因此,欧洲央行在是否实行货币政策正常化这一问题上面临两难困境,这也为未来的经济发展带来不确定性。

表 7-4 欧盟 27 国 2010—2021 年的通货膨胀率

(单位:%)

	2010	2011	2012	2013	2014	2015	2016	2017	2018	2019	2020	2021
欧盟 27 国	1.8	2.9	2.6	1.3	0.4	0.1	0.2	1.6	1.8	1.4	0.7	2.9
欧元区 19 国	1.6	2.7	2.5	1.3	0.4	0.2	0.2	1.5	1.8	1.2	0.3	2.6
比利时	2.3	3.4	2.6	1.2	0.5	0.6	1.8	2.2	2.3	1.2	0.4	3.2
保加利亚	3.0	3.4	2.4	0.4	−1.6	−1.1	−1.3	1.2	2.6	2.5	1.2	2.8
捷克	1.2	2.2	3.5	1.4	0.4	0.3	0.6	2.4	2.0	2.6	3.3	3.3
丹麦	2.2	2.7	2.4	0.5	0.4	0.2	0.0	1.1	0.7	0.7	0.3	1.9
德国	1.1	2.5	2.2	1.6	0.8	0.7	0.4	1.7	1.9	1.4	0.4	3.2
爱沙尼亚	2.7	5.1	4.2	3.2	0.5	0.1	0.8	3.7	3.4	2.3	−0.6	4.5
爱尔兰	−1.6	1.2	1.9	0.5	0.3	0.0	−0.2	0.3	0.7	0.9	−0.5	2.4
希腊	4.7	3.1	1.0	−0.9	−1.4	−1.1	0.0	1.1	0.8	0.5	−1.3	0.6
西班牙	2.0	3.0	2.4	1.5	−0.2	−0.6	−0.3	2.0	1.7	0.8	−0.3	3.0
法国	1.7	2.3	2.2	1.0	0.6	0.1	0.3	1.2	2.1	1.3	0.5	2.1
克罗地亚	1.1	2.2	3.4	2.3	0.2	−0.3	−0.6	1.3	1.6	0.8	0.0	2.7
意大利	1.6	2.9	3.3	1.2	0.2	0.1	−0.1	1.3	1.2	0.6	−0.1	1.9
塞浦路斯	2.6	3.5	3.1	0.4	−0.3	−1.5	−1.2	0.7	0.8	0.5	−1.1	2.3

续表

	2010	2011	2012	2013	2014	2015	2016	2017	2018	2019	2020	2021
拉脱维亚	−1.2	4.2	2.3	0.0	0.7	0.2	0.1	2.9	2.6	2.7	0.1	3.2
立陶宛	1.2	4.1	3.2	1.2	0.2	−0.7	0.7	3.7	2.5	2.2	1.1	4.6
卢森堡	2.8	3.7	2.9	1.7	0.7	0.1	0.0	2.1	2.0	1.6	0.0	3.5
匈牙利	4.7	3.9	5.7	1.7	0.0	0.1	0.4	2.4	2.9	3.4	3.4	5.2
马耳他	2.0	2.5	3.2	1.0	0.8	1.2	0.9	1.3	1.7	1.5	0.8	0.7
荷兰	0.9	2.5	2.8	2.6	0.3	0.2	0.1	1.3	1.6	2.7	1.1	2.8
奥地利	1.7	3.6	2.6	2.1	1.5	0.8	1.0	2.2	2.1	1.5	1.4	2.8
波兰	2.6	3.9	3.7	0.8	0.1	−0.7	−0.2	1.6	1.2	2.1	3.7	5.2
葡萄牙	1.4	3.6	2.8	0.4	−0.2	0.5	0.6	1.6	1.2	0.3	−0.1	0.9
罗马尼亚	6.1	5.8	3.4	3.2	1.4	−0.4	−1.1	1.1	4.1	3.9	2.3	4.1
斯洛文尼亚	2.1	2.1	2.8	1.9	0.4	−0.8	−0.2	1.6	1.9	1.7	−0.3	2.0
斯洛伐克	0.7	4.1	3.7	1.5	−0.1	−0.3	−0.5	1.4	2.5	2.8	2.0	2.8
芬兰	1.7	3.3	3.2	2.2	1.2	−0.2	0.4	0.8	1.2	1.1	0.4	2.1
瑞典	1.9	1.4	0.9	0.4	0.2	0.7	1.1	1.9	2.0	1.7	0.7	2.7

• 资料来源:欧盟统计局。

三、高水平对外开放格局下中国与欧盟合作趋势分析

在 2020 年底如期就"中欧全面投资协定"达成一致后,2021 年的相互制裁及中欧投资协定在欧洲议会受阻使得中欧关系急转直下,连带双边经贸关系也蒙上阴影。不过,从经贸运行的数据来看,中欧间紧密的经贸联系依旧是中欧关系一如既往的压舱石。

1. 双边贸易额快速增长

2019 年以来,欧盟保持中国第二大贸易伙伴地位。根据中国商务部数据,2021 年,中欧进出口贸易额占中国对外贸易总额的比例为 13.7%,仅次于占比达 14.5% 的东盟,美国以 12.5% 的比例排在第三位。2020 年和 2021 年中欧贸易总额分别增长 4.4% 和 18.3%。

对于欧盟而言,中国自 2020 年以来跃升为欧盟第一大贸易伙伴。具体来看,自欧盟进口的来源地中,中国近年来始终处于首位,占比从 2012 年的 14.7% 上升至 2021 年的 22.3%,这一比例的大小和增长速度远远高于第二位的美国。实际上,欧盟从美国的进口占比自 2016 年起出现下降,而对英国的进口也同样自 2016 年起出现明显下降,这在很大程度上同英美的逆全球化思潮涌有关。

表 7-5 欧盟进口的主要来源国及占比 (单位:%)

	2012	2013	2014	2015	2016	2017	2018	2019	2020	2021
自中国进口份额	14.7	14.7	15.8	18.0	18.7	18.2	17.9	18.7	22.4	22.3
自美国进口份额	9.8	10.1	10.4	12.0	12.2	11.5	11.2	12.1	11.8	11.0
自英国进口份额	11.1	11.3	11.2	11.2	11.3	10.8	10.3	10.0	9.8	6.9
自俄罗斯进口份额	12.0	12.2	10.7	7.9	7.1	7.8	8.4	7.5	5.5	7.7

• 资料来源:欧盟统计局。

从出口数据来看,欧盟对中国的出口占比处于第三位,低于处在首位的美国和第二位的英国。但需要指出的是,欧盟对英国的出口占比在 2016 年后出现明显下降,这同英国脱欧有关。同时,欧盟对美国、中国和瑞士的出口占比都出现上升。对中国出口占比自 2012 年的 7.5% 上升至 2020 年的 10.5%,2021 年虽略有下滑,但仍高达 10.3%,这显示出中国对欧盟的进口

有所增加,有利于双边贸易关系的健康发展。但欧盟对美国的出口占比在近10年来一直高于10%,2021年上升至18.3%,这显示出欧盟对美国市场的依赖程度仍然很高。

表7-6　欧盟的主要出口市场及占比　　　　　　　　　　(单位:%)

	2012	2013	2014	2015	2016	2017	2018	2019	2020	2021
向中国出口份额	7.5	7.6	8.1	7.8	8.2	9.0	9.1	9.3	10.5	10.3
向美国出口份额	14.0	13.8	14.8	16.6	16.5	16.3	17.0	18.0	18.3	18.3
向英国出口份额	15.2	15.4	16.2	16.9	16.9	16.1	15.5	15.0	14.4	13.0
向瑞士出口份额	6.9	6.6	6.4	6.5	6.7	6.6	6.5	6.9	7.4	7.2

· 资料来源:欧盟统计局。

2. 双边投资出现调整

根据商务部数据,中国在2021年对欧盟的投资流量达78.6亿美元,比上年下降22.2%。2021年末,中国共在欧盟设立直接投资企业超2 700家,覆盖欧盟的全部27个成员国,雇用外方员工近27万人。从流向的主要国家看,德国居首位,流量达27.1亿美元,比上年增长97.1%,占对欧盟投资流量的34.5%;其次为荷兰的17亿美元,比上年下降65.3%,占21.7%;卢森堡的15亿美元位列第三,比上年增长113.9%,占19.1%。2021年中国对欧投资的主要行业为制造业、金融业、信息传输和信息技术服务业等。

从存量来看,截至2021年末,我国对荷兰投资额居欧盟首位,达284.9亿美元,占对欧盟投资存量的29.7%,其次为卢森堡的181.3亿美元,占18.9%,瑞典位列第三,为170.3亿美元,占17.8%,德国居第四位,投资额也超过100亿美元。从行业分布来看,我国对欧投资最多的行业为制造业,占总投资的30.2%;其次为采矿业,占19.9%;金融业占14%,居于第三位。

从近年的趋势来看,我国对欧投资出现下滑,存在两方面的原因。一是英国于2020年正式退出欧盟,导致欧盟的统计范围从之前的28个国家减少为27个国家,因此相应数据也会出现下滑。表7-7中,中国对欧盟投资的流量和存量数字在2020年均有所下降,主要原因就是统计口径调整而发生的变化。二是欧盟规则调整的影响。酝酿了3年的欧盟《外商投资审查条例》于2020年10月正式生效,同时,欧盟于6月也首次出台了《外国补贴规定白皮书》,这都显示着外商直接投资在欧盟将面临日益增加的审查和不确定性,对外商投资均产生抑制作用。从表 7-7 可以观察到我国对欧投资在 2021 年出现明显下滑。当然,2021 年双方的相互制裁导致中欧关系急转直下也是 2021 年中欧投资额下降的一个重要原因。

表 7-7　中国对欧盟投资情况　　　　　　　　　　(单位:亿美元)

年份	流量	占比(%)	存量	占比(%)
2019	106.99	7.8	939.12	4.3
2020	100.99	6.6	830.16	3.2
2021	78.6	4.4	959	3.4

- 说明:2020 年及以后数据不包括英国。
- 资料来源:商务部近年来对《中国对外直接投资统计公报》。

欧盟对华直接投资的下滑主要受新发展格局冲击的不利影响。2020 年,全球投资都出现下滑,欧盟对华投资在新设企业数量和实际投资金额上都出现明显下滑,如表 7-8 所示。2021 年,虽然欧盟对华投资的实际投资金额有所下降,投资金额占中国吸收外资总额的占比也出现下降,但欧盟新设企业数较上年而言,由 1 695 家上升至 2 078 家,这显示出欧盟企业对中国的投资信心仍然较强。

表 7-8　欧盟在华投资情况　　　　　　　　　　(单位:亿美元)

年份	新设企业数	占比(%)	实际投资金额	占比(%)
2019	2 804	6.9	73.1	5.2
2020	1 695	4.4	56.9	3.8
2021	2 078	4.4	51	2.8

- 说明:2020 年及以后数据不包括英国。
- 资料来源:商务部,《中国外资统计公报 2022》。

第八章
高水平对外开放格局下俄罗斯的区域合作

2020年的公共卫生问题对俄罗斯经济造成显著影响,油价的下跌和新格局的出现使俄罗斯经济遭遇前所未有的打击,经济陷入衰退。但2021年以来,得益于形势的缓解和油价的攀升,俄罗斯经济实现反弹。能源出口引领的对外贸易快速反弹,是俄罗斯经济反弹的重要动力。但在新发展格局影响下,俄罗斯通胀率持续上升,即使俄罗斯联邦中央银行作为最早加息的中央银行,实行了高频大幅加息,但俄罗斯的通胀率仍然居高不下。俄罗斯主导的欧亚经济联盟,同样受到新格局的冲击,遇到前所未有的挑战,但俄罗斯同白俄罗斯的一体化进程进一步深入。在高水平对外开放阶段后,俄罗斯进一步加强同中国的经贸合作,双方在贸易、投资和能源等方面展开深入合作。

一、高水平对外开放格局下俄罗斯经济受到的冲击和影响

通过观察主要经济指标可以发现,公共卫生问题虽然在2020年对俄罗斯经济造成严重冲击,但在形势好转和油价上涨的情况下,俄罗斯经济在2021年迅速实现反弹,其中最为亮眼的就是对外贸易的大幅增长。不过,通货膨胀率的持续上升使得俄罗斯联邦中央银行不得不成为全球最早实施加息的中央银行之一,通胀和加息对俄罗斯经济结构的影响还有待观察。

1. 经济衰退后迅速反弹

公共卫生问题对俄罗斯经济的影响表现为两个方面:一是直接对经济活动造成限制,从供给和需求两方面打击经济增长;二是新格局下全球经济低迷,导致国际能源需求下降,进而导致能源价格下跌,俄罗斯的出口因此受到打击,进而拖累经济增长。进入2021年后,随着形势的好转及油价的上涨,俄罗斯经济实现快速反弹,经济迅速恢复至新发展阶段前水平。可见,公共卫生问题本身对俄罗斯造成了短暂冲击,对俄罗斯的长期影响有限。

（1）新发展格局下俄罗斯经济陷入衰退

2020年，俄罗斯的新发展阶段经历了跌宕起伏的变化。由于早期采取严格的边境管控，并建立了方舱医院，在欧美普遍出现新发展阶段恶化的3月，俄罗斯的发展情况良好，并未出现新发展阶段低谷。但从4月起，俄罗斯的形势急转直下，新冠肺炎确诊人数迅速增加，至5月已经成为新发展阶段恶化程度仅次于美国的国家。虽然8月有所好转，但在全球第二次受到新发展格局的影响下，俄罗斯在9月又开始了第二次低谷，这次低谷直到2020年12月才见底。因此，俄罗斯在2020年经历了两次严重的公共卫生问题带来的冲击，第一次低谷出现在5月11日前后，每日新增新冠肺炎确诊病例约1.1万人，而后第二次低谷出现在12月26日，每日新增新冠肺炎确诊人数高达2.8万人。公共卫生问题时期的封控措施对经济造成严重影响，俄罗斯在2020年第二季度出现严重衰退。

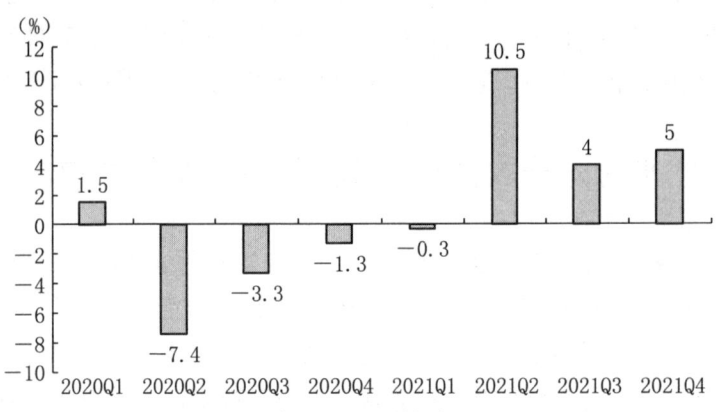

图 8-1 俄罗斯季度GDP同比增长率(2020—2021年)

• 资料来源：俄罗斯联邦统计局。

从图8-1可以发现，俄罗斯在2020年第二季度同比衰退程度高达7.4%，此后衰退趋势一直延续至2021年第一季度，但衰退程度呈现逐步减弱的特征。尽管第四季度的俄罗斯新发展阶段恶化较第二季度更为严重，但经济衰退程度却不及第二季度，原因在于油价的波动变化。

众所周知，俄罗斯经济对石油、天然气等能源出口高度依赖，根据美国能源情报署(EIA)的相关数据，油气出口在2011—2020年占俄罗斯财政收入的年均值为43%。因此，油气价格的下跌直接会导致俄罗斯出口的下滑以及经济的减速。纵观2020年，石油价格走势呈现出剧烈波动下滑的态势。2020年初,国际油价约为60美元/桶,新发展阶段出现市场需求大幅下降,国际油价显著下行。3月的石油输出国组织＋(OPEC＋)大会未能达成减产协议,导致沙特与俄罗斯增加石油产量以争夺市场份额。同时,美国页岩油产量增加,导致4月的油路输送能力及油库爆满,几个因素共同导致纽约的西德克萨斯中质原油(WTI)在原油期货史上首次出现负油价,WTI跌至－40美元/桶。5月初,OPEC＋开始减产970万桶/日后,油价逐渐回升至40美元/桶水平区间波动。直至11月,随着新冠疫苗取得突破,以及12月OPEC＋决定减缓2021年增产速度,油价才回升至50美元/桶水平。

表8-1　2020年国际油价波动大事记

时间	事件
1月	2020年底,OPEC＋达成自1月起减产210万桶/日的协议,国际油价为60美元/桶左右
2月	OPEC与俄罗斯开始进一步的减产谈判
3月6日	减产谈判破裂,随后沙特增加产量,与俄罗斯争夺市场份额
3月	国际油价由月初的50美元/桶降至月底的25美元/桶
4月初	OPEC＋等达成减产协议,准备于5月及6月联合减产970万桶/日
4月21日	WTI期油跌至37美元/桶
5月	OPEC＋开始减产970万桶/日,国际油价于25美元/桶反弹至38美元/桶
6—7月	国际油价于40美元/桶水平间波动
8月	OPEC＋减产规模降至770万桶/日
9月	OPEC＋认为石油库存出现下降,不会加大减产规模
10月	新一轮的秋冬新发展阶段开始,油价受压跌至35美元/桶
11月	新冠疫苗开发有重大突破,油价由38美元/桶上升至月底的48美元/桶
12月3日	OPEC＋决定逐步压缩减产规模,2021年1月开始由原定的减产770万桶/日降低为减产720万桶/日

• 资料来源:根据新闻资料整理。

随着油价在第三季度的稳定和第四季度的回升,俄罗斯经济的衰退幅度逐渐减弱,经济增长率分别回升至－3.3％和－1.3％。因此,俄罗斯年度经济衰退程度并不算严重,仅衰退2.7％,显著低于美国和英国的经济衰退程度,二者在2020年的经济增长率分别为－3.5％和－9.9％。

(2)油价回升带动俄罗斯经济快速反弹

进入2021年以后,随着全球公共卫生问题形势的好转,俄罗斯形势显著改善,对经济的影响日趋减小。同时,随着国际油价在2021年的持续攀升,俄罗斯的经济实现了快速反弹,年度经济增长率达到5.6％,经济规模迅速恢复至新发展阶段前水平。事实上,这一恢复速度高于大多数欧洲国家。从近10年的经济走势图来看,俄罗斯在2021年的经济增长率也处于高位。

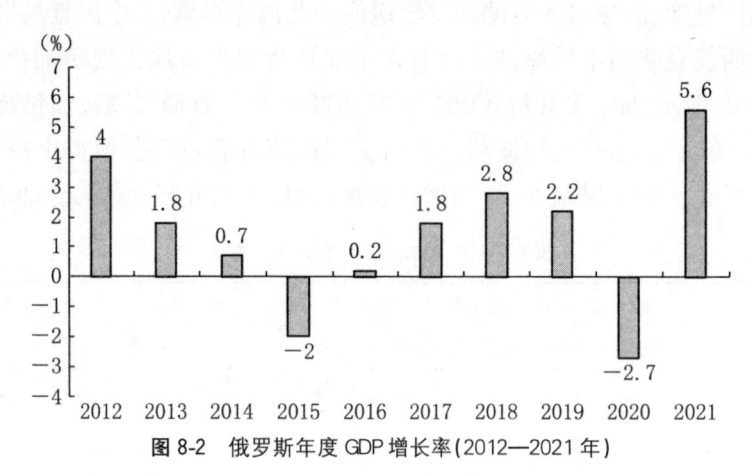

图8-2 俄罗斯年度GDP增长率(2012—2021年)

- 资料来源:全球经济指标数据网。

　　石油价格在2021年的震荡上行既得益于新发展格局形势的好转,也受到石油输出国组织产量控制的影响。1月5日,在石油输出国组织(欧佩克)与非欧佩克产油国第13次部长级会议上,成员国同意基本维持石油产量,减产规模小幅降低,同时,作为最主要的石油供给国,沙特意外发布声明,宣布自愿进行单方面大幅减产,2月和3月自愿减产100万桶/日。加上2月份美国遭遇史无前例的暴风雪袭击,美国页岩油产量下滑,原油库存持续走低给油价带来上行动力。3月,沙特石油基础设施遇袭,同时OPEC决定维持石油产量不增产,沙特宣布继续维持2个月自愿减产100万桶/日,使得油价大幅上涨,恢复至公共卫生问题前的最高点,3月8日达到71美元/桶。随着公共卫生问题影响的反复,油价在3—4月出现回落。

　　随着疫苗接种的加快及欧洲的新发展阶段形势控制,能源需求快速恢复,导致美欧出现通货膨胀,美国甚至要求欧佩克增加石油产量。6月,欧佩克宣布在5—7月份把减产量缩小到200万桶/日的决定,同时沙特逐步退出其100万桶/日的自主减产,国际油价随后下调。加上德尔塔新发展阶段影响的反复,及美联储缩减购债规模,WTI从7月初的75美元/桶回落到8月下旬的62美元/桶。9月,在需求恢复和供应链冲击下,包括欧洲在内的多地遭遇能源短缺,引致油价上涨,WTI维持在80美元/桶左右,一直持续到 10 月底。11 月,由于变异毒株奥密克戎的快速传播,及美国为了抑制通胀而联合多个国家释放原油储备,国际油价逐步回落至 70 美元/桶。

结合油价波动情况,观察图 8-1 所示俄罗斯 2021 年季度经济增长率,可以发现,在第一季度油价逐步上升的情况下,俄罗斯经济衰退进一步收窄,经济增长率达到－0.3%。在第二季度油价快速上升时,俄罗斯经济的增长率高达 10.5%。第三季度油价回调,因此俄罗斯经济增长率下行至 4%,第四季度油价基本稳定但略有回调,使得俄罗斯经济呈现出 5% 的经济增长率。从整个 2021 年来看,纽约油价一年涨幅超过 55%,创下 12 年来最大年度涨幅;布伦特油价一年上涨超过 50%,创下 5 年来最大年度涨幅。这在很大程度上解释了俄罗斯经济的快速反弹。

2. 对外贸易在冲击后迅速恢复

通过近年对外贸易额的走势图(如图 8-3 所示)可以看出,俄罗斯的对外贸易额在 2017 年和 2018 年都取得较高的增长,但 2019 年出现下滑,增长率为－3.21%。公共卫生问题的冲击下,俄罗斯在 2020 年的对外贸易额更是出现大幅下滑,增长率为－14.13%,贸易额仅为 5 719 亿美元。但 2021 年的快速反弹不仅使俄罗斯对外贸易额实现 38.03% 的高速增长,而且使其贸易额达到了近年来的最高位。

对外贸易额之所以取得快速反弹,主要原因在于能源出口的增加。根据俄罗斯联邦海关局相关数据,2020 年俄罗斯对外贸易额为 5 719 亿美元,其中出口额为 3 382 亿美元,较上年减少 19.94%,燃料和能源产品出口占总出口的 49.7%;2021 年的对外贸易额为 7 894 亿美元,其中出口额为 4 933 亿美元,较上年增长 45.86%,其中燃料和能源产品出口占总出口的 54.3%。能源出口额大幅增加的主要原因在于公共卫生问题解决后能源需求的增加,以及能源价格的上涨带来的能源出口金额的上升。

根据俄罗斯联邦海关总署的统计,2021 年俄罗斯出口 4 933 亿美元,同比增长 45.7%。其中,燃料和能源产品的比重达到 54.3%,高于 2020 年的 49.7%。以铝和钢为代表的金属出口同比增长 66%,农产品和食品出口同比增长 23%,贵金属和宝石的出口也大幅增长。2021 年,俄罗斯的进口额为 2 961 亿美元,同比增长 26.5%,其中机械和设备进口占比高达 49.2%,高于 2020 年的 47.6%。出口增长速度大幅高于进口增长速度,俄罗斯 2021 年的贸易顺差达到 1 973 亿美元,同比增长 88.4%。俄罗斯经常账户

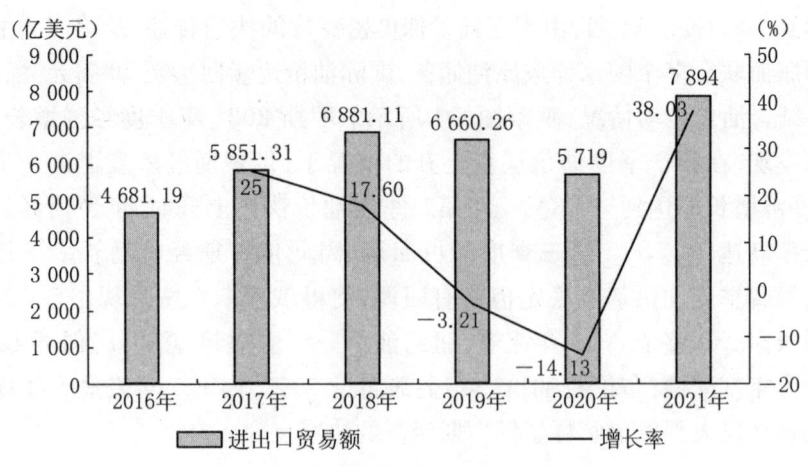

（亿美元）| | | | | | | （%）
9 000 | | | | | | | 50
8 000 | | | | | | 7 894 38.03 | 40
7 000 | | | 6 881.11 | 6 660.26 | | | 30
6 000 | | 5 851.31 | | | | | 20
5 000 | 4 681.19 | 25 | 17.60 | | 5 719 | | 10
4 000 | | | | | | | 0
3 000 | | | | | | | −10
2 000 | | | | −3.21 | −14.13 | | −20
1 000 | | | | | | |
0 | 2016年 | 2017年 | 2018年 | 2019年 | 2020年 | 2021年 |

■ 进出口贸易额　—— 增长率

图 8-3　俄罗斯货物贸易总额及增长率

• 资料来源：俄罗斯联邦海关总署。

盈余达到了 1 220 亿美元，不仅高于 2020 年，而且较新发展阶段前的 2019 年增长超过 50%。①

2021 年，俄罗斯前五大贸易伙伴国中，中国居首位，双边贸易额达到 1 407 亿美元，同比增长 35.6%。后四位依次为德国（570 亿美元，35.9%）、荷兰（464 亿美元，62.9%）、白俄罗斯（384 亿美元，34.7%）和美国（350 亿美元，44.6%）。

进一步地，从进口来看，2021 年俄罗斯进口来源的前五位国家和地区分别是中国、德国、美国、白俄罗斯、韩国。其中，俄罗斯自中国进口 726.76 亿美元，同比增长 32.38%，占俄罗斯进口额的 24.77%；自德国进口 273.49 亿美元，同比增长 16.85%，占俄罗斯进口额的 9.32%；自美国进口 172.71 亿美元，同比增长 30.29%，占俄罗斯进口额的 5.89%；自白俄罗斯进口 156.25 亿美元，同比增长 24.35%，占俄罗斯进口额的 5.33%；自韩国进口 129.85 亿美元，同比增长 81.56%，占俄罗斯进口额的 4.43%。②

从出口来看，2021 年，俄罗斯出口前五位的国家和地区分别是中国、荷兰、德国、土耳其和白俄罗斯。2021 年，俄罗斯贸易顺差前五位的国家/地区分别为荷兰、土耳其、英国、哈萨克斯坦、波兰，顺差额分别为 378.71 亿美元、199.99 亿美元、178.04 亿美元、113.34 亿美元、109.17 亿美元。

---

① 资料来源：世界银行。
② 资料来源：俄罗斯联邦海关总署。

3. 通货膨胀率持续上升

俄罗斯联邦中央银行将其通胀率的目标设定为4％。但在新发展阶段的影响下,俄罗斯的通货膨胀率在2020年底突破目标值,并在2021年出现大幅上升,从2020年12月的4.91％上升到2021年2月的5.67％,即使俄罗斯联邦中央银行于2月宣布将上调基准利率,但通货膨胀率依然高居不下,10月已攀升至8.14％,12月更是达到8.39％,如图8-4所示。

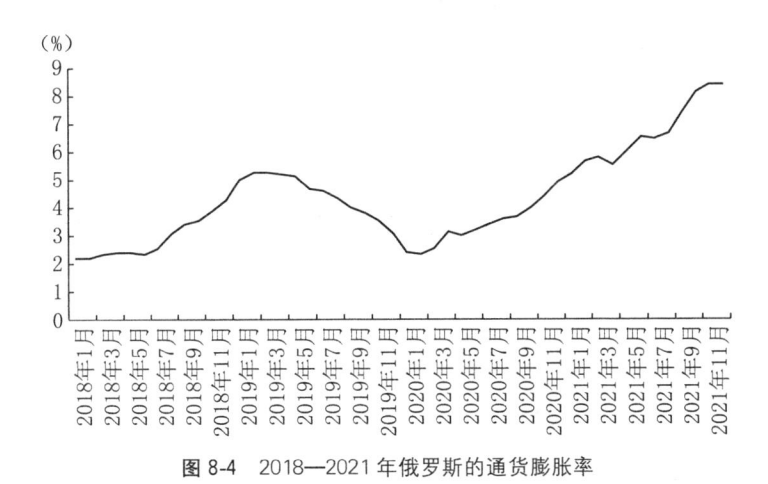

图8-4　2018—2021年俄罗斯的通货膨胀率

• 资料来源:OECD数据库。

可以看出,俄罗斯此轮通货膨胀率的上升幅度为近三年之最,主要原因就是新发展格局的影响。第一,公共卫生问题的应对措施导致其内部供给系统受到影响,当形势好转后,需求迅速恢复,但供给在短期内难以恢复,因此造成结构性价格上涨。尤其是俄罗斯在2020年经历了两轮严重的新发展格局带来的影响,第二轮一直延续到2021年。因此,相应的封控措施影响更大,通胀率上涨较欧美更早。第二,俄罗斯在新发展阶段同样采取了宽松的货币财政政策,这在客观上造成流动性过剩,并导致通胀上升压力。有数据显示,俄罗斯在2020年的反危机措施支出约5万亿卢布,约占GDP的4.5％。根据货币学派理论,货币供给的增加在长期内因供给无法增加而只会造成物价的上涨。因此,包括欧美在内的通胀率上升基本也是这个原因。第三个因素来自供应链冲击。新发展格局效应在全球蔓延期间,各国相继采取的应对措施和重启节奏无法衔接,导致国际供应链频繁出现瓶颈。瓶颈不仅包括芯片缺乏引起的汽车、电子产品生产周期拉长和价格上涨,同时也涉及物流链上的海运费上涨及其带来的产品成本上升。俄罗斯由于欠缺制造业,大部分工业设备和生活资料都需要进口,输入性通货膨胀在所难免。第四,俄罗斯在公共卫生问题出现之初就切断了同中国的经济往来,这对俄罗斯的产品供应和物价稳定都造成严重影响。

通过同其他金砖国家的通胀率进行对比,如图8-5所示,可以发现,俄罗斯的通胀率在2021年的水平仅次于阿根廷,其上涨趋势明显且没有减弱的趋势。相比之下,南非和印度的通胀率虽然也处于5%左右较高的水平,但总体比较稳定,而中国的通胀率处于较低水平。

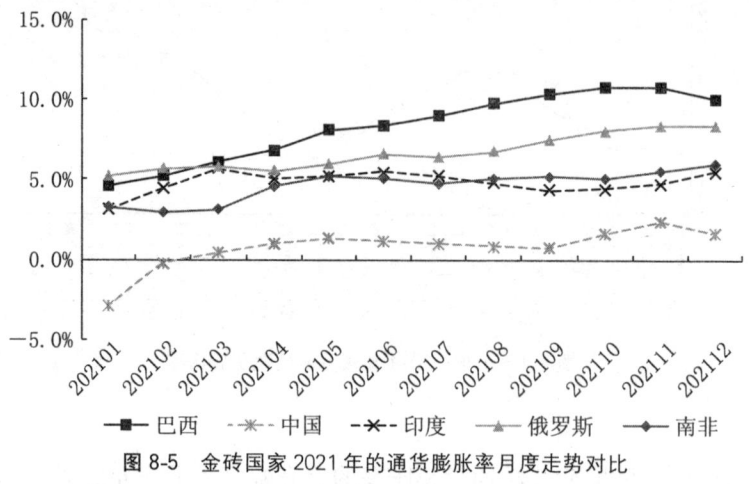

图8-5 金砖国家2021年的通货膨胀率月度走势对比

• 资料来源:OECD数据库。

为了应对持续攀升的通胀,俄罗斯联邦中央银行开启货币紧缩政策,成为新发展阶段后全球央行中最早开始收紧货币政策的央行。随着通胀率从2020年12月开始超过目标利率,俄罗斯联邦中央银行在2021年3月19日,宣布加息25个基点,至4.5%,这是俄罗斯自2018年以来首次上调基准利率。截至12月20日,俄罗斯联邦中央银行共实施7次利率上调,加息400个基点,使得利率升至8.5%,加息力度和频率都非比寻常。

表8-2 俄罗斯联邦中央银行2021年加息过程

日期	3月22日	4月26日	6月15日	7月26日	9月13日	10月25日	12月20日
利率	4.50%	5.00%	5.50%	6.50%	6.75%	7.50%	8.50%

• 资料来源:俄罗斯联邦中央银行。

但是从俄罗斯通胀率数据的走势可以看出,虽然俄罗斯联邦中央银行的加息力度空前,但对通胀率的抑制作用有限,俄罗斯通胀率仍出现大幅上升,这就说明除了流动性过剩的因素外,其他几个结构性因素和输入性因素对俄罗斯的通胀率影响更为明显,仅仅通过加息还无法解决。同时也可以发现,尽管俄罗斯经济和外贸在公共卫生问题冲击后都实现了快速反弹,但新格局对通胀率的影响似乎更为深刻,解决起来也更为棘手。

二、俄罗斯区域合作的进展与挑战

作为俄罗斯主导推动的区域一体化组织,欧亚经济联盟受到新发展格局的显著冲击:各国经济受到冲击、新发展阶段成员国间贸易量下滑、人员流动受到边境管控的影响等。同时,欧亚经济联盟的主要成员国几乎都经历了政府更迭,对欧亚经济联盟的稳定性也形成挑战。不过,俄罗斯与白俄罗斯逆势加强一体化,使得俄罗斯区域合作取得新进展。

1. 欧亚经济联盟经济一体化现状

成立于 2015 年的欧亚经济联盟,目前拥有 5 个成员国,分别是俄罗斯、白俄罗斯、哈萨克斯坦、亚美尼亚和吉尔吉斯斯坦,以及 3 个观察员国,分别为乌兹别克斯坦、古巴和摩尔多瓦。欧亚经济联盟是俄罗斯推动区域经济一体化的主要载体,计划在处于欧亚地区的独联体国家之间建立经济联盟。

欧亚经济一体化的进程可追溯至 1996 年,俄罗斯、白俄罗斯、哈萨克斯坦和吉尔吉斯斯坦签署协议,决定成立四国关税联盟,旨在协调四国的经济改革进程并加快一体化进程。塔吉克斯坦于 1999 年加入该协议,使得参与一体化进程的成员国增加为 5 个。2000 年,5 个国家签署条约,决定将关税联盟改组为欧亚经济共同体。2001 年,欧亚经济共同体正式成立。乌兹别克斯坦于 2005 年申请,并于 2006 年成为欧亚经济共同体第六个成员国。但是,各成员国对于建立关税同盟、统一海关空间并未达成一致,所以后来只有俄罗斯、白俄罗斯和哈萨克斯坦 3 个成员国于 2007 年签署《关税同盟条约》。乌兹别克斯坦甚至在 2008 年要求停止在欧亚经济共同体内的成员国资格。俄白哈关税同盟于 2010 年初正式启动,随后统一进口关税,并取消三国间的海关边境。2014 年,俄罗斯、白俄罗斯和哈萨克斯坦三国首脑签署《欧亚经济联盟条约》,同年,欧亚经济共同体各成员国签署了关于撤销欧亚经济共同体的协议。2015年,欧亚经济联盟正式启动,亚美尼亚和吉尔吉斯斯坦先后加入,使得欧亚经济联盟的成员国由3个增加为5个。

据欧亚经济联盟执委会主席萨尔基相介绍,在2015—2019年的5年间,欧亚经济联盟取得了一系列进展:批准实施新的《海关法典》[①],使海关手续办理时间缩短一半,货物通关时间缩减至原来的1/6;统一服务市场方面涵盖53个经济领域,联盟内商品流通扩大了32%;建成统一药品和医疗器械市场;决定统一对酒精和烟草制品征收消费税;批准关于在2025年前启动统一金融、交通运输和能源市场的相关文件;系统性消除内部壁垒,自2016年起共消除51项壁垒;为预防新壁垒出现,积极与各成员国政府合作,确保法律法规协调一致;签署《贵金属和宝石交易协定》,制订规划,向第三国市场推广联盟珠宝产品。萨尔基相还表示,欧亚经济联盟未来5年的主要任务是继续深化一体化,形成统一天然气、原油和油品市场及统一金融和交通运输市场。[②]

2. 新发展格局对欧亚经济联盟造成的冲击

公共卫生问题对欧亚经济联盟的冲击主要来自四个方面。首先,各成员国的经济增长率在新格局冲击下都出现大幅下滑。欧亚经济联盟于2015年设立时,其创始国领导人预计,到2025年,一体化效应可以为欧亚联盟每个成员国的GDP带来17%到20%的额外增长。然而实际上,2016—2020年,俄罗斯经济仅增长2.7%,远远低于当时的目标。[③]2020年新发展阶段时期,各成员国基本都经历了经济衰退,俄罗斯衰退了2.7%,哈萨克斯坦衰退了2.6%,白俄罗斯衰退了0.9%,受影响较大的是亚美尼亚和吉尔吉斯斯坦,其国内生产总值分别下滑7.5%和8.6%。根据欧亚经济委员会提供的官方数据,欧亚经济联盟在2020年的国内生产总值整体下降了3.9%。可以说,公共卫生问题的冲击使得欧亚经济联盟疲软的经济效应更为凸显,虽然2021年各国经济有所恢复,但对欧亚经济联盟整体的吸引力和长期信心都造成了显著打击。

---

① 《欧亚经济联盟海关法典》于2018年1月1日正式实施。
② 《萨尔基相:未来五年欧亚经济联盟将继续深化一体化发展》,商务部驻哈萨克斯坦使馆经商处,参见http://www.mofcom.gov.cn/article/i/jyjl/e/202001/20200102928015.shtml,2020年1月6日。
③ 伊诺泽姆采夫著,蓝景林编译:《疫情对欧亚经济联盟经济合作造成严重冲击》,《欧亚新观察》2021年3月19日。

其次，欧亚经济联盟的内部贸易、投资显著下滑。作为衡量经济一体化程度的重要指标，内部贸易和投资比例一直低于欧盟的欧亚经济联盟，在新发展格局冲击下显示出一体化水平下降的趋势。俄罗斯和哈萨克斯坦因新发展格局期间原材料和大宗商品价格的下跌，出现贸易大幅下滑，连带欧亚经济联盟内部的贸易总额出现约11%的下滑，当然这一下滑幅度低于联盟同外部经济体之间的贸易下滑程度。同时，俄罗斯同白俄罗斯之间的贸易额占欧亚经济联盟内部贸易额的比例上升至52%，这显示出欧亚经济联盟内部的贸易不均衡。2020年，几乎所有联盟范围内的重大投资项目都被推迟或暂停，跨境投资也出现大幅下滑。2020年欧亚经济联盟内部投资在累计外国直接投资总量中的占比仅为2.37%，远远低于英国脱欧前欧盟高达65%的比例。[1]此外，联盟内的相互融资基本停滞，除俄罗斯在2020年9月向白俄罗斯提供了15亿美元的紧急贷款外几乎没有进展，这使得对欧亚经济联盟缺乏危机应对能力的质疑进一步上升。

再次，边境长期关闭造成诸多影响。从2020年3月起，欧亚经济联盟关闭了成员国间的边界，这一做法一直持续到2020年底。其间，联盟内部只允许航空旅行，陆上边界完全关闭，导致人员流动大幅下降，2020年从哈萨克斯坦到俄罗斯的人数下降了67.4%，从吉尔吉斯斯坦到俄罗斯的人数下降了68.8%，从亚美尼亚到俄罗斯的人数下降了71.7%。[2]欧亚经济联盟的边界关闭程度比欧盟更为彻底，持续时间也长于欧盟，后者的边境关闭仅持续了30天。边境的关闭不仅造成运输业的损失，而且导致吉尔吉斯斯坦等国在俄罗斯侨民处境艰难，以及相应国家侨汇的减少。吉尔吉斯斯坦的侨汇占GDP的比重为1/3，侨汇的减少导致该国陷入经济困境。

最后，新发展阶段多个成员国发生政治动荡。2020年8月9日，白俄罗斯总统选举结果显示，自1994年当选并已执政26年的总统卢卡申科以约80%的选票第六次连任，反对派质疑选举舞弊，引发了白俄罗斯历史上规模最大的抗议示威活动。抗议活动持续了两周，成为白俄罗斯国家独立26年后的最大政治危机。9月27日，亚美尼亚和阿塞拜疆在纳卡地区爆发军事冲突，随后双方多次交火并均宣称进入战时状态，战争持续了一个月，

---

[1] 伊诺泽姆采夫著，蓝景林编译：《疫情对欧亚经济联盟经济合作造成严重冲击》，《欧亚新观察》2021年3月19日。
[2] 伊诺泽姆采夫著，蓝景林编译：《疫情对欧亚经济联盟经济合作造成严重冲击》，《欧亚新观察》2021年3月19日。

造成5 000余人伤亡,在美国的调解下,双方于10月26日实施人道主义停火,但后来又再次交火,直至11月10日在俄罗斯的斡旋下,三方签订停火协议。10月6日的吉尔吉斯斯坦政变也是新发展阶段时期欧亚经济联盟发生的一次政治动荡。政变的导火索是10月4日议会选举中,因计票结果未能进入议会党派的支持者要求撤销选举结果并重新进行议会选举的投票。10月6日,抗议者们闯入了总统办公厅和议会所在地"白宫"大楼,随后朝着国家安全委员会大楼方向前进,释放了被关押的前总统阿坦巴耶夫及其支持者。10月10日,吉尔吉斯斯坦安全部门逮捕了前总统阿坦巴耶夫,指责其涉嫌组织大规模骚乱活动。这些政治动荡密集地发生于2020年,说明公共卫生问题对欧亚经济联盟内部民众的满意度及政治参与度等深层结构存在深远的影响。

3. 俄白签署联盟协议深入推进一体化

随着新发展格局形势和经济的好转,欧亚经济联盟在一体化方面也取得进展。2020年12月,《2025年前欧亚经济一体化发展战略方针》颁布,为欧亚经济联盟在成立后的第二个五年设定了目标与规划,指导欧亚一体化在多个领域的深入推进。首先是消除壁垒,欧亚经济委员会于2021年2月批准《壁垒分类办法》,使企业有权参与壁垒审查和分类流程的监管。各成员国通用的"工作无国界"求职系统于2021年7月上线,为建立统一劳动力市场提供了便利。其次是产业合作,表现为成立多个联盟层面的产业架构以促进联盟产业发展。2020年,欧亚经济委员会科学技术理事会成立,其主席团成员为各国教育部副部长和科学院院长,旨在加强创新和研发,以促进产业升级。2021年7月,欧亚珠宝出口局在哈萨克斯坦的阿斯塔纳设立,旨在推动欧亚经济联盟内珠宝产业的一体化发展,并将联盟珠宝行业推向全球市场。2021年8月,欧亚政府间理事会通过组建欧亚再保险公司的决议,拟在金融保险领域推动一体化发展。此外,欧亚经济联盟还计划成立联盟层面的"欧亚公司",以加强工业合作及一体化深入推进。最后是数字化领域,欧亚经济联盟正在积极发展信息通信技术、电子工业和电动汽车生产等方面的联合。[①]

[①] 华盾:《欧亚一体化2021:在危机驱动下的恢复与强化》,澎湃新闻,参见 https://www.thepaper.cn/newsDetail_forward_16113373, 2022年1月2日。

与五国整体的一体化相比,俄白两国的一体化取得更为显著的进展。2021年11月4日,俄罗斯总统普京和白俄罗斯总统卢卡申科通过视频会议,共同签署了联盟国家一体化法令等一系列文件。普京在会议上表示,建立联盟国家不仅意味着经济上的一体化,双方还将在包括政治和国防在内的所有其他领域加强协调。卢卡申科也表示,一体化法令的签署标志着俄白两国在建立联盟国家的道路上又迈出重要一步,俄白联盟正变得更加强大。①

这项法令涵盖28个行业一体化计划,明确了2021年至2023年落实建立俄白联盟国家条约的基本方向,旨在协调宏观经济战略、引入统一的税收原则,在金融信贷和银行、工业和农业领域执行共同政策,对石油、天然气、电力和运输服务市场进行统一协调等。俄白双方同意奉行共同的宏观经济政策,协调货币政策。两国计划进一步深化税收和海关关税一体化,并继续推进单一货币、货币监管以及国家支付系统的整合。俄罗斯《观点报》评论称,俄白两国达成的协议数量巨大,涉及各个领域,在某种意义上,两国的一体化程度最终将比美国各州之间的一体化更加深入。事实上,俄白联盟国家的举动也引起各界关注,观察人士甚至提出"俄白合并"的讨论。

实际上,俄白"联盟国家"建设可追溯至1996年,两国在经济动荡下推动建立了"俄白共同体"。《俄罗斯与白俄罗斯联盟条约》于1997年签署,使"俄白共同体"升级为"俄白联盟"。1999年12月,两国签订《建立联盟国家》条约,"俄白联盟国家"正式成立。根据该条约,两国将在主权平等的基础上建立一个新的国家,两国将进行全面一体化,甚至将拥有共同的宪法。不过在实际执行中,两国的共同宪法始终没有达成。2000年,普京就任俄罗斯总统,一方面在俄白联盟事宜上日趋强势,希望白俄罗斯完全并入俄罗斯,而卢卡申科坚持国家主权独立,但希望获得俄罗斯持久的低价能源供应和军事支持,二者产生一定分歧。另一方面,俄罗斯开始重新审视对白俄罗斯长期以来的能源补贴,计划逐步减少补贴,甚至以市场化价格供应,引起白俄罗斯的不满。当然,引起这些变化的一个重要原因在于俄美关系的改善,"9·11"事件后俄美之间展开反恐合作,使得俄罗斯同西方关系大为改善,白俄罗斯的战略地位有所下降。②而根据条约,两国原计划于2005年将

---

① 黄河、鲁金博:《俄白签署落实联盟国家一体化法令》,新华网,参见 http://www.news.cn/world/2021-11/05/c_1128032397.htm,2021年11月5日。
② 刘丹:《"俄白联盟国家"20年历史嬗变与发展趋势》,《俄罗斯学刊》2019年第6期。

俄罗斯卢布作为唯一货币在两国流通，发行中心设在莫斯科，但白俄罗斯更倾向于建立超国家的货币发行中心，由双方央行共管，因此该计划冻结。可见，2000年以来，俄白联盟国家建设出现倒退，甚至白俄罗斯日益强调区别于俄罗斯的国家认同，如加强白俄罗斯语教育，在2014年乌克兰危机中公开支持乌克兰政府，及2018年将驻中国使馆中文译名改为"白罗斯"等。①

在停滞20年后，俄白联盟国家突然加快进程，一方面是新发展阶段时期白俄罗斯对俄罗斯能源进口的依赖进一步加强，另一方面则是2020年8月爆发的针对卢卡申科连任的大规模抗议事件。在高水平对外开放格局下的白俄罗斯既需要来自俄罗斯的能源支持，也需要政治乃至军事支持。

三、高水平对外开放格局下中国与俄罗斯合作的新进展

公共卫生问题的冲击并未导致中俄双边贸易投资的大幅下滑，公共卫生问题过后，双方的贸易投资出现显著增长，显示双边经济联系具有韧性。同时，作为双边经贸联系中最为重要的一环，中俄能源合作继续深入推进，在双边能源合作机制的稳定运行下，双方能源贸易额和贸易量稳定增长，尤其是天然气合作在管道建设、联合开发等方面取得长足发展。

1. 中俄贸易投资联系更为紧密

根据商务部的数据，2021年中俄货物贸易额达1 468.7亿美元，同比增长35.9%，双边贸易额创历史新高，中国连续12年稳居俄罗斯第一大贸易伙伴国位置，俄罗斯则是中国第十大贸易伙伴。在2021年的双边贸易中，中国对俄出口汽车、家电、工程机械等保持快速增长。哈弗、奇瑞、吉利等中国品牌汽车在俄销量再创历史新高，华为、小米等中国品牌电子产品受到俄民众青睐。同时，俄罗斯农产品对中国的出口也呈现快速增长。

通过表8-3可以观察到近年来中俄贸易额的上升趋势。在新发展格局冲击下，2020年中国对俄罗斯出口额为505.8亿美元，较上年仍略有增长，同时自俄罗斯的进口则有所下滑。总体而言，即使新发展阶段形势严重的2020年，中俄贸易额仍表现出显著的稳定性，并未出现大幅下滑。到2021

---

① 刘骞：《俄白签署联盟国家一体化法令，"两国合并"要来了吗？》，观察者网，参见https://www.guancha.cn/internation/2021_11_06_613852_s.shtml，2021年11月6日。

年,无论是中国对俄出口额,还是自俄进口额,都实现大幅增长,分别较上年增长33.6%和38.7%。

表8-3　2012—2021年中国同俄罗斯的进出口贸易额　　（单位:亿美元）

	2012	2013	2014	2015	2016	2017	2018	2019	2020	2021
出口至俄	440.6	495.9	536.8	347.8	373.3	429	479.8	497.4	505.8	675.7
进口自俄	441.6	396.2	416.4	332.8	322.3	412	590.8	610.5	571.8	793.2

• 资料来源:商务部:《中国对外贸易形势报告》,2022年4月。

在投资方面,俄罗斯亚洲工业家与企业家联合会主席维塔利·曼克维奇在2021年11月举行的欧亚经济大会上表示,中国在过去20—25年内对俄罗斯的累计投资已经达到500亿美元,成为仅次于德国和美国的俄罗斯第三大投资来源国。中国的投资使俄罗斯产品的附加值得以提升,在金属制品、化工产品、机械设备及农产品加工等方面效果显著。

俄罗斯远东与北极发展集团董事兼总经理谢尔盖·斯卡利表示,在俄罗斯远东超前发展区的外国入驻企业中,中国企业数量最多。自首批超前发展区于2015年设立至2021年10月,已有13家中国公司先后入住并开展业务,日本位居第二。

莫斯科是俄罗斯境内中国投资最为集中的城市,300多家中国企业主要涉及房地产和物流领域的投资项目。2020年12月,俄中政府间投资合作委员会批准了由70个重大项目组成的项目清单,其中非能源领域的投资总额为1 120亿美元,此前正在俄罗斯实施的项目有65个,金额为1 062亿美元。①

根据商务部数据,俄罗斯联邦于2021年在华新设企业631家,占全部新设外资企业数量的比重为1.3%,实际投资金额为1千万美元。截至2021年末,俄罗斯在华共设企业4 991家,占全部外资企业数量的0.5%,实际投资金额达10.8亿美元。截至2021年末,中国对俄罗斯直接投资存量为106.4亿美元,占我国对外投资总额的0.4%,在中国对外直接投资存量的主要目的地中排在第16位。

2. 中俄能源合作持续深化

能源合作是中俄经贸合作的重要组成部分,是所有合作中分量最重、成

---

① 《中国成为俄罗斯第三大投资国》,《环球时报》2021年11月24日。

果最多、合作范围最广的领域,也是中俄战略协作伙伴关系的重要组成部分。①

首先,中俄能源贸易经受新发展格局冲击后仍稳定增长。2020年,受国际能源价格暴跌影响,中俄能源贸易额出现严重下降,但中俄能源的贸易量保持相对稳定。2021年,据中国海关总署统计,中国自俄进口能源产品3 342.9亿元,同比增长47.4%,占当年中国自俄进口总值的65.3%。俄罗斯稳居中国第一大能源进口来源国,保持第二大原油进口来源国、第一大电力进口来源国地位。②

其次,中俄能源合作机制稳定运行。中俄设立政府间能源合作委员会,每年召开一次会议。2020年11月24日,中俄政府间能源合作委员会第17次会议以视频会议的形式召开。中俄双方肯定中俄能源合作的良好态势,中方提出中俄能源合作的三个重点方向:一是要推进重大战略性项目合作,寻找更多利益契合点,将高水平战略协作伙伴关系转化为更多互利成果;二是要积极拓展新的合作领域,务实推动能源技术装备、创新研发、可再生能源、氢能、储能等领域的合作,更多地使用本币开展能源贸易结算和项目投融资;三是要积极开展中小项目合作,充分利用中俄能源商务论坛等平台,加强信息分享和需求对接,形成上中下游合作一体化、大中小型项目全面推进的合作格局。

2021年11月17日,中俄政府间能源合作委员会第18次会议以视频会议的方式召开。中俄双方认为彼此的能源合作克服了新发展阶段的不利影响,保持了积极发展的良好态势,能源贸易再创新高,重大合作项目稳步推进,新合作领域不断涌现。中方提出三点建议以深化合作:一是发挥好重大战略性项目的牵引作用,进一步深化核能领域合作,推进油气管道建设等项目合作;二是拓展能源合作新的领域和内涵,深化传统能源领域上中下游一体化合作,逐步推进可再生能源、氢能、储能以及能源标准、科技创新、本币结算等合作;三是加强全球能源治理和应对气候变化协作,坚持共同但有区别的责任原则,践行多边主义,推动全球能源治理体系朝着更加公平公正、普惠包容的方向发展,为应对气候变化做出积极贡献。

最后,中俄天然气合作在全球绿色低碳背景下大幅增长。2018年,中

---

① 孙壮志等:《俄罗斯黄皮书:俄罗斯发展报告(2021)》,社会科学文献出版社,2021年。
② 《中国连续12年稳居俄罗斯第一大贸易伙伴国》,《人民日报》2022年2月9日。

国成为世界第一大天然气进口国。在亚马尔项目的基础上,中俄两国油气企业在北极地区合作开发世界级液化天然气项目——北极LNG2项目。该项目包括乌特涅耶天然气田的开发及三条生产线的建设,计划总投资213亿美元,总产能为1980万吨,预计三条生产线分别在2023年、2024年和2026年建成投产。2020年,受新发展阶段效应蔓延的影响,该项目一度停工停产,总体完成率不及预期。

中俄东线天然气管道进展顺利。该管道是继中亚管道、中缅管道之后,向中国供气的第三条跨国境天然气长输管道。2014年5月,中石油集团和俄气公司签署《中俄东线供气购销合同》,合同约定总供气量超过1万亿立方米、年供气量380亿立方米,期限为30年。中俄东线天然气管道工程分为北段(黑龙江黑河—吉林长岭)、中段(吉林长岭—河北永清)、南段(河北永清—上海)三个部分。其中,北段工程已于2019年12月2日正式投产通气。中段工程于2019年7月4日开工建设,2020年12月3日建成投产。南段工程于2021年1月6日正式开工,预计2025年建成投产。

总体而言,2021年,中俄原油管道、中俄东线天然气管道、亚马尔液化天然气、田湾核电站1至4号机组等重大合作项目稳定运行;中俄东线天然气管道南段工程、田湾核电站7号和8号机组以及徐大堡核电站3号和4号机组建设等新开工项目进展顺利;在能源绿色低碳转型、人工智能、新能源发展、绿色金融、本币结算等领域的全方位合作驶入快车道。

2021年是《中华人民共和国和俄罗斯联邦睦邻友好合作条约》签署20周年,两国元首决定自动续约,并共同发表联合声明,为中俄新时代全面战略协作伙伴关系的提质升级注入新内涵。在高水平对外开放格局下,两国强调,中俄关系业已达到历史最高水平,其特质是成熟、富有建设性与可持续性,以促进两国发展繁荣和人民福祉为宗旨,树立了国与国和谐共处与互利合作的典范。[①]

[①] 孙壮志等:《俄罗斯黄皮书:俄罗斯发展报告(2022)》,社会科学文献出版社,2022年。

第九章
高水平对外开放格局下非洲经贸合作新动态

一、高水平对外开放格局前非洲经贸合作概况

(一) 非洲在国际贸易版图中处于边缘地位

1. 商品及服务贸易发展态势

总体而言,非洲在全球货物贸易中处于边缘地位。这既体现在非洲与世界其他地区贸易总额的占比上,也体现在非洲内部贸易上。2015—2017年期间,按当前价格计算,非洲与世界其他地区的贸易总额平均为7 604.63亿美元,而与大洋洲的贸易总额为4 810.81亿美元,与欧洲的贸易总额为41 091.31亿美元,与美洲的贸易总额为51 396.49亿美元,与亚洲的贸易总额为68 014.74亿美元。

非洲的出口潜力由于严重依赖初级商品而受到损害,初级商品约占非洲以外地区出口的70%;制成品仅占非洲以外地区出口的15%。对初级商品出口的依赖使非洲大陆容易受到大宗商品价格波动等外部冲击的影响。燃料出口占非洲以外地区全部出口的一半以上,原油价格是总体出口价值的强劲驱动因素。非洲出口总额为4 000亿美元,自2010年以来有所下降,主要是受燃料价格下降的影响。

海外出口以矿物燃料和原料产品为主,合计占出口的62%。相比之下,61%的非洲内部贸易是由半加工和加工商品构成的,这表明增加区域贸易对变革性和包容性增长的潜在效益更大。出口多样化程度较高的国家在非洲内部出口中所占份额往往高于出口多样化程度较低的国家。这是一种双向关系:一方面,利用区域进口需求为出口多样化提供了机会,另一方面,已经设法实现出口多样化的国家能够在更大程度上为区域市场服务。东非经济共同体的一个主要目标是提高成员国之间的贸易水平,但东非经济共同体内部的出口在出口总额中所占的比例仍然很低。除南部非洲发展共同

体（占出口总额的 20.2%）外，在所有东非经济共同体，区内进出口不到进出口总额的 20%。

(1) 服务贸易

国际服务贸易正在迅速变化，新技术扩大了服务的跨境贸易能力。世界贸易组织《服务贸易总协定》规定了以下四种服务提供模式：电子跨境供应、国外服务消费（例如以游客身份参观博物馆）、设立公司，以及自然人在合作伙伴国家的临时存在。服务与商品不同，商品可以在跨境时进行测量，服务以多种方式交付，包括电子方式。因此，通常情况下，只有与交易相关的资金流是可观察的。因此，服务贸易数据通常以国际收支统计为基础，不区分贸易伙伴。服务贸易数据的可得性、质量和跨国可比性令人不满意，特别是与商品贸易统计数字相比。由于其性质，服务比商品更难衡量。

根据经济合作与发展组织（OECD）和世界贸易组织（WTO）通过其联合平衡服务贸易数据库的估计，2010—2019 年非洲以外服务出口增长 27%，达到 1 120 亿美元。自 2010 年以来，服务出口分类保持相对稳定，传统服务占非洲境外服务贸易总额的 70% 左右。高知识密集型服务出口从 2010 年的 25% 增加到 2019 年的 28%。

总的来说，商品和服务的区域贸易趋势表明该区域有机会通过非洲大陆自由贸易区增加贸易。贸发会议强调了非洲内部贸易面临的三大障碍：经济多样化程度低和生产能力弱导致区域贸易互补性低；与作为自由贸易协定基础的关税自由化时间表执行缓慢有关的与关税有关的贸易成本；以及高昂的非关税贸易成本，这既阻碍了非洲商品和服务的流动，也影响了公司的竞争力。而非洲大陆自由贸易区有望解决这些贸易摩擦。同时，区域贸易额低的另一个原因可能是官方贸易数字被低估和非正式贸易的高度流行。

(2) 非洲内部贸易态势评估

2019 年，非洲内部商品出口总额为 700 亿美元，占非洲出口总额的 14.4%。2000—2019 年，与大洋洲以外的其他地区相比，非洲对世界其他地区的出口依存度最高，区域内出口占出口总额的比例最低。与世界其他地区相比，非洲国家之间的制成品和农产品贸易更多，采掘业商品贸易更少。这是因为大多数矿物和金属精炼活动都发生在非洲大陆以外。

非洲内部服务出口估计相对较低，为 100 亿美元，相当于服务贸易总额的 8.1%，包括非洲内部和非洲以外的服务贸易。关于服务出口的分解，非洲内部和非洲以外的贸易是类似的,在这个广泛的分类中,传统服务出口占70%左右,高知识密集型服务出口占20%,非市场服务占很小比例。与商品贸易一样,官方报告的服务贸易价值水平低可能与很大一部分服务是非正式贸易有关;但这还需要进一步深入研究。

非洲受到2008年经济衰退及其余波的不利影响深远,这在很大程度上反映出该地区对与世界其他地区贸易的高度依赖。区域贸易有助于减少非洲大陆对外部力量的脆弱性。更具体地说,2000—2017年,非洲对世界其他地区的出口份额在80%—90%之间。唯一对世界其他地区出口依赖程度较高的地区是大洋洲。相反,与除大洋洲以外的其他区域相比,非洲区域内出口占出口总额的份额最低。2017年,非洲内部出口占出口总额的16.6%,而欧洲为68.1%,亚洲为59.4%,美洲为55.0%,大洋洲为7.0%。2015—2017年期间,非洲内部贸易(即非洲内部进出口的平均值)徘徊在15.2%左右,而美洲、亚洲、欧洲和大洋洲的相对数字分别为47.4%、61.1%、67.1%和7.2%。自2008年以来,非洲和亚洲是唯二区域内贸易呈上升趋势的区域。

在解释非洲内部贸易占贸易总额的比例时,有三点需要注意。首先,有证据表明,由于成员重叠,非洲内部贸易可能受到重复计算的影响,占区域内经济共同体出口的7%,占区域内经济共同体进口的9%。其次,由于非正式贸易的盛行,非洲内部贸易可能被低估。最后,如果大多数区域内贸易取代了更便宜的区域外贸易(即贸易转移效应),非洲内部贸易的增加可能并不一定能改善福利。要使非洲内部贸易改善福利,非洲内部贸易增加所产生的贸易创造必须大于贸易转移。

非洲有8个区域经济共同体,但非洲内部贸易的份额仍然很低,2017年约为14.8%。2016年,区域内经济共同体贸易最高的是南非共同体(347亿美元),其次是阿—马联盟(中东)(187亿美元)、西非共同体(114亿美元)、东非共同体(107亿美元)、非洲货币联盟(42亿美元)、东南非共同体(31亿美元)、伊加特(萨—撒共同体,25亿美元)和中非共同体(8亿美元)。就区域内经济共同体贸易占非洲贸易总额的份额而言,2016年,南共体的一体化程度较深(84.9%),其次是东共体(59.5%)、中非共同体(58.4%)、西非经共体(56.7%)、非洲货币联盟(51.8%)、伊加特(49.0%)、东非共同体(48.3%)和中非共同体(17.7%)。

非洲区域内经济共同体贸易水平在各共同体之间有所不同,反映了诸如工业和经济发展阶段的差异以及生产结构的互补性程度等经济因素;成员国之间政治关系状况的差异;以及对执行支撑区域经济共同体的各项协定做出不同程度的政治承诺。迄今为止,非洲区域一体化的进展参差不齐,一些国家在区域和/或分区域一级一体化得相当好,而另一些国家则差得多。2015—2017年,非洲内部10个主要出口国分别是斯威士兰(70.6%)、纳米比亚(52.9%)、津巴布韦(51.6%)、乌干达(51.4%)、多哥(51.1%)、塞内加尔(45.6%)、吉布提(41.9%)、莱索托(39.9%)、肯尼亚(39.3%)和马拉维(38.3%)。出口份额最低的10个国家是乍得(0.2%)、几内亚(1.6%)、厄立特里亚(2.3%)、赤道几内亚(3.5%)、佛得角(3.6%)、安哥拉(3.9%)、利比亚(4.5%)、几内亚比绍(4.7%)、利比里亚(5.1%)和阿尔及利亚(5.5%)。

出口多样化程度较高的国家在非洲内部出口中所占的份额往往高于出口多样化程度较低的国家。根据2015—2017年期间非洲内部出口份额与贸发会议国家一级产品集中度指数之间的简单相关系数计算显示,负相关系数为0.538。这表明,指数越集中,某一特定国家的非洲内部出口在总出口中的份额就越低。使非洲国家内部生产的商品种类多样化,为区域内贸易创造了更大的可能性。

关于非洲内部贸易的产品和部门组成,非洲大陆市场的规模仍然有限,但非洲内部的出口似乎比非洲向世界其他地区的出口更加多样化,对初级商品的依赖程度较低。矿物产品(石油、矿石等)占非洲内部出口的33%,占非洲对世界其他地区出口总额的50%。在区域经济共同体一级,对世界其他地区出口集中于矿物产品的情况也很明显。在2015—2017年的总体水平上,制成品出口占非洲内部出口的45%,但仅占非洲对世界其他地区出口的20%。

(二)阻碍非洲内部贸易发展的主要因素

加强非洲区域间经济共同体贸易的空间很大。非洲区域经济共同体中的大部分贸易不是在共同体内部(区域内经济共同体贸易)进行,就是与另一个共同体进行,而不是在其余的共同体之间公平分配(区域间经济共同体贸易)。8个共同体之间的贸易往来往往集中在少数群体之间,有扩大区域间经济共同体贸易的空间。非洲大陆自由贸易区可以为所有8个区域经济共同体提供一个对话和谈判的平台,使各共同体能够越来越多地相互贸易,加速它们之间的协调,这是《阿布贾条约》的目标所规定的,并可以加强它们在建设方面的作用。

非洲联盟的《促进非洲内部贸易行动计划》指出了贸易的主要障碍,该计划指出:"非洲内部贸易的增长受到许多因素的制约。这些差异包括贸易体制的差异;限制性海关程序、行政和技术壁垒;生产能力的限制;与贸易相关的基础设施、贸易融资和贸易信息不足;要素市场整合不足;对内部市场问题关注不足。"

非洲内部贸易有三类主要障碍,即生产能力薄弱和经济多样化有限,这限制了可以交易的中间产品和最终产品的范围,并可能抑制区域价值链的更充分发展;与关税有关的贸易成本,与作为自由贸易协定基础的关税自由化时间表执行缓慢有关;以及阻碍非洲企业和经济竞争力的高非关税相关贸易成本。与商业和贸易便利化相关的如此高的贸易成本,可以用非洲的硬基础设施和软基础设施赤字来解释,这些赤字对运输和过境成本以及边境和边境后成本产生了影响。它们也可以解释为充当非关税壁垒的非关税措施。非关税措施是指一个国家正式发布的可能影响贸易的规定,即使其主要目标不是管制贸易,而是确保安全和质量。非关税壁垒是增加贸易成本的障碍,应予以消除,以促进贸易和一体化。并非所有非关税措施都是非关税壁垒,反之亦然。原产地规则属于非关税措施的范畴。布雷顿(Brenton)2011年认为,复杂的原产地规则可能对贸易构成重大限制,对海关构成重大负担,并阻碍贸易便利化,而原产地规则的性质可能会破坏优惠贸易协定的既定意图。这些障碍中有许多是可以改变的政策造成的。

(1) 生产能力弱

解决供给侧制约和生产能力薄弱问题是非洲的一项必要政策,通过发展区域价值链来促进区域内贸易。这种链条可以成为将非洲贸易的经济利益(如正规部门的就业机会和制造业的收益)传播到更广泛的国家的关键工具,前提是这些国家参与这种价值链,并获得技术升级和在价值链中向上移动的机会。将非洲的初级商品(包括农业原料)在区域价值链内转化为工业加工成品的潜力在很大程度上仍未开发。非洲联盟的《促进非洲内部贸易行动计划》包括一个生产能力集群,其目标是建立"区域和大陆价值链/互补,以增加非洲生产的货物的本地生产与贸易"。

(2) 关税相关的贸易成本高

所有区域经济共同体都在贸易自由化方面取得进展。但是,各共同体内关税自由化的速度比预定的要慢,部分原因是执行贸易政策方面的人力和机构能力的限制,也因为区域经济共同体协定没有付诸实施。根据《阿布贾条约》,到2017年底,所有区域经济共同体应在关税同盟内建立共同的对外关税,并签署全面生效的自由贸易协定。这种情况尚未发生。例如,在所有共同体中,中非经共体的区域内贸易在其非洲贸易总额中所占的份额是最低的,因此需要将中非经共体内部关税的平均66%的关税细目减至零。然而,区域经济共同体成员之间或非洲国家之间降低关税不会自动导致区域内经济共同体和非洲内部贸易的增加。作为出口国的一些成员国可能不能充分利用已降低关税的优惠税目,因为它们在这些税目的出口供应能力上较弱;它们的出口优惠关税差额被高昂的非关税贸易成本所抵消,使得这些税目下的生产和贸易毫无吸引力;或者,遵守与这些航线相关的原产地规则的成本太高。

(3) 非关税壁垒

有越来越多的文献表明,贸易便利化改革可以对区域内和全球贸易产生积极影响,因为它可以降低贸易交易成本。根据世贸组织的统计,发展中国家的贸易成本可能相当于对国际贸易征收219%的从价关税,即使在高收入国家,同一产品的贸易成本也可能从价征收134%。据估计,全面实施《贸易便利化协定》可使全球贸易成本降低9.6%至23.1%,其中非洲和最不发达国家的平均贸易成本降幅最高,超过16%。从广义上讲,贸易便利化改革应包括降低海关管理、单据要求和边境程序导致的贸易交易成本的政策,以及创造有利贸易环境的政策,包括边境政策改革、改善交通基础设施(公路、铁路、港口、机场等)及减少官僚主义和腐败。

非关税壁垒可能成为国际和区域贸易的重大障碍,抵消了企业从关税削减中获得的预期收益。例如,虽然非洲关税保护的平均适用率为8.7%,但已发现其他障碍使非洲贸易成本估计增加了283%。非关税壁垒提高了企业的贸易和交易成本。非洲国家面临着巨大的贸易成本,这与它们的硬和软基础设施赤字(能源、运输、信息和通信技术、物流绩效等)、复杂的海关和行政程序以及货物跨境运输和运送到最终销售点的其他障碍有关。一些研究估计了贸易便利化改革对国际贸易和非洲贸易的影响,并发现了积极的结果。贸易便利化改革改善了发展中国家的出口表现,特别是当它们将有形基础设施投资和监管改革作为改善商业环境的目标时。还有学者根据对过境、文件、港口和海关延误对非洲出口的影响的研究,发现过境延误对出口的经济和统计影响最大。例如，贸发会议注意到运输和过境便利条件差对埃塞俄比亚出口产品的竞争力造成的额外费用；在埃塞俄比亚生产一件T恤的劳动力成本是中国的1/3，但出口T恤的物流费用意味着，在国际市场上，一件在埃塞俄比亚生产的T恤的售价与中国制造的衬衫相同。

非洲经济委员会基于可计算的一般均衡模型进行的计算表明，在非洲大陆自由贸易区的框架下，非洲内部贸易可能从2010年的10.2%增加到2022年的15.5%，但如果同时改善贸易便利化和降低关税，这种贸易可能在同一时期会增加一倍多，达到21.9%。货物贸易议定书附件5中的《建立非洲大陆自由贸易区协定》对非关税壁垒的来源（并非所有这些壁垒都应有系统地消除）做了大致如下的分类：政府参与贸易和各国政府容忍的限制性做法，海关和行政入境手续，技术性贸易壁垒，卫生和植物卫生措施，特定的限制，还有进口关税。原产地规则在附件2中另行处理。附件5规定了在非洲大陆自由贸易区内确定、分类和逐步消除非关税壁垒的机制，以及消除非关税壁垒的体制结构、报告和监测工具以及促进解决已确定的非关税壁垒。

相对于其他区域，非洲国家在大多数贸易便利化指标方面的表现往往较差。与所有其他区域相比，撒哈拉以南非洲的出口成本最高，进口成本也最高，但拉丁美洲和加勒比地区（基于边境合规）和南亚（基于单据合规）除外。

关于非洲非关税措施及其转换为从价等价物的全面和可靠数据正在统计中，但有一些估计数据表明，对蔬菜的非关税措施税率可高达14%，对饮料和烟草的非关税措施税率为11.4%，对机械的非关税措施税率为11.3%，对光学和医疗设备的非关税措施税率为11.1%。减少非关税措施对南共体所有国家的就业和收入都有积极影响，根据最初的贸易流量以及消除非关税措施贸易扭曲效应的幅度和范围，国家出口最多可增加2.2%。加强贸易条例的管制趋同或取消非关税措施的努力必须与非洲大陆自由贸易区放宽市场准入条件的进程同步进行。例如，贸发会议与几个区域经济共同体就非关税措施和非关税壁垒开展了合作，并就制定制度以确定和消除非关税壁垒并促进相互承认或趋同进行了合作。

（4）区域基础设施差距

各类研究普遍认为，物流基础设施对降低运输成本至关重要，是扶贫的重要因素。然而,迄今为止,比较大陆内和大陆外运输成本来指导最需要投资的地区的文献仍然存在差距。

贸发会议—世界银行根据国际贸易运输费用的数据,对不同的运输方式进行了区分,政策制定者可以使用该数据集来指导决策,确定哪些地方可能最需要基础设施投资,并在各国取得最具包容性的结果。在非洲以外贸易中,以成本、运费和保险与离岸价之间的差额计算的运输费用相对于报告的离岸价是最高的,这主要是由于必须克服的距离较远。平均而言,运输费用高达大陆内贸易价值的15.5%,大陆外离岸贸易价值的18.7%。但是,考虑到贸易伙伴之间的距离,以每10 000千米贸易价值所占份额衡量的非洲内部运输费用远高于区域外运输费用。就公路运输而言,非洲内部贸易货物每10 000千米的费用占29%,但非洲以外贸易货物的费用仅占7%。虽然长距离贸易有规模效应,但在区域经济共同体内公路运输费用高,对政府间发展管理局内的国家和东非共同体内的国家来说,公路运输费用高达贸易价值的99%和84%,这强调了基础设施差对非洲内部贸易的限制性影响。区域平均水平的差异主要是各国在运输成本方面的巨大差异造成的,非洲内陆最不发达国家的运输成本最高,这削弱了它们的竞争力和从关税自由化中受益的潜力。非洲内陆经济体面临的特殊限制主要是由于非洲各地区公路网密度的巨大差距。除了中非共同体和西非共同体国家的货物贸易主要通过公路运输外,海运是在所观察的国家中最便宜的运输方式。由于非洲铁路网较差,该模式很少用于该地区的货物运输,因此在分析中被省略。

非洲大陆自由贸易区有望成为促进非洲内部基础设施项目的催化剂。从历史上看,铺设的道路主要朝着内陆到海岸的方向发展,以出口自然资源为主,这种模式可以用殖民和政治结构来解释。非洲国家需要采取行动扭转这一趋势,建立更大的内部联系。根据非洲开发银行的估计,每年对基础设施投资的需求在1 300亿美元至1 700亿美元之间。

二、高水平对外开放格局下非洲经贸合作趋势

1. 高水平对外开放阶段后的包容性增长

2020年出现了"二战"以来最严重的衰退,世界各地的经济体关闭了企

业和边境,以遏制 COVID-19 的爆发,导致国内活动和国际贸易急剧下降。在非洲,这是 25 年来的首次衰退。国际贸易的显著下降产生了深远的影响,特别是因为大多数非洲国家对商品的高度依赖和对世界市场的严重依赖。因此,美国以及亚洲和欧洲的生产率低下和关键价值链中断,再加上初级商品的国际价格暴跌,导致非洲出口商品的价值和需求量减少。2020年,该地区平均年出口增长率估计收缩了 20.3%,较小经济体的 GDP 收缩最大。因此,大多数非洲国家的收入损失很大,大大限制了其政府扩大公共服务的能力,而公共服务是对危机做出反应的关键。

由于非洲大多数国家同时限制人员和货物的流动,该区域内与大流行病有关的混乱进一步加剧了这些外部冲击的影响。这些措施极大地破坏了区域价值链和区域一体化努力,也对最脆弱群体的生活产生了深远的直接影响。鉴于近 86% 的非洲人属非正式就业,这些措施导致许多日薪劳动者失去收入和生计。再加上严重依赖国际市场导致粮食和药品等基本商品短缺,大流行进一步加剧了该地区在贫困、不平等和粮食不安全方面的脆弱性。应对新发展格局最终影响了该地区实现《2030 年可持续发展议程》和非盟《2063 年议程》的包容性增长前景。这凸显了区域自我维持的重要性,特别是通过扩大非洲内部价值链的广度(增加参与)和深度(扩大产品范围)来实现包容性增长和发展。

在非洲大陆自由贸易区下,实现这种最佳水平的自我维持是可能的,其目标是使非洲的经济一体化、多样化和工业化。然而,仍然必须考虑到这一大流行病对该区域贸易和一体化的负面影响。许多国家已经启动了复苏计划,疫苗接种计划正在实施,这使人们乐观地认为,经济活动将全面恢复,大流行的社会和经济影响将在短期至中期内继续影响世界,因为大多数经济体仍然受到不确定性的影响。因此,非洲大陆自由贸易区的全面运作将在这种与大流行病有关的不确定性背景下进行,在这种背景下,全球和区域价值链仍然薄弱。尽管如此,非洲大陆自由贸易区为非洲提供了一个重新配置供应链的机会,目的是减少对外部贸易伙伴的依赖,并免受未来冲击的影响。通过自由贸易区加强和/或发展可行的区域价值链,需要一项雄心勃勃的实施计划,并辅以以减少商品依赖为重点的政策。此外,使工业部门合理化以支持区域价值链,同时通过非洲大陆自由贸易区利用数字经济,将有助于增强区域抵御未来大流行病的能力。

2. 非洲大陆自贸区——非洲经贸一体化发展的新阶段

非洲大陆自由贸易区为非洲提供了机会，但将这种机会转化为切实的社会经济利益取决于能否遏制一系列风险和应对执行方面的挑战。传统贸易理论认为，自由贸易区既能创造贸易，也能转移贸易，前者的作用往往大于后者，总的来说，对经济福利有净积极影响[维纳（Viner）的理论]。贸易创造是指自由贸易协定成员国消除关税和非关税壁垒，更好地利用比较优势、规模经济和提高资源配置的生产率，从而提高贸易水平。如果一个贸易伙伴首先是最惠国条款规定的低成本供应商，这将增加经济福利。当贸易从效率更高的第三方供应商转移到自由贸易协定下成本更高的生产者的利益时，就会发生贸易转移，导致经济福利减少。然而，贸易转移并不总是减少福利，例如，如果突然停止从第三方进口。有关模拟表明，在非洲大陆自由贸易区贸易便利化的补充下，取消关税可能会产生比贸易转移效应更强的贸易创造效应，与没有自由贸易区的基准情景相比，非洲内部贸易估计在2022年将增加32.3%，即346亿美元。模拟还表明，非技术工人的实际工资可能会上升，就业还会出现从非工业部门向工业部门轻微转移的现象。支持非洲大陆自由贸易区的优惠贸易自由化也有静态和动态的收益。静态收益来自经济福利的短期增长，动态收益来自导致长期生产率提高的竞争压力。竞争压力激励生产者通过创新和技术升级来改进其产品，并建立动态比较优势，以便比竞争对手表现得更好。通过优惠贸易自由化，非洲大陆自由贸易区可以通过加强竞争和加快创新，长期增加消费者和经济福利。随着劳动力、资本和资源在各部门之间的重新配置，非洲大陆自由贸易区将存在短期调整成本，但大多数研究一致认为，长期收益将超过这些成本。短期调整费用包括需要从萎缩的经济部门重新部署到扩张的部门的劳动力群体的暂时失业，以及需要更多国内资源的各国政府关税收入的损失。通过释放区域价值链的潜力，促进工业化，提高技术水平，促进经济增长，并在正规部门创造体面的就业机会，将产生长期经济效益。本部分将讨论非洲大陆自由贸易区提供的机会所带来的潜在收益的一些例子。

（1）增强非洲企业竞争力，促进非洲内部贸易和投资

非洲大陆自由贸易区预计将为巩固区域经济共同体和《三方自由贸易协定》提供动力，更多的共同体必须遵守《建立非洲大陆自由贸易区协定》的规定和义务。假设区域经济共同体成员和非洲成员的关税和非关税壁垒将

比非成员更快地降低,这种关税和非关税壁垒的降低应能提高非洲公司的竞争力,从而有利于非洲内部贸易,这将在非洲为非洲公司创造新的市场,只要它们能够从与外国竞争者相比的优惠贸易差额中获益,突出在这方面执行原产地规则的关键作用;实现《建立非洲大陆自由贸易区协定》第四条的目标,包括贸易便利化措施的目标;非洲联盟《促进非洲内部贸易行动计划》得到有效实施。非洲内部贸易的增加在短期内可对从基础设施和服务到技术等一系列领域的非洲内部投资产生积极影响。随着非洲大陆自由贸易区的收益对经济经营者来说变得更加明显和切实,对长期利益的看法得到改善,对区域经济共同体和非洲大陆投资的激励得到加强,从而导致一种相互加强的关系,涉及更高水平的贸易和投资,以及对创新和企业、行业生产率的积极溢出效应。

(2) 改善商业和投资环境,吸引外国直接投资

实施《建立非洲大陆自由贸易区协定》第15条和关于贸易便利化的附件4,可显著降低在非洲开展业务的间接和无形成本。随着非洲大陆关税和非关税壁垒的减少,非洲公司将面临更大的竞争压力,必须在非价格方面进行竞争,例如,质量和基于品牌的差异化营销战略,这可能涉及使用原产地地理指标和自愿可持续性标准。私营部门可能会对政府提出更大的要求,要求它们改善投资环境,并要求各国扩大对国家创业系统的资助。商业和投资环境的改善,加上国家对企业家的更有力支持,可以吸引更多的外国直接投资,并为当地公司提供机会,与外国公司进行股权和非股权形式的投资。执行附件4第4条(要求各缔约方以非歧视和易于获取的方式迅速在互联网上公布贸易便利化信息)和《建立非洲大陆自由贸易区协定》中强调在指导商业交易方面披露信息和透明度的其他条款,可以减少国内和外国投资者的不确定性来源和担忧。这可以为更高水平的国内和外国投资提供激励。

(3) 经济增长和结构转型

区域一体化可以作为非洲建设工业能力和加强非洲制成品贸易的出发点。数字化和电子商务的出现以及3d打印等增材技术的未来潜在应用可能会改变非洲的制造业和创业格局,为非洲公司大规模生产一系列消费品和中间产品创造机会。如果区域经济共同体实施区域产业政策,各国实施国家产业政策,在非洲联盟实施非洲工业加速发展倡议的支持下,非洲大陆自由贸易区就有可能成为非洲制造业和工业发展的催化剂,并推动包容性

结构转型。非洲目前拥有世界上最年轻的人口。利用这一人口红利需要就业和创业战略,以结构转型和创造市场机会为基础,而非洲大陆自由贸易区可以提供这些机会。

(4) 中小企业参与区域和全球价值链

如果非洲大陆自由贸易区能够成为非洲大陆工业化的催化剂,并支持制造业和农用工业的区域价值链发展,非洲的私营部门就能从这些部门的投资和商业机会中获益。区域价值链的发展也可以激发当地的创业精神。如果中小企业发展战略中有针对性的公共政策,能够促进中小企业进入区域价值链,非洲中小企业就可以获得收益。

由于一系列影响盈利能力的限制因素,非洲许多中小企业的生存和扩张机会很低。在非洲大陆自由贸易区,创造新的和更大的市场,并有可能在优惠的壁垒后进行更大规模的生产,并通过出口进行学习,可以提高中小企业的生存和扩张机会,首先是在区域市场,然后是在全球市场。有经验证据支持这样一种观点,即区域一体化协议提高了企业在出口市场的存活率和绩效。参与区域价值链可以成为非洲中小企业进入全球价值链的垫脚石,一旦它们建立了必要水平的竞争力,并可能开始作为完全成熟的独立公司运营,直接与区域和国际客户群进行贸易。如果非洲国家改善其电子准备,电子商务可以为非洲中小企业提供额外的发展机会。将电子商务谈判纳入非洲大陆自由贸易区的背景下,可以支持非洲国家参与战略性和前瞻性规划和政策,利用数字化扩大非洲大陆自由贸易区的潜在收益,并为非洲中小企业创造机会。

(5) 农业和农业综合企业的发展及其对农村发展的影响

促进非洲内部农业贸易的潜力巨大。2017年,非洲内部农业贸易为22%,而制造业贸易为52%,低于1995年的24%。此外,非洲向区域其他地区或区域外出口的农产品范围很窄。2014年,在《关于加快农业增长和转型以促进共同繁荣和改善生计的马拉博宣言》(简称《马拉博宣言》)中,非洲联盟承诺到2025年,通过快速建立非洲大陆自由贸易区和向大陆共同对外关税制度过渡等途径,将非洲内部农产品和服务贸易增加两倍。

非洲的农业和农村发展面临许多挑战。实施《建立非洲大陆自由贸易区协定》及其关于投资、贸易便利化、服务、技术性贸易壁垒、卫生和植物卫生措施以及原产地规则的附件,可在以下4个主要方面促进农业发展:通过消除关税和非关税壁垒为小农创造更大的市场;通过改善贸易便利化和贸易互联互通(例如,更好的道路、更快的运输和更薄的边界),将农民带到市场;通过吸引国内外投资到能够提供必要的硬基础设施(如农村能源、农村水、冷藏设施和仓储)的部门;允许利用与发展中国家和农业有关的农业综合企业和涉农工业的机会区域农业价值链,使其最终产品能出口到区域内和全球。

落实《马拉博宣言》中的目标,例如,在国家预算中每年至少将10%的公共支出拨给农业,并将《非洲农业综合企业和农产工业发展倡议》转化为行动,将是利用非洲大陆自由贸易区作为非洲大陆农业转型驱动力的重要补充措施。

(6) 服务业潜力释放

服务业在该区域的结构转型中发挥着关键作用,它本身就是一个高附加值的独立部门(包括信息和通信技术、能源、金融服务和旅游业),或者是促进非洲工业和农业部门转型的中间部门。

据估计,非洲内部服务贸易较少,非洲的服务部门往往以低附加值和非正式交易为主,除了少数国家的几个分部门外,服务部门没有表现出或包含足够的竞争力、复杂性和效率水平,不足以作为工业和农业经济活动的支柱。在转型增长期间,服务应成为经济车轮上的润滑油,为运输和过境提供便利,提供高效和快速的物流,提供可靠和负担得起的能源、水和电信基础设施服务,并为企业提供信贷和融资便利。建立非洲大陆市场可以为服务提供者提供所需的业务规模和长期融资,以提高服务提供方面的竞争力,进而有助于改善非洲大陆的贸易便利化,并提高货物贸易增加所带来的非洲大陆自由贸易区的收益。

三、中国与非洲经贸合作新动态

1. 中非经贸合作的规模与特点

(1) 贸易总量快速增长,结构趋向多元化

2000年到2021年,我国与非洲贸易总额从106亿美元增长至2 542.4亿美元,年均增速达到16.2%,高出我国同期外贸平均增速3.9个百分点,在我国对外贸易总额中的占比份额从2.1%增长至4%。其中,自2009年开始,中国连续12年为非洲最大贸易伙伴国。南非连续多年为中国在非洲最大贸易伙伴、进口来源国和出口市场国。2013年以来,中国与非洲国家

贸易份额标准差不断缩小,贸易伙伴结构趋于均衡。①南非、尼日利亚、安哥拉、埃及已成为前四大贸易伙伴国,四者合计占中国与非洲贸易总额的48.4%,其中南非占比超过1/5,成为2021年以来我国对非贸易的主要增长点。对非出口产品主要为机电及劳动密集型产品,出口市场前三位为尼日利亚、南非及埃及,合计占比为41.7%,而进口产品主要集中在矿产品、贱金属及其制品、农产品等领域,进口来源国前三位为南非、安哥拉及刚果(金),合计占比为61.8%。②

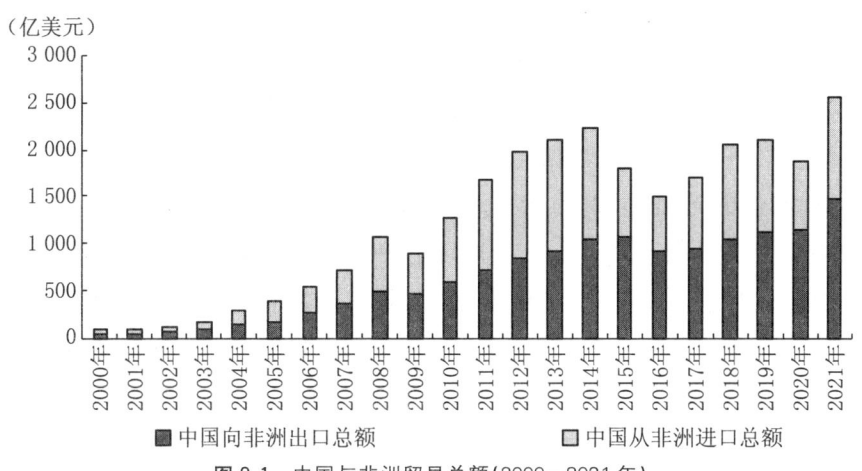

图 9-1 中国与非洲贸易总额(2000—2021年)

• 资料来源:国家统计局。

(2) 中企对非投资不断扩大,投资领域进一步丰富

近年来,随着非洲国家营商环境的不断改善,我国企业赴非投资规模不断扩大。根据国家统计局的相关数据,2008年至2020年,我国对非直接投资存量从78亿美元增长至434亿美元(见图9-2)。

从流量上看,2013年至2016年间,受中国国内经济换挡升级、对外投资监管趋严、国际大宗商品价格下跌等多方面影响,中国对非直接投资流量连续四年下滑,由2013年的33.7亿美元下滑至2016年的24亿美元。2017年,中国经济稳中向好,大宗商品价格回暖,对非直接投资流量显著升

---

① 公丕萍:《推动中非经贸合作高质量发展》,《中国外汇》2022年2月,第41—43页。DOI:10.13539/j.cnki.11-5475/f.2022.02.014.
② 公丕萍:《推动中非经贸合作高质量发展》,《中国外汇》2022年2月,第41—43页。DOI:10.13539/j.cnki.11-5475/f.2022.02.014.

至 41.1 亿美元,同比增幅为 70.8%。2018 年,中非合作论坛北京峰会有力地拉动了中国对非投资,在中国对外投资整体下滑的宏观背景下,对非直接投资流量逆势增长至 53.9 亿美元,同比增幅达 31%,接近 2008 年的历史最高水平。2019 年,全球经济增速放缓至 2008 年金融危机以来最低水平,叠加贸易保护主义抬头等多重因素,国际市场避险情绪明显上升,新兴市场吸收的直接投资大幅下滑,在这一年,中国对非直接投资流量也回落到 27 亿美元。2020 年,尽管受到新发展格局冲击,但是中国对外投资逆势增长,对非直接投资流量达到 42.3 亿美元,同比增幅 56.7%。2021 年,中国对非直接投资流量为 37.4 亿美元,同比下降 11.6%。

从存量上看,2013 年至今,中国对非投资稳步增长,始终保持了相对稳定。中国商务部的相关数据显示,截至 2013 年底,中国对非直接投资存量为 261.9 亿美元,截至 2021 年底,中国对非直接投资存量增至 471.3 亿美元,较 2013 年增长了 80%,充分展现出中非合作的巨大潜力和韧性。值得指出的是,尽管 2019 年中国对非直接投资存量在对外直接投资存量中的占比从 2008 年峰值的 4.2% 下滑至 2%,但 443.9 亿美元的规模仍超过美国对非直接投资存量(430 亿美元),仅次于荷兰、法国、英国,成为世界上对非直接投资的第四大来源国,占据当年非洲吸引外资存量的 4.7%。[1]

从行业分布看,中国对非直接投资产业分布也越来越多元,建筑业、采矿业和金融业是纯铜存量占比较高的行业,但由于中非双方对制造业和服务业投资的日益重视,这两个行业的投资存量实现了较快速增长。截至 2020 年底,中国对非直接投资存量前五位的行业分别是建筑业、采矿业、制造业、金融业及租赁与商务服务业。其中,中国对非洲建筑业投资存量为 151.5 亿美元,比 2019 年增长 11%,对非洲采矿业投资存量为 89.4 亿美元,同比减少 18.9%,对非洲制造业投资存量 61.3 亿美元,同比增长 9.6%。[2]

从国别分布看,虽然中国在 52 个非洲国家都有直接投资,但截至 2020 年底,南非、刚果(金)、赞比亚、埃塞俄比亚、安哥拉、尼日利亚、肯尼亚、津

---

[1] UNCTAD, *World Investment Report 2021*, June 2021, p.38.
[2] 姚桂梅:《新时代中非经贸合作:升级发展及风险挑战》,《中国非洲学刊》2022 年第 3 卷第 2 期,第 19—38、143—144 页。

巴布韦、阿尔及利亚和加纳是吸引中国投资存量最多的 10 个国家，合计占中国对非投资存量的 63.1%。[①]

从投资主体看，截至 2020 年底，中国在非洲设立各类企业超过 3 500 家，民营企业逐渐成为对非投资的主力，聘用非洲本地员工比例超 80%，直接和间接创造了数百万个就业机会。[②]

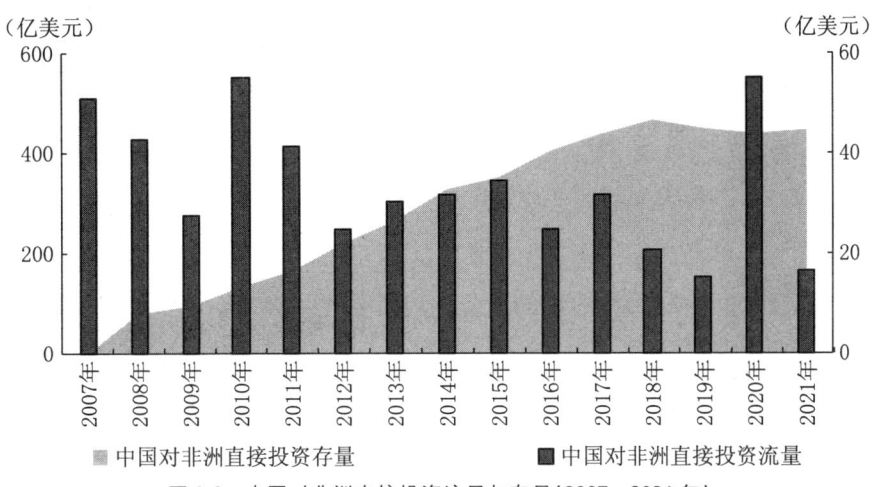

图 9-2　中国对非洲直接投资流量与存量(2007—2021 年)

• 资料来源：国家统计局。

（3）基建合作不断加深

基础设施建设历来是中非合作的重点领域之一，中国企业凭借在项目资金、关键技术、施工队伍和组织管理经验等方面的优势，为非洲基础设施建设做出了许多贡献，在中非合作论坛、"一带一路"框架推动下，更逐步成为非洲基建领域的重要力量。2012 年至 2015 年间，中国对非基建投资以年均 16% 的速度增长，为非洲许多大型基础设施建设开发项目提供资金支持。到 2015 年，中国对非基建投入金额累计达到 210 亿美元，远高于非洲基础设施联盟的投资总额，中国企业占据非洲 EPC 市场近一半的份额。2015 年，中国对非工程承包新签合同额和完成营业额分别达到 762.4 亿美元和 547.8 亿美元的历史高点，以中交建、中国中铁、中水电、中国建筑、中铁建和中信建设为代表的中国企业兴建了非盟会议中心、亚吉铁路、蒙内铁

---

① 中华人民共和国商务部等编：《2020 年度中国对外直接投资统计公报》，中国商务出版社，2021 年，第 22 页。
② 中华人民共和国国务院新闻办公室：《新时代的中非合作》(2021 年 11 月)，人民出版社，2021 年，第 19 页。

(亿美元)

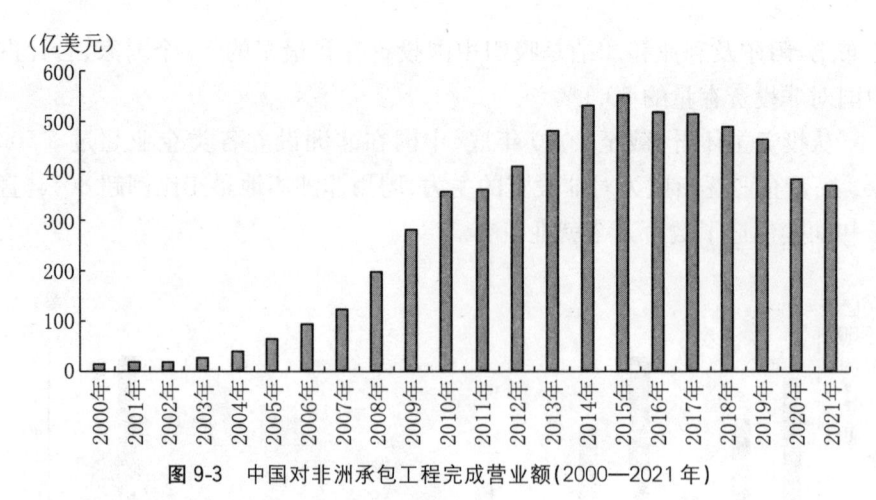

图 9-3　中国对非洲承包工程完成营业额(2000—2021年)

· 资料来源：国家统计局。

路等一大批期间项目,在非洲的业务拓展备受世界瞩目。[1]

2. 中非经贸合作面临的风险挑战

(1) 政治形势不稳定性风险

近年来,非洲大陆总体上趋于稳定,非洲国家"逢选必乱"的情况大为改观,但是党派之争、民族矛盾叠加民生问题导致非洲局部地区仍动荡多发。如埃塞俄比亚国内联邦政府与"提格雷人民解放阵线"之间爆发的武装冲突,就给中埃塞合作造成了很大影响,当地中资企业面临的经营风险和安全风险大增。而某些通过民主选举实现政权顺利交接的国家,也可能出现新政府上台后对上届政府与中国企业签署的合作项目进行重新审查甚至否决的可能性,这也在很大程度上增加了投资环境的不确定性。例如,塞拉利昂总统比奥上台后叫停了中企承建的马马马赫国际机场项目。[2]

(2) 大国竞争持续升温

当前,世界正值百年变局,全球化遭遇逆流,新发展阶段效应蔓延,俄乌冲突未了,气候灾难频发,全球发展遭遇诸多挑战。在此背景下,国际力量对比朝着有利于新兴市场和发展中国家的方向发展,尤其是随着中国和美

---

[1] 姚桂梅:《新时代中非经贸合作:升级发展及风险挑战》,《中国非洲学刊》2022年第3卷第2期,第19—38、143—144页。

[2] 姚桂梅:《新时代中非经贸合作:升级发展及风险挑战》,《中国非洲学刊》2022年第3卷第2期,第19—38、143—144页。

国经济实力的接近,中国在世界影响力的上升,世界主要大国或集团间的竞合关系发生联动性深度调整。美欧等发达国家为了维持其世界霸权和主导地位,遏制中国和俄罗斯在非洲日益扩大的影响力,越发看重资源丰富、市场潜力巨大、拥有联合国"票仓"的非洲国家在重塑全球新平衡格局中的重要作用,纷纷出台对非战略,加大对非投入,导致大国的"非洲热"持续升温,大国竞合关系复杂深化。

美国政府日益重视非洲,力图通过"价值观外交"将大国竞争引入非洲,挤压中国的空间和影响力。拜登政府主要以"价值观外交"为幌子,在开展贸易、应对新发展阶段、应对气候变化、促进民主、推动和平与安全等议题上加强与非洲重点国家的互动。2021年,拜登总统向非盟峰会发表视频致辞,会见刚果(金)和肯尼亚总统,向17位非洲国家领导人发出参加所谓"民主峰会"的邀请,扩大在非洲影响力的意图明显。在经贸方面,美国主要通过所谓"建造法案""繁荣非洲倡议""非洲共同繁荣建设运动"(PABTC),以及联手欧盟出台"全球基础设施与投资伙伴关系"倡议(PGII)、"数字转型新倡议",重点对标中国在非洲重资本、长周期类型的基建项目。美国还加大对本国企业投资非洲农业开发、医疗卫生、能源和矿产、商品供应链等领域的支持力度。

欧洲国家加大对非投入,与非洲建立"平等伙伴关系"。欧洲国家为了维护其"后院"利益,也在不断调适对非战略。2020年欧盟发布对非战略,勾勒出未来对非关系的方向和重点。2022年2月召开的第6届欧非峰会上,欧盟宣布未来6年将向非洲投资1 500亿欧元,通过促进多领域公私投资帮助非洲发展更加多元、包容、可持续且有韧性的经济,重点在基础设施、数字化、能源与绿色转型、可持续增长与创造就业、公共卫生和教育等领域进行投资。法国和德国是欧盟的双核心,2021年法国总统马克龙和德国总理默克尔不仅到非洲国家进行访问,而且通过举办非洲经济体融资峰会、法非峰会、非洲契约投资峰会等活动,加强对非关系。对于中国在非洲日益增长的影响力,欧洲国家试图利用所谓的"国际规则"制约中非经贸投资合作。

(3) 中非经贸合作存在结构性挑战

从中非基建合作的角度看,一是主权借款基建模式(EPC+F)难以为继。在新发展阶段,一些非洲国家债务高企,出现因资金不到位而停建、缓建和拖欠工程承包商应收账款等问题,引发中资金融机构坏账损失。二是中非投融资合作存在资金与项目不匹配问题。由于非洲基建国际多边金融机构参与度低，且缺乏非洲本地金融机构及专项基建基金，再加上中资金融机构及中非发展基金和中非产能合作基金的配套资金放款缓慢，中资企业面对合作机遇时出现贷款难问题。从中国对非直接投资的角度看，一是存在投资行业间与投资主体间失衡的问题。中国企业偏好基础设施和能矿业，造成扎堆建设及产能过剩问题，对"造血"类制造业的投资相对较少。二是新发展格局冲击下一些投资存量项目出现亏损，新项目难以获得资金支持，部分企业观望情绪上升。三是中国企业自身存在盲目投资、无序竞争、国际运营经验缺乏、跨文化交流沟通能力弱、运营不合规等问题。从中非经贸合作大框架看，过去10年中非经贸合作呈现出由政府主导向市场主导、由大宗商品贸易向产业合作、由建筑承包工程向投资经营的三大转变，但是三大合作领域间仍存在明显的结构性失衡问题，即与中非贸易额、中国对非工程承包业绩相比，中国对非直接投资体量过小，处于弱势地位。体现核心竞争力的对非直接投资地位亟待加强，中非经贸合作转型升级和高质量发展仍需砥砺前行。①

四、高水平对外开放格局下中国与非洲经贸合作新方向

公共卫生问题给非洲国家带来了严重冲击，暴露了非洲国家的生产与贸易模式过于依赖外部，难以抵御外部冲击等一系列问题，需要实现生产模式、贸易范式的转变，增强自身的韧性和可持续发展能力。交通与能源基础设施建设、产业链转型、数字经济等都是中非经贸合作的重要增长点。其中，数字经济与供应链建设是两个值得重点关注的合作新方向。

1. 中非数字经济合作

公共卫生问题的冲击对非洲的数字经济发展既形成机遇也构成挑战，非洲数字科技与技术创新的推进在新发展格局背景下更显迫切。非洲数字经济在新发展阶段之前就已初具雏形。新冠疫情期间，因为各国政府为应对新发展阶段而采取的各类隔离措施，线上的消费、办公、医疗、教育、娱乐

---

① 姚桂梅：《新时代中非经贸合作：升级发展及风险挑战》，《中国非洲学刊》2022年第3卷第2期，第19—38、143—144页。

等场景下的需求大幅增长,有利于非洲数字经济发展的产业机会和红利由此产生。新发展格局下以数字经济为代表的新型产业体现出比传统经济更强的韧性和发展潜力,高水平对外开放格局带来的发展新机遇无疑也可引发非洲数字经济发展的浪潮。非洲各国政府可以借此机会,根据高水平对外开放格局期间凸显的数字经济发展需求,实施相应措施,推进当地数字经济的发展。① 由此,非洲各国政府应考虑建设速度更快、覆盖面更广、费用更低廉的网络连接,促进运营商降低资费,并让数字支付成为可供企业和居民选择的更为安全和边界的交易手段,以维持新发展阶段时期正常的工作生活,刺激数字经济的蓬勃发展,并为日后非洲地区的经济复苏和发展打好基础。②

(1) 中非数字经济合作的政策支持

近年来,中非双方在数字经济领域开展务实合作,取得了许多成果。在政府层面,中国与非洲多国政府签订合作协议,出台相关支持政策;在企业层面,中非双方企业大力合作共建电商平台,联手完善移动支付体系。

2018年,中国与卢旺达签署电子商务合作备忘录,建立了双边电子商务的合作机制。除此之外,中国与南非、埃及、毛里求斯等诸多非洲国家也达成电子商务领域政策方面的合作协议,积极完善跨境电商规章制度,推动中非电子商务合作。跨境电子商务作为互联网技术以及数字技术在国际贸易领域的先行应用,可为发展中国家制造商、贸易商和消费者提供全方位的互动式商贸服务,大大促进非洲内部的国际贸易深化发展。埃及和卢旺达作为非洲适宜投资的重要国家,正在寻求新的合作方式,来更好、更快地推动经济发展。近年来,中国在电商领域的快速发展为两国与中国创造了新的合作商机。在"数字丝路"框架下,中国与埃及、卢旺达分别在2017年、2018年签署了关于促进电子商务、互联网+领域的交流合作的谅解备忘录,共同打造良好的电子商务发展环境,推动彼此在数字经济领域的合作。毛里求斯位居非洲电子商务指数排名之首。该国除与中国签署合作协议以外,还通过补充双方跨境电商相关规则,完善中毛电子商务合作规章制度。

---

① 欧亚系统科学研究会非洲研究小组:《新冠肺炎疫情凸显非洲数字经济发展迫切性》,《非洲热点观察》2020年第5期(电子刊),第1—4页。
② 马述忠、潘钢健、陈丽:《从跨境电子商务到全球数字贸易——新型冠状病毒全球大流行下的再审视》,北京国际经济贸易学会网,参见 http://www.gjjmxh.com/gjjmxh/Article/ShowArticle.asp?ArticleID=4008,2020年4月29日。

2018年,中国与毛里求斯签订的自贸协定电子商务章节涵盖了电子认证、电子签名、在线消费者保护、无纸化贸易、透明度等丰富内容。在中非双方的共同努力下,2019年,"一带一路"国际合作高峰论坛及《中非合作论坛—北京行动计划(2019—2021年)》均鼓励中非双方把握数字经济发展机遇,通过跨境电子商务在经济上实现互利共赢。在2020年新发展阶段效应蔓延期间,中非双方企业通过多双边渠道,快速发展各类数字合作平台、线上推介会、直播带货等新业态,带动了非洲特色产品对华出口,中非之间的"数字丝路"既可以推动非洲电子商务的快速发展,也必然能为中国分享数字化转型变革红利创造条件。

(2) 中非合作建设电商平台

电商平台作为促进非洲电子商务发展、方便交易与支付的平台,其建设和发展是中非电子商务合作的重头戏。在这些年的不断努力下,尼日利亚、肯尼亚、卢旺达等国均已与中国合作建立起中非合作电子商务平台,在非洲电子商务市场中占有相当份额,成为电子商务领域的"领头羊"。

以中国企业与卢旺达合作为例,卢旺达政府与中国阿里巴巴集团开展了有效的合作。2018年10月,中国阿里巴巴集团和卢旺达政府在基加利为世界电子贸易平台揭牌,拟通过电子商务更好地帮助中小微企业发展,增加当地就业岗位,共促中卢双方的经济发展。在揭牌仪式上,双方签署了整体合作、数字旅游和数字人才培训等三方面的合作协议。阿里巴巴希望通过该项目,帮助非洲打造数字经济体系与电商生态,为非洲企业提供一个参与全球贸易的平台。在数字人才培养方面,世界电子贸易平台计划举办政府新经济研讨班,以了解并学习中国数字化经济以及阿里巴巴电商生态,同时为卢旺达青年创业者进行企业家培训,培养当地数字人才。在数字旅游方面,2018年底,卢旺达飞猪旅游旗舰店上线,向中国消费者展示卢旺达的风土人情、旅游景点等,促进卢旺达旅游业发展。在数字贸易方面,通过阿里巴巴电商平台,卢旺达的特色产品,如咖啡等在中国销量已经迅速增长。2019年,阿里巴巴为卢旺达开设天猫卢旺达咖啡国家馆,进一步将卢旺达咖啡引入中国市场。

(3) 中非支付领域合作

电子商务平台的运行需要移动支付的配套发展,近年来,中国企业如腾讯、蚂蚁金服、银联等通过利用技术创新帮助消费者获得普惠金融服务,不断加强与非洲地区的移动支付合作,逐渐完善中非跨境支付体系,为中非电子商务合作保驾护航。2016年,微信支付与南非标准银行合作,在南非地区推广移动钱包,允许"点对点"支付,电话费和话费预付以及零售店支付,并与世界最大的食品分销企业家"家悦"(Spar)展开合作。2017年8月30日,蚂蚁金服在南非宣布,旗下支付宝业务已经接入南非1万家商户,南非成为非洲首个线下接入中国移动支付方式的国家。2017年8月,蚂蚁金服与联合国非洲经济委员会和国际金融公司达成合作。2020年2月,支付宝与非洲泛非经济银行(Ecobank)展开合作,通过投资和技术扶持推动非洲数字金融普惠化。2018年,银联联合商业银行推出云闪付应用程序,云闪付二维码支付服务在非洲落地。2019年3月,总部位于内罗毕的肯尼亚股权银行(Equity Bank Kenya Limited)计划扩大微信和支付宝在非洲的业务。2018年,中非网正式上线,成为尼日利亚与中国数字金融合作的重要平台,中非网与尼日利亚第一银行签订战略合作备忘录,尼日利亚第一银行拥有超过千万人的活跃用户群和境内最大的零售客户群,中国与尼日利亚第一银行期望本着"友好务实、协商互利"的原则,在平台支付、人民币业务、品牌推广、结算中心、供应链金融、境外投资等6大方面展开合作,以期为尼日利亚跨境贸易商户提供更加便利的服务。

2. 中非供应链合作

非洲大多数国家在独立初期才开始工业化发展战略,尼日利亚、阿尔及利亚等国建立了石油化工、钢铁、建材等重工业,而科特迪瓦、肯尼亚、埃塞俄比亚等国发展了制糖、木材、纺织、食品等轻工业。但到20世纪七八十年代,各国经济发展陷入停滞,工业化进程难以为继。究其原因,主要是非洲各国在发展工业时过于追求小而全,过多的小规模生产造成了市场分割,降低了产品效率,使得这些产业缺乏市场竞争力。当下,非洲已迈入自贸区时代,非洲各国应基于区域市场的视角,来进行产业的分工、布局,找准具备优势的内生产业,在政策支持、基础设施建设方面给予特别扶持,并提供合适的激励,以便培育和发展出产业集群,各国的生产不应仅面向本国市场,也应当面向周边邻国,乃至整个非洲大陆。在高水平对外开放格局下,非洲各国应当抓住非洲大陆自贸区这一重要机遇,打造分工合作和具有效率的供应链,在这一方面,中国的企业也有相当的经验与优势。①

---

① 黄梅波、邱楠:《新冠疫情对撒哈拉以南非洲经济发展的影响》,《西亚非洲》2020年第4期,第3—23页。

(1) 中非供应链合作的政策保障

中非合作论坛(FOCAC)成立于 2000 年,是中非合作的最重要机制之一,多年来,通过中非合作论坛机制,中非在产业合作、供应链建设等领域实现广泛的务实合作。中国国家主席习近平于 2013 年提出的"一带一路"倡议,也成为扩大中非合作的又一重要平台机制。"一带一路"倡议包含横跨多个大洲的投资战略,旨在解决基础设施建设方面的缺口,加快古代丝绸之路沿线地区的发展。作为"一带一路"的重要伙伴,中非双方在 2018 年中非合作论坛北京峰会上就合作达成一致。中非合作论坛与"一带一路"倡议与非洲自身的发展蓝图及发展战略高度契合,如《2063 年议程》与非洲大陆自贸区。供应链的建设是实现《2063 年议程》与非洲大陆自贸区目标的重要途径,而中非合作论坛与"一带一路"倡议则在很大程度上对帮助非洲各国建设和升级自身与供应链相关的五大驱动要素,即生产、库存、选址、运输和信息高度相关。

(2) 中非供应链合作的"三步走"历程

在 2015 年的南非约翰内斯堡峰会上,习近平主席宣布中非关系从"新型战略伙伴关系"升级为"全面战略伙伴关系",并宣布与非洲在十个重点领域开展务实合作,包括工业化、基础设施、农业现代化、金融服务、绿色发展、贸易和投资便利化、减贫惠民、公共卫生、人文交流以及和平与安全。[①]

"十大合作计划"将工业化合作和供应链建设摆在首要位置,在供应链的五个关键驱动因素方面都取得重要成果。首批 100 亿美元的"中非产能合作基金"自 2015 年成立以来,三年内批准了 17 个投资项目,投资总额达 14 亿美元。[②]这些项目重点支持供应链中生产和选址两大要素的培育发展,如在运输方面,中国企业为非洲新增和升级铁路 1 万公里,公路近 10 万公里,中国企业也参与了吉布提港口建设。相关基础设施建设项目将进一步推动供应链建设,对促进非洲一体化和互联互通具有重要意义。

2018 年 9 月的北京峰会上,中非双方宣布将继续深化伙伴关系,为构建"更加紧密的中非命运共同体"而努力。双方宣布将在未来 3 年,在"十大

[①] 中华人民共和国商务部:《中非合作论坛约翰内斯堡峰会暨第六届部长级会议"十大合作计划"经贸领域内容解读》,参见 http://chinawto.mofcom.gov.cn/article/e/r/201512/20151201210882.shtml, 2015 年 12 月 11 日。

[②] 王玉龙:《中非产能合作基金总经理中非产能合作应优先解决"三流"》,参见 http://finance.sina.com.cn/roll/2018-12-24/doc-ihmutuee2021442.shtml, 2018 年 12 月 24 日。

合作计划"的基础上,开展"八大行动",包括产业促进、设施联通、贸易便利、绿色发展、能力建设、健康卫生、人文交流及和平安全。①

"八大行动"更加注重"一带一路"倡议与《2063年议程》的对接,更加注重通过增加知识和技术转让来提高非洲自身发展能力,更加注重软硬件兼顾,既进行基础设施建设,也分享发展经验。在此战略下,中非经贸博览会分别于2019年及2021年举办,中非在制造业、农业、医药和卫生等领域展开产业和供应链合作,这些合作促进了生产、选址、信息三要素的发展。

在2021年11月的中非合作论坛第八届部长级会议上,中非双方通过了一系列重要文件,提出了"九项工程",涵盖卫生健康工程、减贫惠农工程、贸易促进工程、投资驱动工程、数字创新工程、绿色发展工程、能力建设工程、人文交流工程、和平安全工程。其中,前七项都与供应链建设紧密相关。"九项工程"聚焦非洲生产和选址要素的培育发展,制订了具体的贸易和制造业促进行动计划,例如,在产业转型、提升产能方面,中方承诺支持经济合作区升级改造,在非洲开展十个工业化援助项目。在支持非洲进一步融入区域和全球供应链体系方面,中国承诺继续推动双向投资。未来三年内,中国将鼓励中国企业对非投资不少于100亿美元,为促进中非民间投资搭建平台。

---

① 中华人民共和国商务部:《关于中非合作论坛北京峰会八项重大举措的阐述》,http://english.mofcom.gov.cn/article/policyrelease/Cocoon/201809/20180902788698.shtml,2018年9月19日。

第十章
高水平对外开放格局下
大洋洲区域合作的发展

一、公共卫生问题对大洋洲经济的影响

1. 公共卫生问题对澳大利亚的影响和政府的应对

自2020年1月出现第一例病例开始,公共卫生问题对澳大利亚经济产生了深远影响。减少传播的措施(如保持社交距离、商业贸易限制和居家令)对经济活动产生了不同程度的影响。最明显的影响是由两种COVID-19变体造成的:2020年1月抵达澳大利亚的1型病毒株和2021年6月首次发现的德尔塔(Delta)型病毒株。下面探讨这些变体对宏观经济总量的影响,并将其与2022年3月出现的奥密克戎(Omicron)变体暴发进行比较。

2020年3月23日,新型冠状病毒原始株的到来引发了澳大利亚的全面封锁。第一轮主要的限制措施包括暂时关闭酒吧、俱乐部、咖啡馆和餐馆,不久之后,其他各种服务提供商也相继关闭。许多工作场所建议员工尽可能在家工作。实施了家庭社交距离措施,最严格的限制是聚会仅限于两人。2020年4月底至5月初,全国各地的限制开始放松。维多利亚州新冠感染病例激增,导致该州于2020年7月8日进入第二次封锁,并于8月实施了第四阶段的居家限制。昆士兰州、西澳大利亚州和南澳大利亚州实施了较短的封锁。

2021年6月,三角洲病毒的出现和随后的迅速传播引发了所有州和地区的各种封锁,维多利亚州、澳大利亚首都领地和新南威尔士州遭受了最长、最严格的限制。只有在必要的情况下才允许外出,并强制要求佩戴口罩。聚合酶链反应(PCR)检测增加了,国家和州政府强烈鼓励澳大利亚人接种疫苗。各州和地区制定了疫苗接种率目标,并鼓励在达到这些目标时放松限制和结束封锁。

奥密克戎变异株于2021年11月27日在澳大利亚首次得到确认,当时

该国的疫苗接种率很高。尽管感染率不断上升,但联邦和州政府没有出台新的封锁措施,旅行和贸易限制也逐渐放松。

(1)公共卫生问题影响面及政府应对

第一,家庭和企业收入支持。为了支持家庭和企业,联邦和州政府在大流行期间提供了补贴和其他付款。

原始株病毒暴发后的封锁和交易限制导致工作时间和员工私人薪酬创纪录地下降。由于企业关闭或根据卫生规定减少业务,工人被解雇或减少工作时间。

澳大利亚联邦政府随后推出了保障就业和促进雇主现金流计划,以支持企业和雇员的就业。补贴支出对2020年6月的营业盈余增长的贡献为12.1%。经济资助金和冠状病毒补助金等现金社会援助福利进一步支持家庭总收入。

保障就业和促进雇主现金流项目在德尔塔危机出现之前就结束了。通过联邦和州政府共同资助的商业支持计划提供给被封锁的州。在没有就业保障计划的情况下,直接工资支持减少了。新发展阶段的灾害赔付是家庭的主要支持付款,用于帮助因当地公共卫生命令而无法获得收入的人。

公共卫生问题时期提供的补贴水平较低。联邦和州政府专注于取消或减少贸易限制,同时潜在需求有所改善。实行流行病休假灾难津贴,这是为了支持那些因遵守卫生条例而被迫隔离,因而损失工时的工人。由于没有封锁,这些支付比三角洲新发展阶段的灾难支付少得多。

第二,家庭消费。家庭支出模式在大流行期间和不同COVID-19毒株之间发生了重大变化。

与基本商品和服务支出相比,公共卫生问题的应对措施对可自由支配支出的影响更大。在原始株和德尔塔暴发期间,可自由支配服务的支出大幅下降,因为移动和贸易限制对外出就餐、娱乐和个人服务的获取有所限制。

相比之下,由于消费者在家的时间更多,不能外出旅行,可自由支配的商品支出增加了。许多家庭和娱乐用品零售商通过使用在线平台来接触足不出户的客户,减轻了移动限制的影响。

随着高水平对外开放格局的发展,基本商品和服务的支出恢复到之前的水平。原始株的出现引发了人们对食品的恐慌性购买。在德尔塔病毒影响下,食品支出仍然很高,因为进入酒店业务仍然受到限制。

新冠病毒奥密克戎株的暴发对家庭支出的影响程度不如原始株或德尔

塔株。与之前的毒株不同，奥密克戎变种没有导致封锁行动，全国大部分地区的疫苗接种率很高。流动和贸易限制的取消使商店能够正常经营，消费需求保持强劲。

第三，政府支出。在原始株和德尔塔株危机中，政府支出和家庭社会福利发生了巨大变化。随着原始株的到来，政府支出在 2020 年初大幅增加。在临时医疗诊所、感染控制培训、个人防护装备和增加政府服务一线工作人员方面的支出有所增加。

封锁和原始株病毒在社区传播程度的不确定性最初导致了社会实物福利的下降，但随着限制开始放松，这一数字急剧反弹。

在新南威尔士州、维多利亚州和澳大利亚首都领地暴发德尔塔变体的同时，澳大利亚各地推出了 PCR 检测设施和 COVID-19 疫苗接种活动。这增加了整个 2021 年中期的政府支出，并在 2021 年 12 月随着疫苗接种目标的实现而放缓。

奥密克戎的到来增加了政府在 COVID-19 上的支出，除了 PCR 检测外，还接受了快速抗原检测（RAT），以帮助检测奥密克戎的传播水平。联邦和州政府推出了向特许卡持有者提供免费 RAT 测试的方案，在一些司法管辖区，还向学龄儿童提供免费测试。这反映在实物社会援助福利上。随着病例数量达到顶峰，州立医院在设备和人员上的支出也在增加。

第四，工业增加值。2019 年新冠原始株暴发的应对措施导致 2020 年 6 月季度总增加值（GVA）大幅下降，主要原因是市场部门总增加值创纪录地下降。影响遍及所有市场行业，只有采矿业和金融保险服务业获得增长。降幅最大的是旅游和酒店相关行业，反映出对人员流动的限制。

非市场 GVA 下降的主要原因是医疗保健和社会援助。由于家庭试图限制病毒的传播，选择性手术被取消，对医疗保健专业人员的访问减少。随着限制的取消，市场和非市场 GVA 在 2020 年 9 月部分地恢复。

德尔塔病毒株对市场和非市场 GVA 产生了类似的影响，贸易和流动限制减少了对许多商品和服务的需求。这种下降并不像 1 型毒株期间发生的那样明显，因为经历新发展阶段的州更少。此外，制订了 COVID-19 安全计划等交易框架，允许受影响州的一些企业在强制顾客办理二维码登记和场地容量限制等限制下继续运营。

在高水平对外开放阶段，由于没有封锁，对需求的影响较小。虽然限制不那么严格，但由于 COVID-19 的高感染率和随后的隔离要求，工作时间有所减少。随着国内和国际边境的重新开放,市场部门的 GVA 在 2022 年 3 月上升。交通、邮政、仓储、住宿和食品服务等与旅游相关的行业出现增长。由于医疗保健和社会援助的收缩,非市场 GVA 下降,但降幅没有之前的压力那么严重。

2. 公共卫生问题对其他太平洋岛国的影响

(1) 公共卫生问题对太平洋岛国旅游业的影响

2019 年新冠病毒对全球经济的影响使多年来取得的进展陷入停滞,需要采取创新方法实现经济复苏。亚行预计,库克群岛、密克罗尼西亚联邦、斐济、巴布亚新几内亚、所罗门群岛和瓦努阿图的 GDP 将出现负增长,但基里巴斯和图瓦卢的 GDP 将保持正增长。

世界旅游和旅游理事会(WTTC)预计,2020 年全球新发展格局对旅游业的影响将是 2008 年全球金融危机的 5 倍,失业人数将达到 1.008 亿人,全球失业率将上升 2.9%。对太平洋地区来说,旅游业和依赖渔业的经济受到严重影响。

2020 年,瓦努阿图在六周内失去了 70% 的旅游业工作岗位,该部门占国内生产总值的 40%。斐济就业部和国际劳工组织的一项调查显示,有 11.5 万名斐济工人受到新冠大流行的影响。国际劳工组织对萨摩亚的调查结果显示,26% 的商业工作者失去了工作,其中 2/3 是女性。

边境关闭导致该地区失业率上升,游客人数减少。2020 年第一季度的入境人数比 2019 年同期平均下降 18.7%。2020 年第二季度,随着边境关闭的延长,入境人数下降了 99.3%。2020 年,库克群岛、斐济、巴布亚新几内亚和所罗门群岛的职位空缺有所减少。1 月和 12 月的环比降幅分别约为 14.7% 和 67%,表明旅游业等主要行业持续下滑,国内劳动力需求有限。

因此,库克群岛、斐济、萨摩亚、汤加和瓦努阿图等依赖旅游业的经济体正在经历衰退,需要创新的想法和战略来重振该行业。依赖旅游业的小企业也受到越来越大的影响。

与 2019 年相比,斐济(下降了 84.8%)、巴布亚新几内亚(下降了 72.9%)、萨摩亚(下降了 88.4%)、所罗门群岛(下降了 79.7%)和汤加(下降了 67.8%)的年度旅游收入大幅下降。

(2) 公共卫生问题对渔业的影响

粮食及农业组织对全球渔业和水产养殖部门的展望受到 2019 新发展

阶段和新的市场格局的影响。由于需求、物流、价格、劳动力和业务规划方面的限制，鱼类供应、消费和贸易收入继续下降。

国内延绳钓船队活动的减少影响了就业、收入、出口和相关业务。由于围网渔业中观察员覆盖率100%的要求暂停，工作的观察员减少了。然而，围网渔业的工作量和每日船只计划的收入与往年持平。虽然亚洲开发银行显示太平洋地区的GDP增长有所下降，但依靠金枪鱼捕捞许可证获得收入的太平洋岛国的GDP增长却略有增长。例如，预计到2020年，图瓦卢和基里巴斯的GDP将分别增长2%和0.6%，而斐济的GDP预计将下降19.8%。

通过各种关于公共卫生问题影响的研究和审查收集的数据和证据，可见太平洋渔业和水产养殖受到以下影响：一是由于国际和国内旅行和运输的限制和封锁，投入物（饲料、种子、设备）短缺，打乱了生产周期，水产养殖生产受到了负面影响；二是观察员活动的暂停对捕鱼活动的监测、控制和监视、鱼类资源管理和打击非法不管制捕鱼活动产生了不利影响；三是渔业研究在短期和中期受到干扰；四是捕捞渔业和水产养殖的就业水平和条件下降；五是当地对渔业产品的需求减少，特别是用于旅游市场的高价值产品的需求减少，出口减少。

随着失业率的上升，沿海地区对粮食安全变得更加重要。这些风险给沿海资源带来了额外的压力，其中一些在公共卫生问题出现前就已经面临压力。

（3）公共卫生问题对劳动力流动和汇款的影响

世界银行的报告强调了太平洋岛屿社区如何通过汇款和技能转让从劳动力流动中获得的巨大利益，这些流动可以带来新的业务和市场。来自萨摩亚的季节性工人占劳动力的6.0%，汤加占14.7%，瓦努阿图占8.1%。为应对这一流行病而采取的旅行限制、边境关闭和隔离措施对这一情况产生了负面影响。

该报告还强调，工时减少和工作减少也意味着汇款减少。有趣的是，报告指出，由于工作时间减少，新西兰有69%的工人收入降低，但只有47%的人减少了汇款。收入较低的人中有40%维持或增加了给家人的汇款，而11.4%的工人报告说，自2020年3月以来没有寄过钱。

国际移民组织（IOM）的一份区域报告涵盖了斐济、马绍尔群岛、汤加、图瓦卢和瓦努阿图，研究了无法参加海外劳工计划的工人所受到的影响。该报告发现，由于失业和灾难恢复，人们的焦虑程度有所上升。已经参加国外劳工计划的工人报告说，由于长期与家人分离，他们感到焦虑，这极大地增加了对留守的移徙工人及其家人的心理社会影响,特别是对在这场危机中照顾家庭的妇女而言。

机场于2020年9月部分重新开放,供一些前往澳大利亚的工人在收获旺季工作。澳大利亚政府报告称,自2020年9月重新开放边境以来,澳大利亚已接收了来自斐济、萨摩亚、汤加、瓦努阿图、基里巴斯、巴布亚新几内亚和所罗门群岛的近8 000名太平洋工人。

2020年的年度汇款情况如下:与2019年相比,斐济、萨摩亚和汤加分别增长9.4%、10.8%和14.4%,所罗门群岛比2019年减少45.2%。

该地区将继续面临进出口中断对贸易的影响。边境关闭、航运和航空运输量减少,将继续导致相关收入进一步下降。

2020年的年度进口数据与2019年相比,库克群岛(下降了22.1%)、斐济(下降了37.6%)、法属波利尼西亚(下降了20.9%)、新喀里多尼亚(下降了13.8%)、萨摩亚(下降了19.7%)、所罗门群岛(下降了18.2%)、汤加(下降了14%)和瓦努阿图(下降了15.5%)都有所下降,而基里巴斯和图瓦卢的增长率分别为1.9%和4.9%,但这仍相对弱于2019年的增长率。

在影响进口的同时,澳大利亚政府也报告了出口的下降。

与2019年相比,2020年的斐济(下降了19.6%)、法属波利尼西亚(下降了43.9%)、基里巴斯(下降了23.4%)、新喀里多尼亚(下降了3.4%)、萨摩亚(下降了23.6%)、所罗门群岛(下降了17.3%)、汤加(下降了82.8%)、图瓦卢(下降了82.8%)和瓦努阿图(下降了17.2%)的年度出口下降。而库克群岛增长12.5%,高于2019年的5.6%。

与2020年第三季度相比,库克群岛、斐济、萨摩亚和所罗门群岛的出口分别下降了39.9%、15%、15.5%和14%。

法属波利尼西亚、基里巴斯、新喀里多尼亚、汤加和瓦努阿图分别增长了66.8%、43.7%、17%、26.5%和29.2%,而图瓦卢的出口与上一季度相比增长了两倍多。

与2019年12月相比,斐济、法属波利尼西亚、基里巴斯、新喀里多尼亚、萨摩亚、所罗门群岛、汤加和图瓦卢分别下降了13.5%、28.8%、21.2%、7.6%、32.6%、18.1%、15.1%和89.4%。

与2019年12月相比,库克群岛和瓦努阿图分别上涨了37%和6%。

所罗门群岛较2020年第四季度小幅增长0.2%。与新发展阶段开始时的2020年第一季度相比,出口下降了31.8%。

（4）公共卫生问题对粮食系统的影响

政府维持粮食和收入安全的措施影响了国家和家庭两级的农业生产、收入和粮食选择。由于失业率上升、贫困和社会不安全而改变的粮食模式将使低收入家庭更加困难。大流行的影响加剧了飓风等灾害造成的常规破坏。

大洋洲地区需要为太平洋农民调整农业计划，以提供粮食安全和养活自己的人口。需要更多的投资用于研究改进的备选办法、技术人员和设备，以及处理土地管理和治理问题。

对所罗门群岛粮食安全的一项调查显示，在人口增加、粮食短缺时，人们会通过种植更多的粮食来适应环境。随着流通中的现金减少，以物易物，也就是换食物变得更加普遍。

对于像图瓦卢这样土地面积有限的国家来说，粮食供应要依靠渔业，而诸如"图瓦卢粮食未来"项目等创新计划帮助提供蔬菜和其他作物以增加土壤养分，该项目将堆肥作为更广泛努力的一部分，以提高可持续性，并提供更健康的食物选择。

边境关闭扰乱了食品和其他产品的进口，促使各国努力增加国内供应，同时以可持续的方式管理资源。对国内市场的影响包括农业和渔业收入的减少。此外，海平面上升、土壤盐碱化、土地退化和自然灾害等气候变化的影响也构成威胁。

（5）公共卫生问题对生计的影响

由于半维持生计的生活方式和对非正规部门收入的高度依赖，生计特别容易受到冲击。这一流行病加剧了对妇女收入和经济赋权的现有挑战。政府的经济刺激计划通常忽略了非正规部门，许多妇女在非正规部门工作以养家糊口。一些国家为该部门提供了一次性付款，但一揽子付款不能满足基本需求。

微型和小型企业的倒闭以及失业影响了更大比例的非正规工人。在萨摩亚，中小型企业占所有企业的88%。萨摩亚工商会表示，2020年就业和商业信心将受到严重的负面影响，依赖小企业的家庭和家庭将受到影响。

由于COVID-19的限制，该地区的市场供应商都失去了收入。在斐济，85%的市场摊贩是妇女，她们报告说受到收入减少和交通费用增加的严重打击。所罗门群岛的第二大收入来源是金枪鱼，但由于公共卫生问题，金枪鱼受到了严重影响。拥有1 000多名员工的索尔图纳已经缩减了一些业务。

因此，有必要制订促进储蓄计划和金融技能等长期投资的计划，以帮助小企业在危机期间更加自给自足。需要加强与金融机构和其他利益攸关方就此类计划的密切合作。

二、大洋洲区域合作的新变化

太平洋岛屿论坛(前身为南太平洋论坛)代表所有独立和自治的太平洋岛屿国家、澳大利亚和新西兰的政府首脑。自1971年以来,它为各成员国提供了表达其共同政治观点和就其关心的政治和经济问题进行合作的机会。论坛的16个成员是澳大利亚、库克群岛、斐济、基里巴斯、密克罗尼西亚联邦、马绍尔群岛、瑙鲁、新西兰、纽埃、帕劳、巴布亚新几内亚、萨摩亚、所罗门群岛、汤加、图瓦卢和瓦努阿图。太平洋岛屿论坛秘书处于1972年作为"贸易局"成立,后来成为"南太平洋经济合作局"。2000年,它再次更名为"太平洋岛屿论坛秘书处"。它的重点是经济政策、贸易和投资、公司部门发展和与这些事项以及政治和国际法律事务有关的服务。除贸易外,论坛还在教育、性别、信息通信技术、航空、可持续发展和能源等领域开展了详细的合作活动。该地区的主要贸易协定是《太平洋岛国贸易协定》(PICTA, 2001年)和《南太平洋区域贸易与经济合作协定》(SPARTECA, 1980年)。交通和信息通信技术方面的重要举措是太平洋航空行动计划(1998年和2003年)、太平洋岛屿区域信息通信技术政策和计划(PIIPP, 2002年)和论坛通信行动计划(2002年)。

近年来,关于太平洋岛屿区域合作的一些关键议题受到了挑战。其中包括区域主义的主要目的、实现既定目标的适当体制架构,以及或许最重要的是,主要决策权应该由谁掌握。

在某种意义上,这体现了大洋洲各国外交理念、制度和实践的根本性转变。

域外大国的政策和影响力给太平洋区域合作带来了新的地缘政治机遇与挑战。特朗普的当选,给美国在该地区以及世界其他地区的外交政策的未来带来了巨大的不确定性。太平洋地区各国领导人对包括关于气候变化的《巴黎协定》的未来、贸易和援助政策,以及与中国的关系等议题,都投入了更大关注。在这种情况下,提升高水平对外开放格局的影响力已经成为当务之急!

1. 太平洋区域合作的新议题与新趋势

自1971年成立以来,太平洋岛屿论坛一直是区域领导人就影响本区域的经济和政治发展采取共同立场的主要场所。在其存在的大部分时间里,它一直处于其他具有更具体任务的区域实体的中心,如论坛渔业机构和太平洋区域环境方案秘书处,或分区域组织,如美拉尼西亚先锋小组和波利尼西亚领导小组。直到最近,太平洋岛屿论坛的成员还仅限于独立和自治的岛屿国家,因此,太平洋共同体的关注重点一直是自身的发展问题,并力求避免在大国间站队,论坛一直努力在包括核试验、资源保护、贸易和非殖民化在内的共同和迫切关注的问题上"向世界发出太平洋的声音"。

但近年来,太平洋岛屿论坛的中心作用受到越来越多的质疑。例如,在对论坛通过的《加强区域合作太平洋计划》进行的一份措辞严厉的审查中,巴布亚新几内亚前总理梅雷·莫拉塔爵士谴责了该计划在区域事务中普遍存在的官僚作风。以及时任论坛秘书长梅格·泰勒宣布在该计划下,"区域主义已经失去了政治意义"。这种批评的根源是对论坛的两个发达成员国澳大利亚和新西兰在组织中日益掌握话语权的不满。弗莱和塔尔特认为,在这两个较为富裕的伙伴国的影响下,论坛已将注意力转向"沿着新自由主义路线推动区域一体化和新的区域经济秩序",而牺牲了在该地区面临的全球问题上形成和促进共同立场。"9·11"事件以来,澳大利亚和新西兰对地区安全的强调,往往盖过了岛国领导人优先考虑的发展利益,这也加剧了太平洋岛国的不满。人们越来越认识到,专门为促进新独立的太平洋岛屿国家的后殖民愿望而设立的机构已成为传播宗主国产生的思想和价值观的渠道。在许多岛屿领导人看来,太平洋岛屿论坛往往是实现外部利益的工具。

太平洋岛国主张增加自身在全球论坛上的发言权,并建立更有效的南南合作网络,坚持由太平洋岛国控制区域外交和机构。如斐济的弗兰克·姆拜尼马拉马政府加入不结盟运动,在印度尼西亚、巴西和南非设立大使馆,重振成立已久的美拉尼西亚先锋次区域集团,并努力在联合国建立太平洋岛屿发展中国家集团(PSIDS),作为在国际谈判中促进太平洋利益的主要工具。特别值得注意的是,2013年成立了太平洋岛屿发展论坛(PIDF),该论坛是由斐济主办的一系列名为"与太平洋领导人接触"的年度会议产生的。PIDF所采用的运作原则与论坛的原则形成鲜明对比。年会包括来自私营部门、公民社会和政府的代表,重点是"绿色"和"蓝色"经济的可持续发展,大都市被降级为观察员地位,并且避免可能影响议程的资金来源。

这些举措使太平洋国家在全球崭露头角,特别是在南南合作领域。2013年,斐济担任77国集团加中国集团主席;2014年,萨摩亚主办小岛屿发展中国家全球峰会。2016年9月,6个太平洋岛国的领导人在联合国大会上公开谴责印度尼西亚在西巴布亚侵犯人权的行为。2017年9月,斐济成为第一个担任联合国大会主席的太平洋岛国。最重要的是,太平洋地区领导人在2015年12月签署的具有历史性的气候变化《巴黎协定》时发挥了关键作用。特别是马绍尔群岛外交部部长托尼·德布鲁姆在谈判期间对"雄心壮志联盟"的形成发挥了重要作用,该联盟负责将一些重要条款纳入协议。

2. 地缘政治环境的变化

太平洋区域合作的新趋势,本质上是太平洋岛国与澳大利亚、新西兰等域内发达国家的话语权、发展权之争。这在很大程度上反映了岛国领导人越来越渴望对地区事务行使更多控制权。他们担忧地看到澳大利亚作为域内最大、最强的发达国家,在与自己开展非常多的贸易及援助的同时,也对区域议程施加了太大的影响,获取了过多的话语权和议程设置权。近年来,随着各大国和各岛国在关键问题上的立场出现分歧,这种不安情绪有所加剧。2006年斐济发生政变后,许多岛国领导人对澳大利亚坚持的严厉制裁持谨慎态度,这一点就很明显。在巴黎的气候变化谈判前夕,这一点表现得更为明显。2015年,太平洋岛屿论坛会议的公报不得不被淡化,以适应澳大利亚和新西兰在遏制全球气温上升的首选目标等问题上更为保守的立场。事实上,在岛屿领导人直接关心的问题上,尤其是气候变化的生存威胁上,人们对缺乏行动感到越来越沮丧,这是大洋洲地区主义性质不断变化的重要驱动因素。例如,马绍尔群岛外交部部长德布鲁姆对"澳大利亚在气候变化问题上的奇怪行为"表示失望,并敦促堪培拉认识到其作为太平洋岛屿论坛正式成员的责任。包括澳大利亚和新西兰在内的传统合作伙伴最近对援助项目进行了重组,但这并没有减轻人们对它们在该地区所扮演角色的怀疑。

新的外部参与者的到来,往往在岛国领导人的欢迎下,也在许多重要方面影响了地缘政治环境。印度尼西亚、印度和以色列阿拉伯联合酋长国、土耳其和俄罗斯都为日益拥挤和复杂的地缘政治格局增添了新的要素。然而,到目前为止,最重要的新角色是中国。中国在大洋洲日益增加的各类合作,不仅为中国在这片辽阔的岛屿海洋中获得了更多影响力,也帮助创造条件,使区域合作中的新趋势得以出现和蓬勃发展。

3. 中国的发展与区域主义新趋势

尽管中国与大洋洲有着悠久的交往历史,但近几十年来,中国对该地区的参与急剧增加。目前,中国已与14个独立或自治的太平洋岛国中的8个建立了正式关系,而且作为贸易伙伴、投资资本来源和援助捐助国,中国正日益活跃。双边贸易继续快速增长,中国现在是整个地区的第二大贸易伙伴,也是一些岛国的第一大贸易伙伴。以中冶集团在巴布亚新几内亚投资16亿美元的瑞木(Ramu)镍矿项目为首,中国在该地区的商业投资也迅速增加,与中国公司签订的建筑合同总额目前已超过50亿美元。自2006年以来,中国对该地区的累计援助达17.8亿美元,使其成为该地区第三大捐助国,很快将超过美国,但远远落后于澳大利亚。中国现在是斐济最大的援助伙伴,也是巴布亚新几内亚、汤加、萨摩亚、库克群岛和瓦努阿图的第二大援助伙伴。尽管面对这样一个庞大而相对陌生的大国难免会有所疑虑,但各岛屿国家的领导人都认同和欣赏中国承诺不干涉国内政策、不评论治理或其他发展问题,也不为援助或其他资源的转移附加政治条件。他们也积极回应当代中国外交的平等主义特质,并认同中国政府无论国家大小、资源禀赋或政府制度如何,都要给予尊重的外交理念。对许多太平洋岛国的领导人而言,中国的最大意义是中国在援助、贸易和投资方面为他们提供了新的选择,可以用来替代以往被认为是必要的、普遍的和不可谈判的西方主导的发展模式。近几十年来,太平洋地区的领导人一直能够利用中国在经济和政治上的存在,击退一小部分传统伙伴的影响,并增强自己控制地区议程的能力。

当然,中国的高水平对外开放格局也并非没有挑战,比如,中国企业承担的依赖进口物资和劳动力的项目会引发当地摩擦,以及中国资助的基础设施项目带来的过度债务积累。然而,中国在世界这一地区崛起最引人注目的是,中国并不是在霸权野心的驱动下实施大战略的。北京的双边协议不要求岛国修改或放弃与西方大国的关系,最近的多边倡议似乎特别设计,不取代现有的区域合作架构。事实上,中国政府一向避免对现有的领导模式提出任何直接挑战。在既定的经济和政治体系内实现发展,而不是试图取代它们。

近几十年来,地缘政治环境的变化总体上促成了新的太平洋区域合作趋势的出现,其特点是强调岛国利益、新型的全球参与以及对区域合作体制架构的修订。中国的影响力是一个重要因素,这有助于打开一个相对封闭的区域体系,并为岛屿领导人提供更多的回旋余地,以追求自己的利益。然而,值得注意的是,有几个因素促成了一个相对有利的变革环境。首先,除了美国在关岛集结军事力量和在澳大利亚部署部队训练外,中国的高水平对外开放格局并没有导致对太平洋岛屿地区产生直接影响的重大"硬平衡"举措。其次,尽管蓝水海军能力增强,并有意保护南半球的海上贸易路线,但中国在该地区的基础设施和其他举措并不表明北京方面在该地区有任何直接的军事或战略野心。第三,除了坚持一个中国政策外,中国对双边谈判的双赢态度迄今而言,对太平洋岛国伙伴的考量是商业的,而非政治的。因此,这是大洋洲地区政府的主要诉求和目标。

三、公共卫生问题影响下中国与大洋洲区域合作面临的挑战

1. 中国与澳大利亚经贸合作

(1) 中澳贸易情况

自2009年起,中国稳居澳大利亚最大贸易伙伴的地位。不过,如表10-1所示,自2017年开始,双边贸易额的增速逐年下降,由2017年的26.42%降至2020年的0.68%,主要是澳方进口额增速明显下降。

表 10-1　近5年中澳货物进出口总额　　　　　　　　(单位:亿美元)

	2016	2017	2018	2019	2020
中国对澳出口总额	375.24	414.38	473.30	482.30	534.68
中国自澳进口总额	704.04	950.09	1 058.11	1 212.90	1 171.96
中澳贸易总额	1 079.29	1 364.47	1 531.41	1 695.19	1 706.64
中澳贸易平衡	−328.80	−535.71	−584.81	−730.60	−637.28

• 资料来源:中国海关总署。

2020年,中澳双边贸易额超过澳和其第二(美国)、第三(日本)、第四

(韩国)、第五(英国)、第六(新加坡)贸易伙伴贸易额的总和。

据中国海关统计,2020年,中澳双边货物贸易额为1 707亿美元,增长0.68%。其中,中国向澳出口535亿美元,增长10.9%;中国自澳进口1 172亿美元,下降3.4%。中澳贸易逆差637亿美元,增长17%。中国作为出口目的地、进口来源地,继续位居第一。

在中国向澳出口商品结构方面,2020年,中国对澳出口商品以"机电、通信设备、计算机及零配件"为第一大类,出口总额为203亿美元,占向澳出口总额的37.9%;"家具、家居、塑料及钢铁制品"为第二大类,出口总额为94亿美元,占17.6%;"玩具和服装"为第三大类,出口总额为51亿美元,占10.4%。

在澳大利亚对华出口产品结构方面,2020年,中国自澳进口商品中,以铁矿石为主的矿产品占绝大多数,进口总额为985亿美元,占自澳进口货物总额的84.1%;居第二位的是肉类,总额22亿美元,占1.88%。

其他进口额过10亿美元的商品,包括铜及其制品、珠宝及贵金属,以羊毛为主的动物毛及其机织物、木材及其制品。

(2) 中澳的双向投资

澳大利亚是中国吸收外资的重要来源地之一。据中国商务部统计,2020年,澳对华实际直接投资金额为3.4亿美元,下降20.3%。至2020年底,澳在华设立企业13 213家,实际直接投资总额96.6亿美元。澳大利亚公司在中国的投资涉及产业包括钢铁、科技、食品、贸易等。

按澳方统计口径,至2020年底,澳大利亚对华直接投资额为67.7亿澳元,间接投资额为264亿澳元。从交易额看,2020年澳对华投资净流量为-172.9亿澳元,其中直接、间接投资净流量分别为-8.35亿、-46.71亿澳元。

据澳方统计,至2020年底,中国累计在澳(直接和间接)投资总额792亿澳元(在澳外资存量中占比2%),比上年末下降0.2%。其中,对澳直接投资存量为443亿澳元,中国是澳第五大直接投资来源地。

据中方统计,如表10-2所示,2020年末中国对澳直接投资存量为344.39亿美元。2020年中国对澳直接投资流量为11.99亿美元,同比下降42.6%。中国在澳投资涉及资源开发、房地产、制造业、金融等各个领域。

(3) 承包工程和劳务合作

据中国商务部统计,2020年,中国企业在澳大利亚新签承包工程合同

表 10-2　2016—2020 年中国对澳大利亚直接投资的年度流量和年末存量

（单位：亿美元）

	2016	2017	2018	2019	2020
本年流量	41.87	42.42	19.86	20.87	11.99
年末存量	333.51	361.75	383.79	380.68	344.39

• 资料来源：中国商务部、国家统计局、国家外汇管理局：《2020 年度中国对外直接投资统计公报》。

为 76 个，新签合同额为 66.1 亿美元，完成营业额 39 亿美元；累计派出各类劳务人员 176 人，年末在澳大利亚劳务人员为 799 人。

目前，中资企业正在澳大利亚开展的大型工程承包项目包括：中国交通建设股份有限公司承包，澳大利亚墨尔本地铁隧道及站台 PPP 项目—资产维护服务；中国交通建设股份有限公司承包，澳大利亚墨尔本西门隧道前期工程；中国交通建设股份有限公司承包，澳大利亚墨尔本地铁隧道及站台 PPP 项目—设计营造等。

（4）中澳产能合作

2018 年 10 月，维多利亚州与中方签署"一带一路"合作谅解备忘录，这是澳州区政府同中方签署的首个"一带一路"合作协议。

2019 年 10 月，维多利亚州与中方签署新的"一带一路"合作框架协议。双方计划未来在基础设施、创新、高端制造、生物农业技术等诸多项目上合作，在老年护理等社会领域分享专业知识和培训，更多中国企业将加入在墨尔本的建设和投资，中国与维多利亚州还希望在食品和化妆品方面开展双向贸易。

2020 年 12 月，澳联邦国会通过新《外国关系法案》，该法案赋予联邦否决州政府等各级政府、机构与外国签订协议的权力。

2021 年 4 月，澳外交部部长佩恩宣布，维多利亚州与中国此前签署的"一带一路"协议已被该国联邦政府取消，称这一协议不符合澳大利亚外交政策。

2. 中国与太平洋岛国的各领域务实合作

中国与太平洋岛国友好交往源远流长。自 20 世纪 70 年代建交以来，中国与太平洋岛国在贸易、投资、海洋、环保、防灾减灾、扶贫、卫生、教育、旅游、文化、体育、地方等 20 多个领域继续扩大交流合作。对太平洋岛国，中国提供了不附加任何政治条件的经济技术援助，实施了 100 多个援助项目,提供了 200 多批实物援助,培训了约 1 万名各领域人才。中国已向太平洋岛国派出 600 名医务人员,26 万多名当地居民从中受益。新发展阶段以来,中国向太平洋岛国提供了近 60 万剂疫苗和 100 多吨防疫物资。此外,中国与太平洋岛国建立了 22 对友好省、州和城市。

2022 年 5 月底至 6 月初,国务委员兼外交部部长王毅应邀访问南太平洋岛国,并主持第二次中国—太平洋岛国外长部长会。这进一步体现了中方致力于同太平洋岛国增进互信、凝聚共识、扩大合作、深化友谊的决心。

当前,中国—太平洋地区关系进入了快速发展的新阶段。这份概况介绍有助于回顾两国友好交往的历史和务实合作的成果,以开创中国—太平洋地区关系更加美好的未来。

(1) 政治、安全、地区事务合作

在政治事务方面,迄今为止,中国已与 10 个太平洋岛国建立了外交关系。双方高层及各层级交往频繁。斐济、汤加、萨摩亚、瓦努阿图、密克罗尼西亚联邦、所罗门群岛、基里巴斯、巴布亚新几内亚、库克群岛、纽埃等国领导人多次访华。政府机构、议会、政党交流合作蓬勃发展。

对话合作机制不断完善。2006 年,双方成立了中国—太平洋岛国经济发展合作论坛,这是中国与太平洋岛国最高级的经贸对话机制,迄今已举办三届。2021 年 10 月,首次中国—太平洋岛国外交部长会议通过视频连线举行,发表《中国—太平洋岛国外交部长会议联合声明》。新发展阶段以来,双方已举行两次应对新发展格局副外长特别会议。

双方还建立了经贸联委会、农业部长会议和渔业合作与发展论坛等多双边对话机制,建立了应急物资储备、气候行动合作中心、减贫与发展合作中心等一系列合作机制。

在安全领域合作方面,太平洋岛国防务和军事高级官员多次访华,并参加北京香山论坛、加勒比和南太平洋国家防务高级官员论坛等活动。2015 年 9 月,斐济、巴布亚新几内亚、汤加、瓦努阿图等国代表团应邀来华参加或观看纪念中国人民抗日战争暨世界反法西斯战争胜利 70 周年阅兵。

2014 年和 2018 年,中国海军和平方舟医院船先后访问斐济、巴布亚新几内亚、汤加、瓦努阿图等国,开展医疗旅游、捐赠药品等活动,受到当地民众热烈欢迎。

在地区事务合作方面,1989 年,中国成为太平洋岛屿论坛的正式对话伙伴。从 1990 年开始,中国连续 31 年派政府代表团出席论坛对话伙伴会议,促进了中国与太平洋岛屿论坛及其成员的合作。2000年10月,中国—太平洋岛屿论坛合作基金在中国政府的捐助下成立,以促进双方的贸易和投资合作。自1998年以来,中国政府每年向太平洋区域环境规划署秘书处提供资金援助,支持太平洋岛国应对气候变化和实现可持续发展。

中国于2004年加入南太平洋旅游组织(SPTO,2019年更名为"太平洋旅游组织")。

(2) 经济与发展合作

在贸易与投资方面,南太平洋岛国位于"一带一路"倡议的南延,是中国重要的经贸伙伴。中方与所有10个与中国建交的国家签署了"一带一路"合作谅解备忘录,与巴布亚新几内亚、瓦努阿图签署了"一带一路"合作规划。政策联通、基础设施联通、贸易畅通、资金融通、民心相通等务实合作取得积极进展。

双边贸易规模不断扩大。据中方统计,1992年至2021年,中国和与中国建交的南太平洋岛国贸易总额从1.53亿美元增长到53亿美元,年均增长13%,30年间增长了30多倍。与中国建交的南太平洋岛国政府和企业积极参加了中国国际进口博览会的各届活动。

双向投资稳步推进。据中方初步统计,截至2021年底,中国对与中国建交的南太平洋岛国的直接投资已达到2.72亿美元。

多年来,中国企业一直在该地区开展互利合作。推动项目本地化管理和采购,支持当地经济发展和民生改善,为当地创造了大量就业岗位。

双方海关、检验检疫部门保持着良好合作。自2006年以来,中国与斐济、汤加、萨摩亚、巴布亚新几内亚等太平洋岛国家就动植物卫生、食品安全、产品准入等问题签署了多项合作文件。

在发展合作方面,双方经济技术合作不断深化。多年来,中国为太平洋岛国家的发展提供了力所能及的支持和帮助。开展了道路、桥梁、码头、医院、学校、体育场等一系列南太平洋岛国经济技术合作项目,极大地促进了太平洋岛国的经济发展和人民福祉。

近年来,中国推动太平洋岛国互联互通的进程加快,实施了一系列重要基础设施项目,包括巴布亚新几内亚独立大道、瓦努阿图马拉库拉岛公路、汤加国道改造、密克罗尼西亚波纳佩公路等。

2021年10月,中方在首届中国—太平洋岛国外长会期间宣布成立中国—太平洋岛国减贫发展合作中心。中国积极支持太平洋岛国家人力资源开发,帮助太平洋岛国家培养公共管理和社会组织、农林牧渔、教育等各领域人才近万名。

(3) 高水平外对开放格局应对和公共卫生合作

据不完全统计,中国累计向太平洋岛国派出医务人员600人次,为当地患者治疗26万人次,免费提供医疗服务100余次,捐赠了大量医疗设备和药品,帮助提高了当地居民的健康水平和医疗服务能力。

2014年,中国援建的纳瓦医院在斐济投入运营,3万多名当地居民受益。

2016年1月,中澳巴新疟疾防治项目在巴布亚新几内亚正式启动,有效提升了巴布亚新几内亚的疟疾防治能力。2017年10月,中国深圳市政府协助在巴布亚新几内亚的基里维纳岛屿启动消除疟疾规划,使当地居民免受疟疾感染。

公共卫生问题结束后,双方相互帮助,共同应对新发展阶段。和与中国有外交关系的太平洋岛国通过视频举行了10多次双边或多边公共卫生专家会议,分享疾病预防控制、治疗和诊断经验。中国积极向太平洋岛国家提供疫苗、物资和现金援助,帮助后者修建隔离隔间等设施。

(4) 气候变化、海洋事务与环境保护等领域

在海洋事务与环保领域,2017年,中国主办了主题为"蓝色经济与生态岛屿"的中国—小岛屿国家涉海部长级圆桌会议。来自萨摩亚、斐济、瓦努阿图和纽埃岛的高级代表出席并发言。会议通过并发表了《平潭宣言》。

根据太平洋岛国的需要,分享中国的环保经验,帮助太平洋岛国提高环境管理能力。近年来,中方多次举办官员研讨会,主题包括环境保护与管理、水污染治理、水资源保护等。

在气候变化领域,中国非常重视太平洋岛国在气候变化方面的特殊情况,一直致力于帮助它们加强应对气候变化的能力。

2019年以来,中国以"应对气候变化,实现绿色低碳发展"为主题,先后举办了3期太平洋岛国南南合作培训班。中国还向太平洋岛国提供了多批物资,以应对气候变化。

2022年4月,中国—太平洋岛国气候变化合作中心在中国山东省正式启动。

中国重视加强与太平洋岛国在可再生能源领域的合作,支持中国企业参与巴布亚新几内亚、斐济等国的水电站建设。

在减灾防灾领域,2006年以来,中国与太平洋岛国开展抗震救灾合作。帮助萨摩亚、瓦努阿图和斐济等国家建立地震台网,提高地震监测能力。

2021年12月,中国—太平洋岛国应急物资储备在中国山东省正式启动。

在太平洋岛国遭受自然灾害时,中国第一时间提供了人道主义援助。2022年1月,汤加发生了大规模火山爆发,引发了海啸和火山灰沉降等灾难。中国政府高度重视,立即采取行动,成为世界上第一个向汤加提供援助的国家。此外,中国与太平洋岛国之间还在农业渔业、文教旅游、妇女发展、体育、地方政府等合作领域开展了积极务实的合作。

3. 中国与大洋洲合作面临的挑战

(1) 中澳关系前景及挑战

首先,澳大利亚工党政府对华态度出现转变。澳大利亚工党政府上台后,持续展现出对华更加积极的姿态,表达改善对华关系的意愿,并采取了一些措施来推动中澳关系的缓和。但同时我们也应看到,相较于联盟党政府,工党政府的对华政策并未出现根本性的转向,其涉华表态仍然呈现出矛盾性和两面性。究其根源,在于两国经济上存在很大的互补性,中国近年来持续成为澳大利亚最大的贸易伙伴国和贸易顺差来源国,在公共卫生问题冲击和全球经济呈现颓势的大背景下,维持和改善对华关系,对于工党政府维持民意支持率具有重要意义,但同时,美澳同盟的限制,及其国内反华情绪的掣肘,导致澳工党政府在涉华表态上出现矛盾性和两面性。关于中澳关系的前景,在可期待中澳关系有一定改善的同时,也需要意识到澳大利亚工党政府在"降低音调"的同时,"改弦更张"的可能性并不大。

一方面,澳大利亚政府积极重启两国对话,打破外交僵局。2022年6月,澳大利亚国防部部长马勒斯与中国国防部部长魏凤和举行会谈,此次会晤被工党视为破冰标志,表明两国关系迈出了"重要的第一步"。7月,国务委员兼外交部部长王毅在巴厘岛出席G20外长会期间应约会见黄英贤。黄英贤在会谈中表示,澳方将本着相互尊重、冷静务实的态度,保持双方建设性接触交流,增进相互信任,扩大平等合作,消除双边关系中存在的障碍。9月,黄英贤在纽约再次与王毅举行会谈,重申澳愿以建交50周年为契机,本着冷静、向前看的态度,同中方坦诚沟通,开展建设性交流,推进澳中全面战略伙伴关系。2022年11月,双方元首也实现了会谈,为两国关系健康发展指明了方向。习近平主席与阿尔巴尼斯在巴厘岛 G20 峰会期间实现 6 年来两国领导人首次会晤。习近平主席在会谈中肯定了中澳关系的重要意义，强调两国关系走向成熟稳定，首先应体现在正确看待彼此的差异和分歧上；中澳之间从来没有根本利害冲突，有的是两国人民传统友谊和高度互补的经济结构，有的是维护联合国宪章宗旨和原则的共同诉求。阿尔巴尼斯也表示，澳中全面战略伙伴关系符合双方共同利益，澳大利亚愿意秉持当年建交初心，推动澳中关系稳定发展。

但另一方面，澳大利亚工党政府在对华政策上仍未彻底摆脱前任政府的窠臼，言行存在矛盾之处，未采取足够的实质性措施来改善对华关系。如继续表态大力支持美国的印太战略，强化澳美日三边防务合作，继续推进澳英美联盟（AUKUS）合作机制。在涉及中国核心利益的台湾问题和香港问题上，工党政府也追随美国政府立场，对中国涉台军演和香港局势表示关切。在中国投资问题上，继续渲染中国投资的"安全威胁"，阻挠中国公司租赁达尔文港的商业合作。

其次，就影响工党政府对华政策的因素而言，一方面，澳美同盟极大地限制了工党政府的回旋空间。澳美同盟不仅是澳大利亚国防政策的基石，也是影响其对华关系的重要因素。随着中美关系的紧张，澳大利亚政府在中美之间保持平衡与模糊的回旋空间受到极大压缩。工党不仅无意偏离澳美同盟的战略轨道，更无法承受背离澳美同盟的代价，澳美同盟在澳大利亚有深厚的社会基础，也是各政党的共识。在此共识之上，工党政府就不可能存在与联盟党政府不同的选项，因此，阿尔巴尼斯一再表示将澳美同盟视为外交政策的三大支柱之一，并积极参加 AUKUS、四方安全对话（QUAD）和"五眼联盟"等美国主导的多边机制。澳美核潜艇合作以及美军在澳部署 B-52 轰炸机等军事合作也受到其高度重视和配合。

另一方面，澳大利亚国内对华的消极认知仍普遍存在。近年来，在澳大利亚政府、智库、媒体对中国"威胁论""渗透论""胁迫论"等严重失真的"中国叙事"的影响下，对华消极认知占据主流民意，对华政策改弦更张面临很大民意阻力。

（2）中国在大洋洲推进"一带一路"合作面临的阻碍

首先是中美战略竞争。随着自身国力的提升和产业"走出去"的需求，中国对于大洋洲，特别是太平洋岛国的经贸合作势必更加频繁和深远，这必然加剧美国对自身在该地区影响力的担忧。随着中美战略竞争的激烈化，

"一带一路"倡议在大洋洲势必面临更多美国的阻碍。

一方面,围绕太平洋岛国的基础设施、民生、能源等领域,美国加入由日本、澳大利亚、新西兰和欧盟等设立的太平洋基础设施项目集团,大力推动在该地区的基建,试图对冲中国的影响力,阻止中国的各类公司在太平洋岛国的商业合作。另一方面,美国以安全理由为借口,维持并扩大在大洋洲地区的军事存在,恶化了大洋洲的安全环境,对中国的高水平对外开放格局去大洋洲的实践造成了威胁。

其次是太平洋岛国内部政治风险。多数大洋洲国家政局不稳,延缓了"一带一路"建设项目推进进程。大洋洲国家大多仿效英国建立了议会制,政党政治的稳定与否对国家政局产生了重要影响。由于地理特征和社会环境的影响,近年来这些国家的政治大多呈现出"碎片化"的特征。

一方面,大洋洲国家多为岛国,广泛分布的岛屿成为这些国家重要的地理特征。岛屿之间相隔甚远,容易产生不同的族群和政治团体。许多大洋洲国家的政党数目较多,且政党之间存在较多政治分歧,难以凝聚统一的政治共识。另一方面,大洋洲国家的现代政治起步较晚,种族部落仍然在国家政治中有很大的影响力,许多政治人士更依赖其所处的种族部落而不是政党,导致许多政党缺乏强大的凝聚力。这也致使多数太平洋岛国没有一个政党能掌握绝对的执政优势,许多政府都是由多个政党组成的联合政府。联合政府存在的问题在于:领导人的执政基础较弱,很难改变国家的传统对外政策;政策连续性较差;政治斗争严重,国内政治局势不明等。这些问题都有可能增加中国政府和企业研判的难度,并在投资布局上面临挑战,也使得已经进行高水平对外开放格局的"一带一路"建设项目可能因东道国国内政局变化而面临不确定性。

最后是环境问题。大洋洲国家存在如下的几个主要环境问题。第一,过度开发造成对生态环境的破坏。在内陆城市的扩张和各产业开发的过程中,许多水资源被人为污染,使水资源短缺情况更加严重。森林砍伐、开荒造田、气候变化带来的降雨量减少使斐济国内水土流失情况非常严重,河流则由于城市化的发展普遍出现水源被严重污染的局面。同时,部分国家的森林和渔业等资源也存在过度开发的问题。例如,所罗门群岛因非法采伐和商业过度开发而面临森林资源枯竭的风险;瑙鲁丰富的磷酸盐矿资源因过度开发濒临枯竭等。第二,全球气候变化引发的系列问题,一些小型岛国,如瑙鲁、图瓦卢、基里巴斯等,始终面临海平面上升的威胁。自然资源枯竭的严峻形势降低了当地的投资吸引力,不仅不利于吸引中国企业前往投资建厂,也不利于中国企业获取经济效益和回收投资成本。第三,日益恶化的生态环境增强了当地人的环境保护意识,来自外国的投资必须符合一定的环境保护标准,这导致"一带一路"倡议面临较高的环保门槛,甚至会受到无端的指责。

参考文献

1. 项昊宇:《中日韩三边关系与东北亚秩序》,《东北亚学刊》2022年第5期,第3—14页、第145—146页。

2. 李家怡、金红梅:《中日韩FTA建构的影响因素分析》,《合作经济与科技》2022年第7期,第104—105页。

3. 谭红梅、王琳:《RCEP下中日韩经贸合作的机遇、挑战与对策》,《经济纵横》2022年第2期,第69—76页。

4. 许亚云、曹杨、韩剑:《中日韩FTA战略比较与高水平合作前景:基于规则文本深度和质量的研究》,《世界经济研究》2021年第9期,第53—66页、第135页。

5. 李克强:《推动中日韩合作沿着正确的航道前进》,《人民日报》2015年11月3日(A3)。

6. 王皓、许佳:《中日韩FTA建设与东北亚区域合作——基于中日韩三国自贸区战略的分析》,《亚太经济》2016年第4期,第3—8页。

7. 盛九元:《中日韩自贸区的建构及对两岸经贸合作的影响》,《世界经济研究》2013年第12期,第78—83页、第86页。

8. 晋益文:《东北亚新型地区秩序构建:中日韩合作的进展于前景》,《亚太安全于海洋研究》2021年第6期,第89—107页、第4页。

9. 盛九元:《从ECFA到制度性一体化》,博士论文,2011年。

10. 世界银行援引联合国贸易和发展会议:《内贸:在新发展格局下加深中东与北非的融合》,https://www.worldbank.org/en/region/mena/publication/mena-economic-update-trading-together-reviving-middle-east-and-north-africa-regional-integration-in-the-post-covid-era,2020年10月19日。

11. 惠誉评级:《中东产油国深陷赤字泥潭影响经济增长》,https://www.fitchratings.com/research/sovereigns/oil-production-cut-deepens-gcc-fiscal-deficit-hinders-growth-12-05-2020。

12.《新冠肺炎疫情对中东和中亚国家的影响》,世界银行网站,https://www.imf.org/en/News/Articles/2020/07/14/na071420-five-charts-that-illustrate-covid19s-impact-on-the-middle-east-and-central-asia,2020年7

月14日。

13. 马奔:《国家治理中的风险监测与预警》,《人民论坛》2020年2月。

14. 孙俊成、江炫臻:《"一带一路"倡议下中国与中东能源合作现状、挑战及策略》,《国际经济合作》2018年第10期。

后 记

中共二十届三中全会提出:"完善高水平对外开放体制机制""开放是中国式现代化的鲜明标识。必须坚持对外开放基本国策,坚持以开放促改革,依托我国超大规模市场优势,在扩大国际合作中提升开放能力,建设更高水平开放型经济新体制"。

上海社会科学院世界经济研究所成立于1978年,是全国世界经济领域最重要的研究机构之一。世界经济研究所以世界经济与国际关系两大学科为主轴,将世界经济研究与国际关系研究、世界经济研究与中国对外开放研究相结合,注重研究的综合性、整体性,提高研究成果的理论性、战略性与对策性。在学科建设的基础理论方面和对外开放的战略研究方面形成了一批被同行广泛认可的较有影响的成果。"完善高水平对外开放体制机制"提出以后,上海社会科学院世界经济研究所专门组织各研究室,以室为单位进行集体攻关,经过多次讨论,确定本套丛书每一本书的书名、主题与内容,并组织全所科研人员撰写。整套丛书定名为"高水平对外开放理论与实践研究"丛书。

本书作为上海社会科学院世界经济研究所"高水平对外开放理论与实践研究"丛书的系列研究成果之一,由上海社会科学院世界经济研究所区域经济研究室具体承担项目的研究与写作。本项目是一项集体研究的成果,课题组5位学者合作完成课题研究。其间,课题组还针对各自的研究项目进行了多次研讨和实地调研,因此,最终成果是课题组全体参与人员合作的结晶。

系列丛书的研究由上海社会科学院世界经济研究所副所长赵蓓文(主持工作)、副所长胡晓鹏总体策划,具体的构思、主要内容、章节安排由盛九元承担。课题组组成后,多次就内容与政策建议进行讨论。具体的撰写分工是:导论、第三、第六章,盛九元;第一、第二章,智艳;第四、第五章,张天桂;第七、第八章,姜云飞;第九、第十章,胡德勤;最终的统稿、删减、补充、调整和定稿由盛九元负责。

在写作过程中,参与研究项目的各位老师进行多次的沟通、协调,在此要特别感谢他们的全力支持与配合，是他们的辛勤付出才使本研究项目顺利完成。此外，博士生谢丽帮助对本书进行了修订和校对；本书的出版得到所里的大力支持，在此一并表示感谢。

《高水平对外开放格局下区域合作的理论与实践》一书以我国高水平对外开放格局为研究背景，对近年来全球区域合作的理论发展、实践创新，以及区域合作形态演化进行了详细分析。为深入阐述区域合作格局的变化，本书分两条主线展开：一是针对具体区域（中日韩、东南亚和南亚、西亚北非、拉丁美洲、非洲、大洋洲等）合作格局的变化进行描述和分析，二是对区域合作演化发展的深层次原因进行论述。力求全方位地展现当前全球范围内的区域合作格局理论与实践的最新发展及走向，解析高水平对外开放格局下区域合作对我国可能会产生的影响。因此，相关的研究需要多方面的知识积累与运用多种研究范式，在研究和撰写过程中，我们也深感研究中存在诸多的不足与缺漏，敬请学界先进与读者不吝赐教，以使我们的研究能够在既有基础上不断地深化，也期待此项研究能够在大家的支持下延续和扩展。

在出版过程中，本书得到出版社的大力支持，尤其是编校人员不辞辛苦，反复与课题组沟通交流，力求使本书的写作规范完善，在此也表示感谢！

盛九元

2024 年 9 月

图书在版编目(CIP)数据

高水平对外开放格局下区域合作的理论与实践 /"高水平对外开放格局下区域合作的理论与实践"课题组著. --上海 : 上海社会科学院出版社, 2024. -- ISBN 978-7-5520-4528-4

Ⅰ. F11

中国国家版本馆 CIP 数据核字第 2024RU8749 号

高水平对外开放格局下区域合作的理论与实践

著　　者:"高水平对外开放格局下区域合作的理论与实践"课题组
责任编辑:王　勤　张　晶
封面设计:朱忠诚
出版发行:上海社会科学院出版社
　　　　　上海顺昌路 622 号　邮编 200025
　　　　　电话总机 021 - 63315947　销售热线 021 - 53063735
　　　　　https://cbs.sass.org.cn　E-mail : sassp@sassp.cn
照　　排:南京理工出版信息技术有限公司
印　　刷:上海新文印刷厂有限公司
开　　本:710 毫米×1010 毫米　1/16
印　　张:12.5
字　　数:206 千
版　　次:2024 年 11 月第 1 版　2024 年 11 月第 1 次印刷

ISBN 978 - 7 - 5520 - 4528 - 4/F·789　　　　　　　　　　定价:78.00 元

版权所有　翻印必究